集めるごとに運気アップ!

御朱印でめぐる埼玉の神社

週末開運さんぽ

改訂版

御朱印、頂けますか？
のひと言からはじまる幸せ

もともと、お寺で納経をしたときに、
その証として授与していた御朱印。
今では参拝の証として、
気軽に頂けるようになり、
最近では女性を中心に
集める人が増えています。

集めてみたいけれど
なんだかハードルが高そうで
踏み出すのをためらっていませんか？
大切なのは感謝の気持ちとマナー。
（マナーは本書で詳しくお伝えします！）

武蔵一宮 氷川神社（さいたま市大宮区）

埼玉 神社のお祭り&限定御朱印カレンダー

1～6月

1月

1
2
3
4
5
6
7
8
9
10
11
12
13
14
15
16
17
18
19
20
21
22
23
24
25
26
27
28
29
30
31

★初詣

限定御朱印
1/1～2/3（節分）
初詣限定御朱印
（一山神社／さいたま市 P.123）

限定御朱印帳
正月および4月
金龍御朱印帳
（秩父今宮神社／秩父市 P.125）

限定御朱印帳
1/7
人日の日限定御朱印
（鴻神社／鴻巣市 P.118）

祭り
1/8　新春良縁祈願祭
（川越氷川神社／川越市 P.50）

祭り
1/10　蛇祭り
（大広戸香取神社／三郷市 P.64）

祭り
1/11　交通安全大祈願祭
（椋神社／皆野町 P.69）

祭り
1/15　筒粥神事
（金鑚神社／神川町 P.89）

祭り
1/17　例祭
（仙波東照宮／川越市 P.122）

祭り
毎月酉の日　子授け祈願
（香取神社／越谷市 P.99）

祭り
毎月8日・第4土曜　良縁祈願祭
（川越氷川神社／川越市 P.50）

祭り
毎月第1・3日曜　良縁祈願祭
（川越八幡宮／川越市 P.94）

25月

祭り
2/1　だる川大祭
（玉敷神社土／朝霞市 P.119）

祭り
2/3 また宮祭（つつじ祭り）
（北向神神社／長瀞町 P.49）

祭り
2月上旬（觀宮山開祭
（楡山神社／深谷社／秩父市 P.46）

祭り
2月上旬（祇園磐船龍神祭
（三峯神社／秩禮神社／さいたま市 P.96）

祭り
2月第1日曜 さきたま火祭り
（山田八幡神社社／行田市 P.54）

限定御朱印
毎月22日
猫の日特別

祭り
（前玉神社／行春季大祭（藤祭り）
神社／加須市 P.101）

毎月15日
デザインの御
（鎮守氷川神社

祭り
菖蒲藤祭
久喜市 P.124）

2/20 前後
（舘氷川神社

祭り
日　團十郎稲荷祭
稲荷神社／東松山市 P.137）

2月中旬の日
（坂本八幡大神

column
とに異なる

七福神め（川口市　P.14）
日本には各地田市　P.15）
しゃいます。（川口市　P.104）
沙門天、弁財田市　P.16）
布袋尊の七柱分院（朝霞市　P.18）
福神めぐり」の日限定　鴻巣市 P.17）
して人気。そ須市　P.101）
りして御朱印
繁盛、家内安
年の福を呼び

りの日程等は変更になることがあります。各神社にお問い合わせください

6月

行事
6月　子ども相撲大会
（川越八幡宮／川越市 P.94）

行事
6月第1日曜　人形供養祭
（所澤神明社／所沢市 P.132）

祭り
6/7に近い土または日曜
役尊神祭
（秩父今宮神社／秩父市 P.125）

column
6/30　夏越《なごし》の祓
日々の暮らしの中でたまってしまった穢れや過ちを祓い、心身を清める神事で、多くの神社で6月末に行います。清く正しい本来あるべき姿に戻り、新たな気持ちで半年を過ごしましょう。

限定御朱印
6/30
夏越大祓限定御朱印
（久伊豆神社／さいたま市 P.133）

限定授与品
6/30　開運厄除
無病息災お守り授与
（赤城久伊豆神社／熊谷市 P.106）

祭り
6/30　夏越の大祓式
（山田八幡神社／川越市 P.105）

祭り
6/30～7/8　茅の輪くぐり
（川越八幡宮／川越市 P.94）

祭り
6/30～7/1　初山例大祭
（浅間神社／北本市 P.84）

★★★

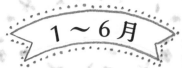

埼玉 神社のお祭り&限定御朱印カレンダー

神社で毎年行われる祭祀のうちで最も重要とされるのが「例祭（例大祭）」です。1年に1回または2回、特に９月（秋）に行われることが多いです。

1 2 3 4 5 6 7 8 9 10 11 12 13 14 15 16 17 18 19 20 21 22 23 24 25 26 27 28 29 30 31

7月

- 祭り　7/1　夏の大祓　開山祭（東沼神社/川口市 P.116）
- 祭り　7月第１土曜　神燈祭・七夕まつり（元郷氷川神社/川口市 P.113）
- 祭り　7月第３土・日曜　夏祭り（敷島神社/志木市 P.109）
- 祭り　7月～8月　風鈴奉納祭（所澤神明社/所沢市 P.132）
- 祭り　7月第３日曜　夏季例大祭（八幡神社/狭山市 P.81）
- 祭り　7月中旬　鴻巣夏まつり（鴻神社/鴻巣市 P.118）
- 祭り　7/12・18　久喜提燈祭り（八雲神社/久喜市 P.91）
- 祭り　7/15　例大祭（武蔵第六天神社/さいたま市 P.114）
- 祭り　7/18　例大祭（北本氷川神社/北本市 P.84）
- 祭り　7月第３土・日曜　八雲祭（野々宮神社/狭山市 P.80）
- 祭り　7/19・20　秩父川瀬祭（秩父神社/秩父市 P.48）
- 祭り　7月海の日の前の日曜　どろいんきょ（八枝神社/上尾市 P.83）
- 祭り　7/20　天王祭（坂本八幡大神社/東秩父村 P.128）
- 祭り　7/20　八坂大祭（お祇園）（寶登山神社/長瀞町 P.49）
- 祭り　7/27・28　例祭（上之雷電神社 P.134）限定御朱印
- 祭り　7/20～22　熊谷うちわ祭（八坂神社/熊谷市 P.68）限定御朱印
- 祭り　7月下旬の土・日曜　行田夏祭り（行田八幡神社/行田市 P.112）

- 祭り　7/31　夏越祭（鷲宮神社/久喜市 P.110）
- 祭り　7月最終土曜　川瀬祭（我野神社/飯能市 P.116）

8月

- 祭り　8/1・2　例祭・神幸祭（中山道まつり）（武蔵一宮 氷川神社/さいたま市 P.42）

- 祭り　8/5　例大祭（佐谷田神社/熊谷市 P.106）
- 祭り　8月第1土曜　寄居玉淀水天宮祭（玉淀水天宮/寄居町 P.90）
- 祭り　8月第1日曜　脚折雨乞（白鬚神社/鶴ヶ島市 P.101）※4年に1度斎行
- 祭り　8/15　長瀞船玉祭り（寶登山神社/長瀞町 P.49）
- 祭り　8/15　みたま祭り（埼玉縣護國神社/さいたま市 P.74）
- 祭り　8/17　例祭（仙波東照宮/川越市 P.122）
- 祭り　8月下旬日曜　人形のまち岩槻まつり（久伊豆神社/さいたま市 P.133）

9月

- 祭り　9月第１日曜　土師祭（鷲宮神社/久喜市 P.110）
- 祭り　9/9　重陽祭（九重神社/川口市 P.75）限定御朱印
- 祭り　9月第２日曜　例大祭（山田八幡神社/川越市 P.105）
- 祭り　9/15　秋季例大祭（所澤神明社/所沢市 P.132）
- 祭り　9/15に近い日曜　秋季例大祭（八幡神社/狭山市 P.81）
- 祭り　9月中旬~下旬　観月祭（香取神社/越谷市 P.99）
- 祭り　9月中旬　ほろかけ祭り（古尾谷八幡神社/川越市 P.115）
- 祭り　9/28　例大祭（秩父今宮神社/秩父市 P.125）
- 祭り　9/28　例大祭（瀧宮神社/深谷市 P.82）
- 祭り　9/29に近い日曜　やぶさめ神事（糀谷八幡神社/所沢市 P.76）

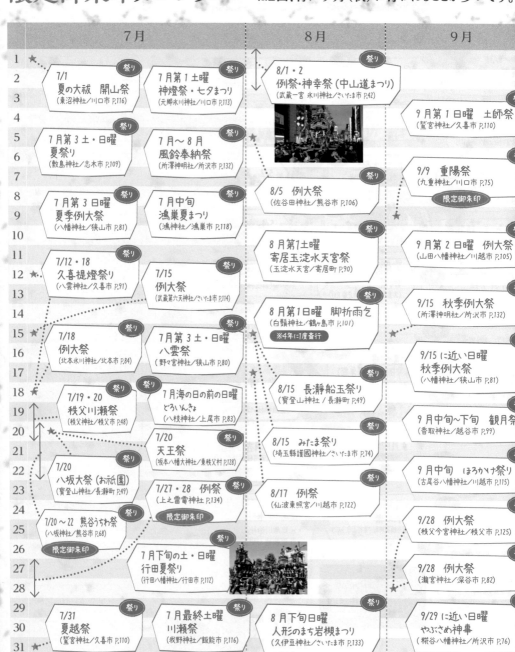

本書では、御朱印がすばらしい、
御利益が凄い、と評判の高い
埼玉の神社を約２０００社のなかから
徹底リサーチし、厳選しました。

取材を通じて、すばらしい神社と
御朱印にたくさん出合いました。

結婚や出会い、金運、仕事運……。
参拝や御朱印集めがきっかけで
幸せになった方の話を神社の皆さんから
たくさん教えてもらいました。

初めてでも
「御朱印、頂けますか?」と
勇気を出して、ひと言を。

きっと神様と御朱印が、幸せを
運んでくれることでしょう。

本書の楽しみ方

御朱印集めが楽しくなる情報と運気アップの秘訣を詰め込みました。初めての方は第一章から、ツウの方は第三章から読むのがおすすめ。もちろん御朱印をぱらぱら眺めるのも◎です。

この本と御朱印帳を
持って出かければ
もっと楽しくなる!
もっと幸せになる!!

目次 御朱印でめぐる埼玉の神社 週末開運さんぽ

第二章 週末御朱印トリップ

第一章 まずはここから！ 神社の御朱印入門

本書をご利用になる皆さんへ

※本書に掲載の神社はすべて写真・御朱印の掲載等許可を頂いています。掲載許可を頂けなかった神社は掲載していません。

※掲載している神社のなかには、神職が少なく、日によっては御朱印の対応が難しい神社や留守の神社、また書き置きで対応している神社などもあります。あらかじめご了承ください。

※本書のデータはすべて2023年10月現在のものです。参拝時間、各料金、交通機関の時刻等は時間の経過により変更されることもあります。また、アクセスやモデルプランなどにある所要時間はあくまで目安としてお考えください。

※神社名・神様の名称・施設名等は各神社で使用している名称に準じています。

第三章　御利益別！ 今行きたい神社

Part1 総合運

Part2 縁結び

Part3 金運

Part4 美容♦健康

Part5 仕事♦学業

Part6 レア御利益

COLUMN

初めてでも
御朱印集めで
幸せになる！

Special Lesson

CHIEさんの神社&御朱印開運講座

Vol.3【埼玉編】

神様を身近に感じ御朱印を頂けばもっと幸せになれます！

ブラウス1万8800円
(pays des fees)
衣装問い合わせ先：
03-5318-9439

日本の神様・オオクニヌシノミコトは“のび太君”みたいで好きというCHIEさん。神様を身近に感じ、感謝の気持ちとプラス思考で御朱印を頂けば、神様からメッセージや手助けをいっぱい頂けるようになれると話します。

CHIE《チエ》さん

14歳のときに記憶喪失を患ってから、人のオーラや亡くなった人の霊が見えるようになる。相手の感情、性格がわかり、私生活や守護霊も見ることができる。テレビ・ライブで活躍中。
公式モバイルサイト「CHIEスピリチュアル日和」
http://sp.chie-spi.net/

撮影：島崎雄史
スタイリスト：下平純子
ヘアメイク：杉尾智子

願いをかなえるためには神様と同じ波動になること

神様に願いをかなえてもらうには感謝の気持ちをもってお参りすることが大切です。神様はプラス思考で、プラスの波動をもっています。ですから、お参りする私たちがマイナスの思考だと結びつきにくいのです。プラスの波動は感謝の気持ちから生まれます。どんなにイヤなことがあっても、参拝するときには「このようなよいことがありました。ありがとうございました」などと感謝の気持ちを込めて報告するのです。すると神様のプラスの波動と結びつき、仲よくなれるのです。

さらに、常日頃、プラス思考を保っていると自分の波動が変わり、神様との距離がより近くなっていきます。そうなると神様からのメッセージが受け取りやすくなり、神様も手助けしやすくなるのです。

また神様からのメッセージはインスピレーションとして届きます。受け取るためには頭をからっぽにすることが大切。ですから、悩みや願いごとを考えながらお参りする「ながら参拝」はよくありません。境内に入ったときだけでも、頭をからっぽにして感謝の気持ちをもつこと。すると神様は向き合ってくださいます。

神様は個性的で人間味豊か自分と縁のある神様を知る

神様を身近に感じることも大切。私が好きな神様はオオクニヌシノミコトです。神社参拝をきっかけに神道に興味をもち、『古事記』を勉強しました。『古事記』に登場する神々は個性豊かで、人間味があります。例えばオオクニヌシノミコトは心優しくて、でもちょっとユルい部分もあって、『ドラえもん』の“のび太君”みたいとか、スサノオノミコトはいかにもやんちゃな弟っぽいとか、身近な人たちと共通点を見つけることもできます。すると神様に親近感が湧いてきます。

御朱印帳を見返し、その神社の祭神を調べると、祭神が同じ神社が多いことに気づくことがあります。それは100%、自分とご縁がある神様だと思っていいでしょう。そういう神様を大切にしてください。

神社では神職に話しかけてみましょう。神社の歴史や祭神についてなど、どのような質問にもていねいに答えてくださいます。御朱印を頂いたあと、お話しできるようなら、声をかけるのもいいでしょう。

まず神様と、そして御朱印をきっかけに神職とも仲よくなれば、もっともっと幸せになれると思います。

CHIEさんが伝授！ 初心者でもツウになれる参拝講座

1 ＼気になった社から／ 摂社のめぐり方は？

境内に摂社や末社が数多くあるけれど、時間が限られているときのめぐり方は最初に拝殿。そのあとは気になったお社に参拝するのがおすすめです。そしてお社の祭神の名前を見て、参拝後に由緒を調べましょう。祭神が自分とどのようなご縁があるのかを知るヒントになり、良縁が広がっていきます。

2 ＼テーマを決めるのも◎／ おすすめの御朱印めぐり

テーマを決めて神社をめぐるのも楽しいと思います。七福神めぐりや、特定の神様しばりで古事記に出てくる神様を祀る神社を回ったり、龍神をキーワードに回ってもいいですね。特に龍神は水の神様なので、浄化のパワーがあり、何かをスタートするときにも力を貸してくださいます。埼玉にもたくさん龍神スポットがありますよ。

3 ＼月に一度がGOOD／ 参拝に行くペースは？

1ヵ月に一度以上、参拝できると理想的です。毎月1日にお参りする「朔日《ついたち》参り」という習慣があります。これも大事なことですが、私は神社は感謝の場だと思うので、月末に参拝する「晦日《みそか》参り」も大切だと思います。「晦日参り」では、この1ヵ月でよかったことを神前で報告して感謝をささげます。

4 ＼ずっと保管しておく／ 御朱印帳の管理は？

御朱印帳はお守りなどと違って、神社にお返ししなくてもよいので一生の思い出として御朱印ケースに入れて保管しています。亡くなったときにはお棺に入れる方もいらっしゃるそうです。

5 ＼近所の神社へ／ 心が折れたときは？

悩みやよくないことがあったときは、近所の神社に参拝するとよいでしょう。それは近所の氏神様や土地神様は親のような存在なので、いつも見守って、力をくださるからです。その神社をMY神社にして、何度も行って家族のようになっておくと、穏やかな日々を過ごせることでしょう。

6 ＼何度でも頂けます／ 御朱印を再度頂いてもOK？

私はすでに御朱印を頂いている神社に再度参拝したとき、また御朱印を頂くこともあります。期間限定の御朱印を頒布していることもあるからです。また、書き手によって筆跡が異なるので、それも思い出に残ります。

初心者におすすめの開運＆御朱印神社 〜埼玉編〜

CHIEさんが実際に参拝して、御朱印を頂いたおすすめの神社

【東京版】と【神奈川版】のインタビューもチェックしてね♡

三峯神社（秩父市）

少し遠いのですが、心身をリセットしたい人におすすめの神社です。厄を除けるオオカミがお祀りされています。同じ秩父にある寳登山神社もオオカミ信仰の神社なので一緒に参拝するといいでしょう。

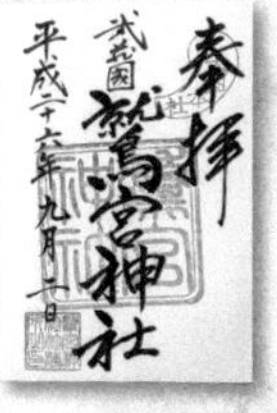

鷲宮神社（久喜市）

神社によれば「関東最古」「お酉様の本社」とあり、歴史ある大社です。毎年、12月には大酉市が開かれ、福を招く縁起物が並び、商売繁盛を願う人でにぎわいます。

九重神社（川口市）

御朱印の色が季節によって変わります。桜の季節には開花している桜の種類によって2種類、5月には新緑の緑になります。氏子さんに大事にされている神社です。

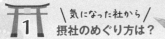

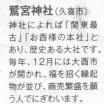

埼玉 神社 おさんぽマップ

埼玉には、神社庁に登録されているだけで約2000社の神社があります。
本書ではそのなかから御朱印と御利益の凄い神社を厳選してご紹介しています。
マップを見ながら、近くの神社から御朱印めぐりをスタートしてみませんか！

本書掲載
全神社掲載！
佐谷田神社 (P.106)
古宮神社 (P.98)
上之雷電神社 (P.134)
忍東照宮 (P.57)
忍諏訪神社 (P.57)
行田八幡神社 (P.112)
前玉神社 (P.54)
吹上神社 (P.17)
三ッ木神社 (P.100)
玉敷神社 (P.101)
鷲宮神社 (P.110)
鴻神社 (P.118)
菖蒲神社 (P.124)
箭弓稲荷神社 (P.137)
北本氷川神社 (P.84)
白岡八幡神社 (P.127)
勝呂神社 (P.127)
大宮住吉神社 (P.67)
山田八幡神社 (P.105)
八枝神社 (P.83)
久伊豆神社 (P.133)
埼玉縣護國神社 (P.74)
武蔵一宮 氷川神社 (P.42)
武蔵第六天神社 (P.114)
白鬚神社 (P.107)
川越拡大図
中山神社 (P.124)
氷川女體神社 (P.96)
香取神社 (P.99)
古尾谷八幡神社 (P.115)
一山神社 (P.123)
八幡神社 (P.81)
本太氷川神社 (P.45)
七郷神社 (P.102)
野々宮神社 (P.80)
調神社 (P.44)
東沼神社 (P.116)
水宮神社 (P.138)
前川神社 (P.102)
九重神社 (P.75)
峯ヶ岡八幡神社 (P.102)
しあわせ神社 (P.66)
鳩ヶ谷 氷川神社 (P.73)
大曽根八幡神社 (P.87)
舘氷川神社 (P.85)
白子熊野神社 (P.66)
大広戸香取神社 (P.64)
所澤神明社 (P.132)
岡氷川神社 (P.65)
元郷氷川神社 (P.113)
中氷川神社 (P.77)
出雲大社埼玉分院 (P.95)
鎮守氷川神社 (P.104)
宮戸神社 (P.119)
川口神社 (P.102)
糀谷八幡神社 (P.76)
敷島神社 (P.109)
田子山富士浅間神社 (P.109)
子ノ神氷川神社 (P.65)
羽生市
羽生駅
東武日光線
東武伊勢崎線
熊谷駅
秩父鉄道
行田市駅
加須市
栗橋駅
JR東北本線
東北新幹線
加須駅
行田市
行田駅
吹上駅
鷲宮駅
北鴻巣駅
JR高崎線
鴻巣市
上越新幹線
久喜市
久喜駅
幸手市
鴻巣駅
北本市
北本駅
比企郡 吉見町
東松山駅
北葛飾郡 杉戸町
東武動物公園駅
東松山市
白岡市
比企郡 川島町
南埼玉郡 宮代町
桶川市
北足立郡 伊奈町
春日部市
蓮田市
北坂戸駅
上尾市
上尾駅
春日部駅
東武スカイツリーライン
坂戸市
さいたま市 岩槻区
坂戸駅
岩槻駅
鶴ヶ島市
さいたま市 北区
北葛飾郡 松伏町
越谷市
北大宮駅
北越谷駅
川越市
南古谷駅
大宮駅
さいたま市 西区
さいたま市 大宮区
さいたま市 見沼区
浦和美園駅
吉川市
与野本町駅
越谷駅
狭山市
東武東上線
さいたま市 中央区
さいたま市 浦和区
さいたま市 緑区
東川口駅
ふじみ野市
ふじみ野駅
さいたま市 南区
浦和駅
狭山市駅
富士見市
志木市
さいたま市 桜区
南浦和駅
草加市
三郷市
三郷駅
武蔵浦和駅
入曽駅
入間郡 三芳町
みずほ台駅
川口市
柳瀬川駅
鳩ヶ谷駅
所沢市
志木駅
朝霞市
北朝霞駅
戸田市
蕨市
八潮市
西武新宿線
西川口駅
朝霞台駅
新座駅
川口駅
航空公園駅
西所沢駅
朝霞駅
JR武蔵野線
西武狭山線
和光市駅
所沢駅
新座市
下山口駅
和光市
西武球場前駅

稲荷神社（上里）(P.61)
角折神社(P.60)
児玉郡
上里町
金鑽神社(P.78)
稲荷神社（新井）(P.61)
飯玉神社(P.61)
神保原駅
長幡部神社(P.88)
若泉稲荷神社(P.79)
本庄駅
阿保神社(P.89)
大寄諏訪神社(P.126)
本庄早稲田駅
丹荘駅
皇大神社(P.88)
東本庄稲荷神社(P.60)
菅原神社(P.129)
児玉駅
北向神社
(P.110)
今井金鑽神社
(P.60)
金鑽神社(P.89)
本庄市
日本神社(P.136)
産泰神社(P.117)
児玉郡
美里町
児玉郡
神川町
JR八高線
豊布都神社(P.106)
奈良神社(P.106)
楡山神社
(P.82)
深谷駅
深谷市
上越新幹線
JR高崎線
籠原駅
熊谷市
瀧宮神社(P.82)
石原駅
足髙神社
(P.108)
秩父鉄道
小前田駅
八幡神社(P.107)
秩父郡
長瀞町
寄居駅
春日神社(P.106)
宗像神社(P.80)
大里郡
寄居町
赤城久伊豆神社(P.106)
愛宕神社・八坂神社(P.68)
寳登山神社(P.49)
長瀞駅
髙城神社(P.98)
秩父郡
皆野町
坂本八幡大神社(P.128)
比企郡
小川町
比企郡
滑川町
比企郡
嵐山町
小川町駅
椋神社(P.69)
和銅黒谷駅
秩父郡
東秩父村
東武東上線
椋神社(P.86)
聖神社(P.47)
秩父市
小鹿神社(P.135)
秩父郡
小鹿野町
秩父神社(P.48)
秩父駅
比企郡
ときがわ町
比企郡
鳩山町
秩父今宮神社(P.125)
西武秩父駅
秩父郡
横瀬町
西武秩父線
JR八高線
入間郡
越生町
三峰口駅
越生駅
秩父鉄道
東武越生線
我野神社(P.116)
入間郡
毛呂山町
西吾野駅
三峯神社(P.46)
日高市
秩父御嶽神社(P.72)
吾野駅
高麗神社(P.85)
JR川越線
高麗川駅
飯能市
東飯能駅
飯能駅
西武池袋線
入間市
出雲祝神社(P.83)
箱根ヶ崎駅

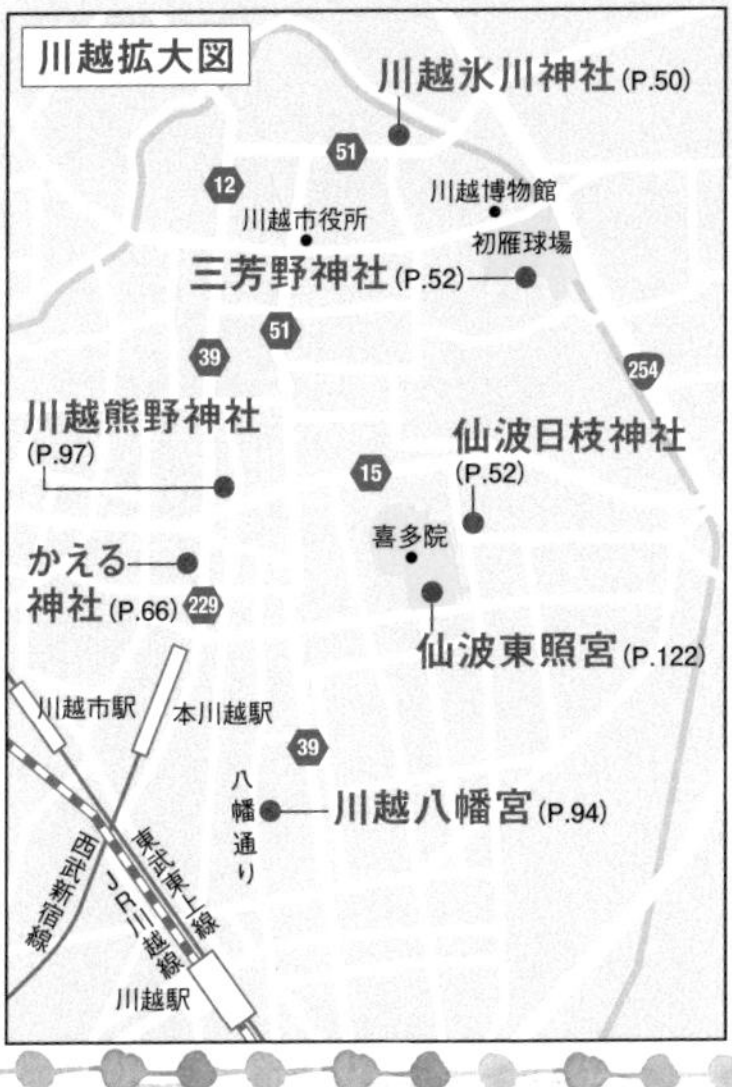

川越拡大図
川越氷川神社(P.50)
51
12
川越博物館
川越市役所
初雁球場
三芳野神社(P.52)
51
39
254
川越熊野神社
(P.97)
仙波日枝神社
(P.52)
15
喜多院
かえる
神社(P.66)
229
仙波東照宮(P.122)
川越市駅
本川越駅
39
八幡通り
川越八幡宮(P.94)
西武新宿線
JR川越線
東武東上線
川越駅

埼玉 神社 INDEX

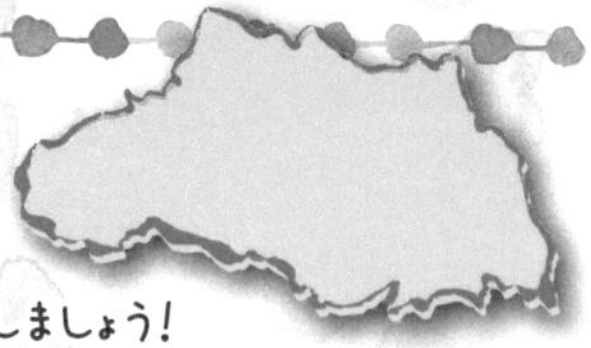

本書に掲載している埼玉の神社を市区町村別五十音順でリストアップ。
御朱印さんぽの参考にしてみてください。御朱印を頂いたら□にチェック✓しましょう！

第一章

まずはここから！神社の御朱印入門

御朱印の見方から頂き方のマナーまで、御朱印デビューする前に知っておきたい基本をレクチャー。基礎知識を知っているだけで御朱印めぐりがだんぜん楽しくなります。

御朱印ってナニ？

御朱印は、もともとお経を納めた証に寺院で頂いていたもの。それがいつしか、神社でも、参拝によって神様とのご縁が結ばれた証として頂けるようになりました。ですから、単なる参拝記念のスタンプではありません。

御朱印の本来の役割って

御朱印はもともと、自分で書き写したお経を寺院に納め、その証に頂くものでした。寺院で「納経印」ともいわれているのはこのためです。いつしか、納経しなくても参拝の証として寺社で頂けるようになりました。お寺で始まった御朱印ですが、江戸時代にはすでに神社でも出されていたといわれています。

神社で御朱印を頂くってどういうこと

神社で御朱印を頂ける場所はお守りやお札の授与所がほとんどです。書いてくださるのは神職の方々。御祭神の名前や神社名が墨書され、神社の紋などの印が押されます。

神社で御朱印を頂くというのはその神社の神様との絆が結ばれたといえるでしょう。決して記念スタンプではありません。ていねいに扱いましょう。

世界でひとつの御朱印との出合いを楽しみましょう

御朱印は基本的に印刷物ではありません。神職の皆さんがていねいに手書きしてくださる、世界にひとつのもの。ですから、墨書には書き手の個性が表れます。そのため、本書に掲載した御朱印と同じものが頂けるとは限りません。同じ神社でも書き手によって、頂くたびに墨書や印の押し方が違うからです。印も季節によって変わったり、新しいものに作り替えることもあります。御朱印自体が頂けなくなることさえあるのです。二度と同じ御朱印は頂けない、それが御朱印集めの楽しみでもあります。

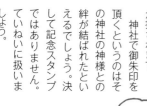

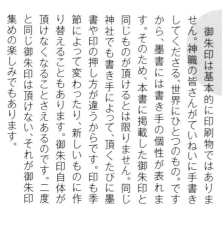

神社の御朱印の見方

白い紙に鮮やかな朱の印と黒々とした墨書が絶妙なバランスで配置されている御朱印。まさにアートを見ているような美しさがあります。では、いったい、墨書には何が書かれ、印は何を意味しているのでしょう。御朱印をもっと深く知るために墨書や印の見方をご紹介します。

御朱印帳を持ち歩くときは袋に入れて

神社によっては御朱印帳と同じデザインのお守りや御朱印帳袋を頒布しているところがあります。御朱印帳袋は御朱印帳を汚れから守ってくれ、ひとつあると御朱印帳を持ち歩くときに便利です。

武蔵第六天神社（P.114）の個性的な御朱印帳とお揃いの柄の御朱印帳袋

神紋

神社には古くから伝わる紋があります。これを神紋あるいは社紋といいます。神紋の代わりに祭神のお使いを表す印や境内に咲く花の印、お祭りの様子を表した印などが押されることもあります。

社名の押し印

神社名の印です。印の書体は篆刻（てんこく）という独特の書体が多いのですが、なかには宮司自らが考案したオリジナルの書体の印もあります。

奉拝

奉拝とは「つつしんで参拝させていただきました」という意味です。参拝と書かれることも。

御朱印帳のサイズは「約16cm×11cm」が一般的で、ひと回り大きな「約18cm×12cm」などもあります

ジャバラ折り

御朱印帳はジャバラ折りが基本。表だけ使っても、表裏使っても、使い方は自由！

表紙

神社ではオリジナルの御朱印帳を作っているところが多くあります。表紙には、社殿、境内、神紋や祭礼、御神木、花、紅葉など、その神社を象徴するシンボルがデザインされていることが多いです。

社名など

中央には朱印の上に神社名が墨書されることが多く、社名のほかに御祭神の名前を書く場合もあります。また、朱印だけで神社名の墨書がない御朱印もあります。八百万神だけあって、史実の人名やおとぎ話の登場人物の名前が書かれることも。

参拝した日にち

何年たっても、御朱印を見れば自分がいつ参拝したのか、すぐわかります。同時に日付を見るとその日の行動も思い出せるので、旅の記録にもなるでしょう。

個性がキラリ 御朱印ギャラリー

神職や職員の皆さんが考えた個性的な御朱印を頒布している神社が、埼玉には数多くあります。期間限定のものやカラフルな添え印、豪華な御朱印など、ユニークな御朱印をご紹介します。

季節を感じる御朱印

元郷氷川神社

（川口市）P.113

その月を代表する草花の添え印が通常の御朱印に加えて、月ごとに押されます。パステルカラーのかわいい印です。夏期には「夏詣」の印も添えられます。父娘神を祀り、「しあわせの宮」と称されるにふさわしい優しい意匠の御朱印です。

4月 藤

3月 桜

2月 紅梅

1月 フクジュソウ

8月 朝顔

7月 ヒメユリ

6月 アジサイ

5月 スズラン

12月 スイセン

11月 サザンカ

10月 キンモクセイ

9月 キキョウ

墨書／奉拝（7、8月は夏詣）、川口市元郷、氷川神社　印／花の添え印、神紋、元郷氷川神社

※特に御朱印帳の見開きいっぱいの印を頂くときは、各ページがつながったジャバラ折り（P.13）の御朱印帳を用意しましょう。

8種の御神木御朱印

九重神社（川口市）P.75

春の御神木

夏の御神木

秋の御神木

冬の御神木

安行桜の御神木

梅雨の御神木

新緑の御朱印

黄金の御神木御朱印

季節によって御神木スダジイと背景が変化する限定御朱印があります。上に掲載した春・夏・秋・冬・安行桜・梅雨・新緑の御朱印とP.75の御朱印を合わせ全8種。すべて受けると黄金の御神木御朱印が授与され、神社オリジナル御朱印帳に受けると記念品が頂けます。

墨書／奉拝、九重神社御神木　印／神紋、九重神社、九重神社社務所之印

墨書／九重神社御神木　印／心願成就、神紋、九重神社、九重神社社務所之印

神社のシンボルやお祭りがモチーフ

久伊豆神社（さいたま市岩槻区）P.133

「夏越大祓」授与の御朱印（6月30日限定）

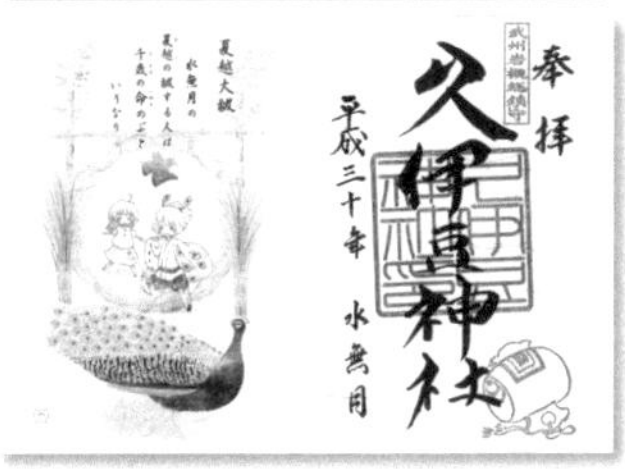

クジャクの羽が開いた御朱印（毎月9日限定）

どちらもクジャクがモチーフ。クジャクは「救邪苦」の字があてられ、苦しみや災いを除くパワーがあるとされます。

墨書／奉拝、久伊豆神社　印／武州岩槻総鎮守、久伊豆神社印、打出の小槌

高麗神社（日高市）P.85

毎年10月19日の例大祭で奉納される勇壮な獅子舞を見開きで押印。

墨書／高麗神社　印／高麗郷鎮守、高麗神社、例大祭

境内社・兼務社の御朱印

中氷川神社（所沢市）P.77

中氷川神社では境内社の金刀比羅神社、兼務社の浅間神社と天満天神社の御朱印がすべて本社で頂けます。

【左】　印／金運を招く大黒様、大黒様の打出の小槌に金刀比羅神社
【中】　印／荒幡総鎮守、霊峰荒幡富士、浅間神社
【右】　印／堀口総鎮守、祭神・菅原道真の梅紋、天満天神社

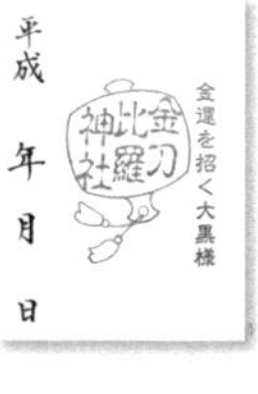

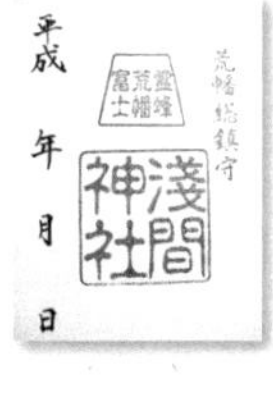

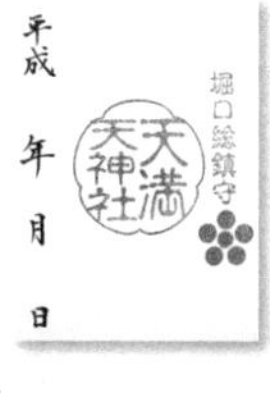

季節・神事の限定御朱印

前玉神社（行田市）P.54

前玉神社と境内社の浅間神社には各種限定御朱印があり、授与期間などはウェブサイトにアップされます。こちらで紹介している季節や神事の印に加え、好評なのがネコの御朱印です。神社では4匹のネコが飼われ、おのおの、異なる印があります。

毎月22日（幸魂が肉球に）

桜の印（桜開花期間）

七夕儀（ササと短冊の印）

通常の御朱印

火祭り（燃える産屋の印）

桜の印（桜開花期間）

七夕儀（ササと短冊の印）

【上段：前玉神社】　墨書／奉拝、延喜式内、前玉神社　印／武蔵国前玉、前玉神社、幸魂
【下段：浅間神社】　墨書／奉拝、浅間神社　印／武蔵国鎮座、浅間神社、コノハナサクヤヒメの桜印

金地の特別御朱印

若泉稲荷神社
（本庄市）P.79

若泉稲荷神社では飛び地境内に祀られている東本庄稲荷神社の御朱印も授与しています。御朱印は通常の白い和紙と金地があります。泥銀紙もあります。金地は特殊な紙でなくなり次第終了というレアな御朱印です。墨書はさまざまな書体で書いていただけます。
（初穂料1000円／書き置き）

楷書

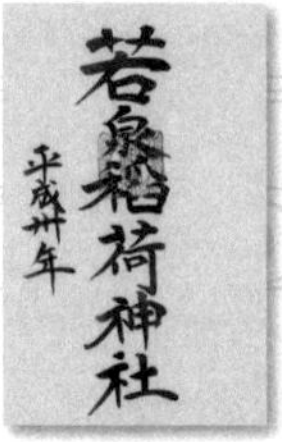

隷書（八分）

天発神讖碑体

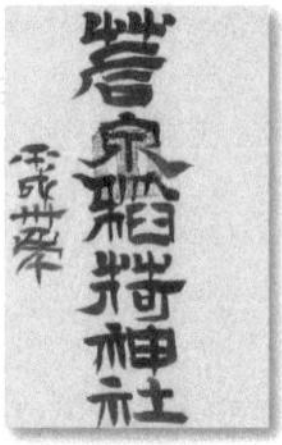

朱書楷書

楷書

隷書（八分）

天発神讖碑体

行書

【上段】　墨書／若泉稲荷神社　印／神璽　【下段】　墨書／東本庄稲荷神社　印／神璽

年中行事などで頂ける御朱印

お正月の七福神詣や七草粥を食べる風習のある1月7日の人日《じんじつ》の日、毎月申の日に参拝する申の日詣、鴻巣に鎮座する3社をめぐる専用御朱印など、さまざまな行事に関連して頂ける御朱印が各種あります。

鴻神社（鴻巣市） P.118

1月7日（人日の日）限定

墨書／奉拝、こうのとりのお宮、鴻神社　印／神璽

一山神社（さいたま市中央区） P.123

火渡りがある冬至祭限定

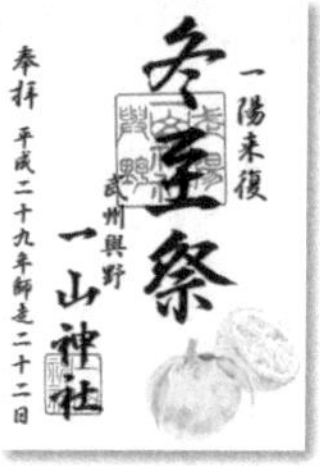

墨書／一陽来復、冬至祭、武州與野、一山神社　印／武陽一山神社、與野、一山神社

お正月3が日に授与

墨書／与野七福神、恵比寿神、一山神社　印／与野七福神、一山恵比須神、一山神社、一山恵比寿、一山神社

三ッ木神社（鴻巣市） P.100

鴻巣三社巡り限定印

墨書／三ッ木神社　印／奉拝、鴻巣三社巡り、大神、宮司之印、祭神のお使いサルの印

安産、子授けを願う申の日の印

印／申の日詣、三ッ木神社、三ッ木神社之印

三ッ木神社兼務社
吹上神社（鴻巣市吹上町4-14）の御朱印

墨書／奉拝、吹上神社　印／大神、宮司之印

秩父今宮神社で頂ける５種の御朱印

役小角《えんのおづぬ》が八大龍王を祀ったのが最初と伝わる秩父今宮神社にはP.125掲載の御朱印も含め墨書が異なる5つの御朱印があります。どの御朱印にも〝秩父霊場発祥の地〟とあるのは、秩父の三十四観音をめぐる巡礼をこちらの神社が広めたからです。

秩父今宮神社（秩父市） P.125

〝八大龍王宮〟とは龍王を祀る社という意味

墨書／八大龍王宮　印／今宮本坊本山修験大宮山八大龍王宮、「仏法僧」の印、秩父霊場発祥の地、今宮神社

〝役尊神〟とは開創と伝わる役小角のこと

墨書／役尊神　印／今宮本坊本山修験大宮山八大龍王宮、「仏法僧」の印、秩父霊場発祥の地、今宮神社

役小角の姿を表した墨印を押印

印／神変大菩薩、役小角大神、今宮本坊本山修験大宮山八大龍王宮、奉斎、役小角の姿、「仏法僧」の印、秩父霊場発祥の地、今宮神社

墨書は〝おかみ〟と読み、龍王を表す

墨書／龗　印／今宮本坊本山修験大宮山八大龍王宮、「仏法僧」の印、秩父霊場発祥の地、今宮神社

圧巻の見開き御朱印

出雲大社埼玉分院

(朝霞市) P.95

すべて出雲大社埼玉分院で授与される御朱印です。左側の「荒船神社」は境内社で、見開きの上部には縁結びを表す赤い印が押されます。カラフルな御朱印紙を使用した書き置きタイプは数量限定。頒布期間などは公式ホームページで告知されます。

赤口の日の限定御朱印

赤口の日は“良縁を結べる日”として、限定御朱印を頒布します。直書きのほか、通年頒布する桃色の御朱印紙の書き置きもあります。

赤口の日限定(1月)

赤口の日限定(2〜12月)

赤口の日限定(通年/御朱印紙)

墨書/奉拝、出雲大社埼玉分院、奉拝、荒船神社　印/縁結びの印、社紋、ハートの印、赤口、荒船、向かい兎

神在祭の限定御朱印

出雲に神様が集まるとされる“神在月”の旧暦10月10〜17日までは、各神事の印が押された3種類の御朱印を頒布。「神在祭」のみ直書きのほか、御朱印紙の書き置きもあります。

神迎祭限定

神在祭限定(御朱印紙)

神等去出祭限定

墨書/奉拝、出雲大社埼玉分院、奉拝、荒船神社　印/縁結びの印、社紋、龍蛇神、荒船、向かい兎、限定印（左）神迎祭（中）神在祭（右）神等去出祭

干支の限定御朱印
(御朱印紙のみ)

一年を通して干支にちなんだ限定御朱印を金色の御朱印紙で頒布します。銀色の御朱印紙に書かれた荒船神社の御朱印もあり、それぞれデザインは2ヵ月ごとに変わります。

1·2月限定

3·4月限定

5·6月限定

7·8月限定

9·10月限定

11·12限定

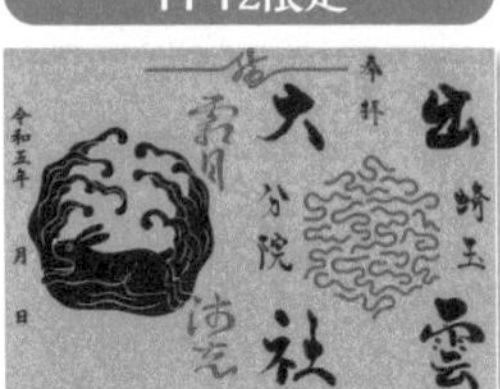

墨書/奉拝、出雲大社埼玉分院　印/縁結びの印、社紋、限定印（1・2月から順に）睦月、如月、向かい兎/弥生、卯月、浪に真向かい兎/皐月、水無月、草書体「兎」/文月、葉月、三つ兎/長月、神無月、甲骨文字「卯」/霜月、師走、浪に兎

毎月の限定御朱印

毎月デザインの異なる御朱印を頒布。直書きのほか、カラフルな御朱印紙を使用した書き置きがあります。

1月(御朱印紙)

2月(御朱印紙)

3月(御朱印紙)

4月(御朱印紙)

5月(御朱印紙)

6月(御朱印紙)

7月(御朱印紙)

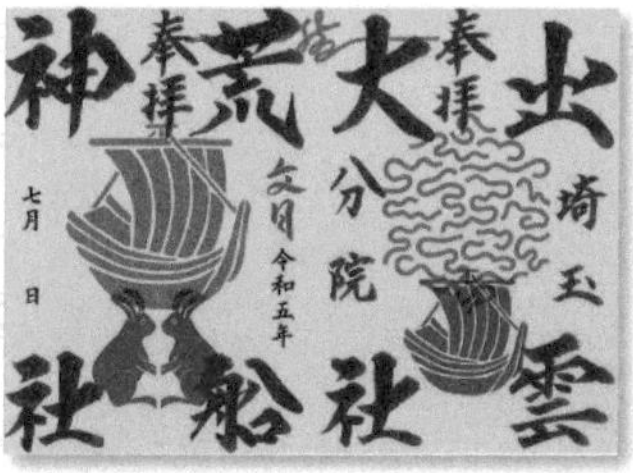

8月(御朱印紙)

9月(御朱印紙)

10 月(御朱印紙)

11月(御朱印紙)

12月(御朱印紙)

墨書／奉拝、出雲大社埼玉分院、奉拝、荒船神社　印／縁結びの印、社紋、荒船、向かい兎、各月の限定印（1 月から順に）睦月、向かい兎／如月、大しめ縄／弥生、後ろ向き三つ兎／卯月、本殿／皐月、後ろ向き三つ並び兎／水無月、紙垂／文月、荒船／葉月、梛／長月、大鳥居／神無月、縁結びの印／霜月、蒲に真向き兎／師走、埼玉の印

ファースト御朱印帳をゲットしよう!

御朱印を頂きにさっそく神社へ!
その前にちょっと待って。
肝心の御朱印帳を持っていますか?
まずは御朱印帳を用意しましょう。

1 あなたにとって、御朱印帳は思い入れのある特別なもの

御朱印はあなたと神様とのご縁を結ぶ大事なもの。きちんと御朱印帳を用意して、御朱印を頂くのがマナーです。御朱印帳はユニークでかわいい表紙のものがいっぱいなので、御朱印帳を集めることも楽しいでしょう。御朱印帳が御朱印でいっぱいになって、何冊にもなっていくと、神様とのご縁がどんどん深まっていくようでとてもうれしいものです。御朱印には日付が書いてありますから、御朱印帳を開くと、参拝した日の光景を鮮明に思い出すこともできるでしょう。

2 御朱印帳は、神社はもちろん文具店やネットでも入手できます

どこで御朱印帳を入手すればよいのかを考えると、まず、思い浮かぶのは神社。本書で紹介している神社の多くは、お守りなどを頒布している授与所で御朱印帳を頒布しています。ファースト御朱印と同時に、その神社の御朱印帳を入手するとよい記念になりますね。神社以外で御朱印帳を入手できるのは、和紙などを扱っている大きな文房具店やインターネット通販。自分が行きたい神社に御朱印帳がないようなら、こうした販売先からあらかじめ入手しておきましょう。最近は御朱印帳の手作りも人気です。

3 御朱印帳を手に入れたらまず名前、連絡先を書き入れます

御朱印帳を入手したら、自分の名前、連絡先を記入しましょう。神社によっては参拝前に御朱印帳を預け、参拝の間に御朱印を書いていただき、参拝後に御朱印帳を返してもらうところがあります。混雑しているとき、同じような表紙の御朱印帳があると、自分のものと間違えてほかの人のものを持ち帰ってしまう……なんてことも。そうならないよう裏に住所・氏名を記入する欄があれば記入しましょう。記入欄がなければ表紙の白紙部分に「御朱印帳」と記入し、その下などに小さく氏名を書き入れておきます。

4 カバーを付けたり専用の入れ物を作ったり、大切に保管

御朱印帳は持ち歩いていると表紙が擦り切れてきたり、汚れがついたりすることがしばしばあります。御朱印帳をいつまでもきれいに保つためにカバーや袋を用意することをおすすめします。御朱印帳にはあらかじめビニールのカバーが付いているものや神社によっては御朱印帳の表紙とお揃いの柄の御朱印帳専用の袋を用意しているところがあります。何もない場合にはかわいい布で御朱印帳を入れる袋を手作りしたり、カバーを付けたりしてはいかがでしょう。

わたしにピッタリ♥の
御朱印帳って
どんな御朱印帳
なのかな?

第一章

オリジナルの御朱印帳を頒布する神社が増えてきました。神社で頒布している御朱印帳は社殿、社紋、境内に咲く花などをモチーフにして、その神社らしさにこだわったデザインが多いようです。

神社の個性を表現した御朱印帳

表　裏

行田八幡神社（行田市）P.112

難病平癒の御利益から「封じの宮」とも呼ばれています。1989年竣工の社殿と社紋が配されています。1200円

表　裏

糀谷八幡神社（所沢市）P.76

「ホタルの御朱印帳」。毎年初夏に姿を見せるホタルと糀谷八幡湿地から望む鎮守の杜が描かれています。黒と青の2色。2000円

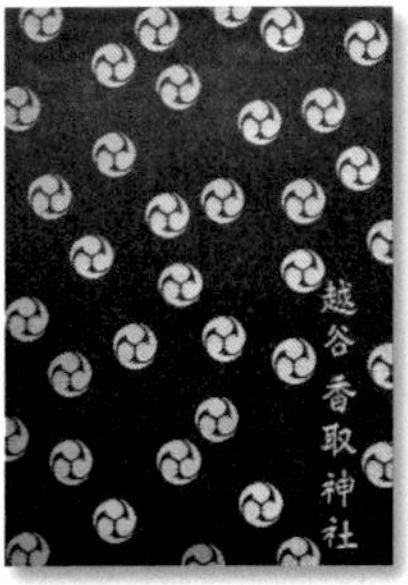

香取神社
（越谷市）P.99

社紋の三つ巴を水玉模様のように散らしたかわいいデザイン。1500円

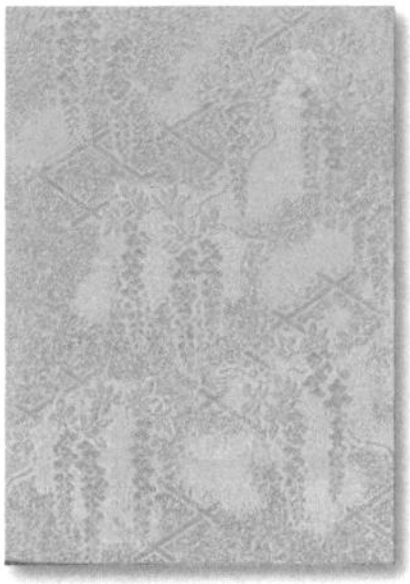

玉敷神社
（加須市）P.101

神苑に咲く大フジをデザイン。花房1mにもなる見事なフジ、裏表紙はイチョウの柄です。1200円

久伊豆神社（さいたま市岩槻区）P.133

かつて朝香宮殿下よりクジャク3羽が贈られ、現在もその子孫が境内で飼育されています。クジャクは害虫を食べる益鳥、「救邪苦」という漢字も当てられ、除災のパワーもあるとされます。クジャクの羽を配した御朱印帳は濃紺とピンクの2色。各1200円

裏は神紋と八雲。数量限定頒布！

武蔵一宮 氷川神社（さいたま市大宮区）P.42

「参道」と名づけられた御朱印帳。樹木が茂り、約2kmも続く参道を鮮やかな朱色で表現。2000円（御朱印料込み）

うちわ祭限定御朱印帳

愛宕神社・八坂神社（熊谷市）P.68

毎年7月に行われる疫病退散の〝うちわ祭〟で巡行する町内の山車が華やかな色彩で表裏に描かれています。1200円

インパクトの強い御朱印帳

表紙のデザインをぱっと見ただけでどこの神社とわかるほどインパクトの強い御朱印帳です。
祭神やお使いを大胆にあしらったユニークな意匠はオリジナルならでは。

表

裏

鎮守氷川神社
（川口市）P.104

左は画家･横尾忠則氏デザインのポスターをモチーフにした御朱印帳で、毎月15日に限定数が頒布されます。2500円。右はオリジナル御朱印帳で表は祭神のシルエット、裏は祭神がヤマタノオロチを退治する石見神楽の一場面を表現しています。1300円

表

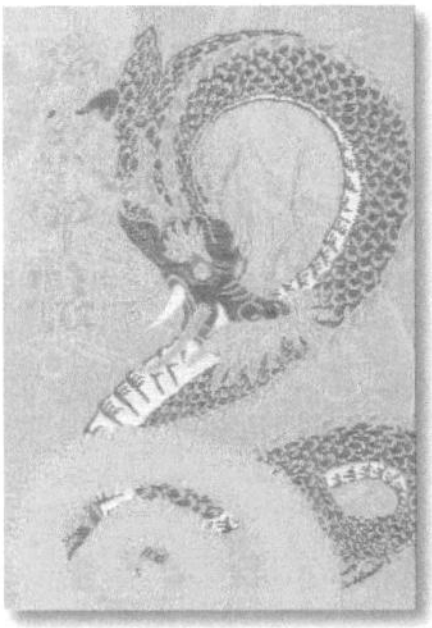

裏

表

裏

金龍
御朱印帳
（季節限定）

少しピンクがかった金色の雲のなかを金龍が舞い踊ります。正月および4月に秩父今宮神社社頭にて、数量限定。1700円

秩父今宮神社
（秩父市）P.125

龍神を祀る神社らしいデザイン。天に昇る龍神の姿は迫力と躍動感にあふれています。裏に描かれているのは龍神がすむという龍神木と呼ばれる御神木と鳥居。境内中央にそびえるケヤキの古木です。白地と濃紺の２色展開。各1200円

御朱印帳

表

裏

御朱印帳は持ち歩くうちに表紙が擦れたり、汚れたりすることがあります。それを防ぐのが御朱印帳袋です。御朱印帳とセットで揃えるのも楽しいでしょう。

御朱印帳袋

表

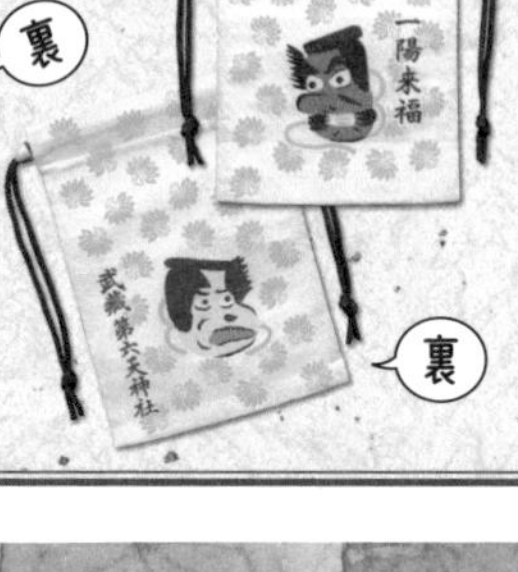

裏

挟み紙

御朱印の挟み紙は毎月変わり、季節感のあるイラストになります

武蔵第六天神社（さいたま市岩槻区）P.114

祭神のお使い、赤い顔の大天狗と青い顔の烏天狗が神紋とともにデザインされています。1500円

1社で頂ける種類豊富な御朱印帳

オリジナル御朱印帳を頒布している神社では、一種類だけでなくデザインや配色の異なるさまざまな御朱印帳を揃えている神社もあります。全部欲しくなるような華やかでステキな御朱印帳をご紹介します。

前玉神社

（行田市）P.54

創建から数千年の歴史をもつ由緒ある神社らしく、表紙には有職文様が配されています。有職文様は平安時代に考えられた意匠で、貴族や神職の装束に用いられてきました。落ち着いたデザインの御朱印帳です。1500円（御朱印料一種込み／御朱印二種の場合1800円）

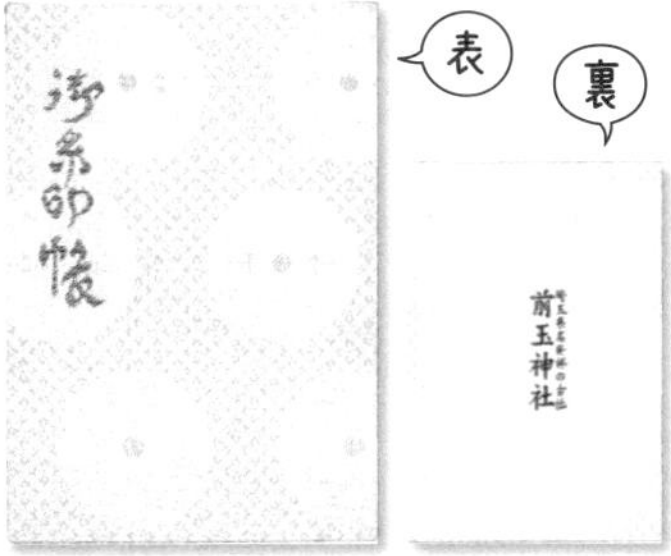

＼優しいピンク／

＼高貴な紫／

＼ブラック／

鳩ヶ谷氷川神社

（川口市）P.73

鳩ヶ谷という地名にちなみ鳩をデザイン。祭神が「八雲立つ」と詠んだ歌にちなむ八雲と社紋が施されています。1200円

＼ピンク／

＼ブラック／

＼レッド／

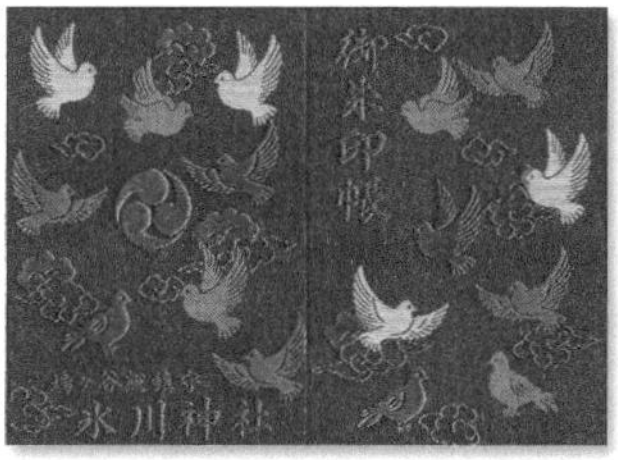

川越氷川神社（川越市）P.50

年中行事を12種類の色と「結び」で表しています。描かれているのは毎月お分かちしているお守り「まもり結び」です。1500円

＼埼玉西武ライオンズファンなら、コレ！／

©SEIBU Lions/TEZUKA PRODUCTIONS

埼玉西武ライオンズ御朱印帳

埼玉西武ライオンズ公認の御朱印帳です。書泉・芳林堂書店限定（関内店除く）にて販売。2500円

書　泉　URL https://www.shosen.co.jp/

芳林堂書店　URL http://www.horindo.co.jp/

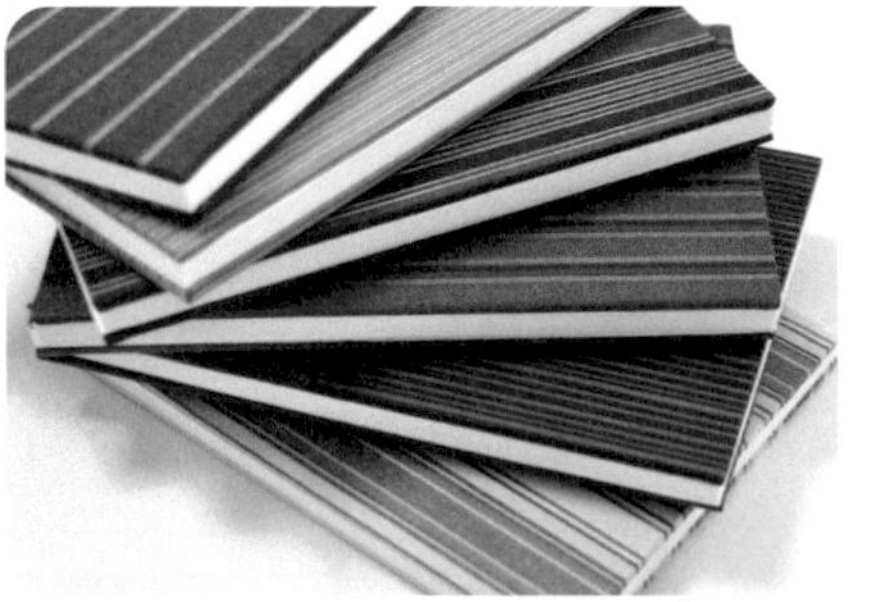

鼠屋ちゅう吉（ねずみやちゅうきち）

小江戸・川越を拠点に、埼玉の伝統的な手工芸品を販売しているオンラインショップ。表紙に「川越唐桟《とうざん》」が施された御朱印帳を購入できます。内側はジャバラタイプで、大切な御朱印を長期保管できるように上質な和紙を使用。川越の「水上製本所」（下記参照）が一冊一冊をていねいに手製本で仕上げています。

オンラインショップ　http://nezumiya.shop-pro.jp/
ブランドサイト　http://fukako.com

茜

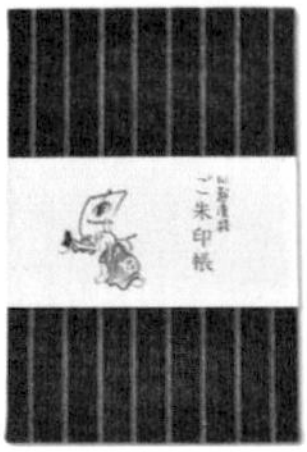

紺／黄・白

若葉色

赤／紺・黄土

滝縞　紺

川越唐桟は江戸時代、粋な縞柄と称された木綿織物で川越の特産品。この織物を装丁に使った御朱印帳はシンプルで飽きのこないデザインになっています。

48頁（片面24頁）／幅約113×高さ約162×厚み約12mm／各2484円

川越の寺社を記載したオリジナル御朱印案内マップも付いています

淡黄

青藍

水上製本所（みずかみせいほんじょ）

製本や古書の修理のほか、御朱印帳、和紙ノートなど和紙を使用したグッズの販売も行っています。御朱印帳や御朱印帳カバーの制作もお願いでき、例えばタンスにしまったまま着なくなった思い出の着物を表紙に使用することなども可能。自分だけのオリジナル御朱印帳が作れます。

埼玉県川越市新富町1-4-4　049-226-3452
https://www.mizukamiseihon.com

『古今和歌集』にも使用された「列帖装《れっちょうそう》」と呼ばれる製本方法を用いた、このお店でしか買えないオリジナル御朱印帳。あとからページの追加ができます。

大：44頁／幅144×高さ204mm／4000円～
小：56頁／幅110×高さ160mm／3800円～

「川越唐桟朱印帳」は、川越唐桟の表紙で、土佐和紙のジャバラ折りタイプ

幅約113×高さ約162mm ／ 2484円

「朱印帖カバー」は、御朱印帳を包んでゴムひもで留めるタイプ。汚れや破損から守ります。950円

お店やウェブサイトで買える御朱印帳2

雅庵～Miyabi An～（みやびあん）

御朱印帳を取り扱っているオンラインショップ。色鮮やかなものや落ち着いた印象の和柄、北欧柄や果物柄など、ほかにはない表紙デザインの御朱印帳が購入できます。

宝翔堂　http://ho-sho-do.com/

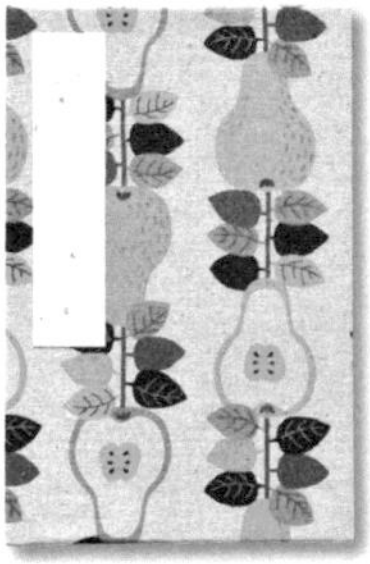

MOEGI
（もえぎ）

KAMONOHA
（かものは）

SHIKKOKU
（しっこく）

KAIDO
（かいどう）

SASAIRO
（ささいろ）

すべての
御朱印帳に
サービスで
ビニールカバーが
付いています！

御朱印帳-水琴 mikoto-

御朱印帳はすべて中身の折り・製本にいたるまで、店主が一点一点ていねいに手作業。
裏写りしにくく、経年劣化しにくいとても丈夫な紙を使用しています。

ジャバラ式24折り11山／幅120×高さ180×厚み(表紙カバー含む) 16mm ／各2160円

ステキな御朱印帳には おしゃれなラッピングを

御朱印帳は、御朱印だけに使えるのではなく、スクラップブックなどとしても使えるので、かわいい御朱印帳があれば、誰かにプレゼントするのも喜ばれるはず。こちらのお店には、華やかな赤ベースとシックな紺色ベースの2種類のギフトラッピングの用意があります。

デビュー前に教えて！

もっと知りたい御朱印Q&A

御朱印に関するマナーから素朴なギモン、御朱印帳の保管場所、御朱印帳を忘れたときのことまで、デビューの前に知っておきたいことがいろいろあるはず。御朱印の本を制作して10年以上の編集部がお答えします。

Q この本で紹介している神社でしか御朱印は頂けませんか？

A 神職常駐の神社ならたいてい頂けます

本書に掲載している神社以外でも、神職が常駐しているところなら頂けます。ただし、なかには神職がいても御朱印を頒布していない神社もあります。社務所に問い合わせてください。

Q ひとつの神社に複数御朱印があるのはなぜですか？

A 複数の神様をお祀りしているからです

主祭神のほかに、主祭神と関係が深い神様など、さまざまな神様を境内にお祀りしている神社では主祭神以外の御朱印を頒布するところもあります。いずれにせよ、参拝を済ませてから、授与所で希望の御朱印を伝えて、頂きましょう。

Q 御朱印を頂く際に納める初穂料（お金）はどのくらいですか？ また、おつりは頂けますか？

A ほとんどが300円。小銭を用意しておきましょう

ほとんどの神社では 300～500 円ですが、限定御朱印など特別な御朱印ではそれ以上納める場合もあります。おつりは頂けます。とはいっても、１万円や 5000 円を出すのはマナー違反。あらかじめ小銭を用意しておきましょう。「お気持ちで」という場合も 300～500円を目安にしましょう。

Q ジャバラ式の御朱印帳ではページの表裏に書いてもらうことはできますか？

A 裏にも書いていただけます

墨書や印などが裏写りしないような厚い紙が使用されているものなら裏にも書いていただけます。

撮影地：武蔵一宮 氷川神社

Q 御朱印帳の保管場所は、やはり神棚ですか？

A 本棚でも大丈夫です

神棚がベストですが、大切に扱うのであれば保管場所に決まりはありません。本棚、机の上など常識の範囲でどこでも大丈夫です。ただし、お札だけは神棚に祀ってください。

Q 御朱印帳を忘れたら？

A 書き置きの紙を頂きます

たいていの神社にはすでに御朱印を押してある書き置きがあります。そちらを頂き、あとで御朱印帳に貼りましょう。ノートやメモ帳には書いていただけません。

Q 御朱印を頂くと御利益がありますか？

A 神様が身近に感じられます

神様とのご縁ができたと思ってください。御朱印帳を通し、神様を身近に感じ、それが心の平穏につながれば、それは御利益といえるかもしれません。

Q 御朱印はいつでも頂けますか？すぐ書いていただけますか？

A 9:00～16:00の授与時間が多いです

授与時間は9:00～16:00の神社が多いです。本書では各神社に御朱印授与時間を確認し、データ欄に明記しているので、参照してください。また、どちらの神社もすぐに授与できるよう心がけてくださいますが、混雑する場合は時間がかかることも。時間がない場合は、御朱印を頂く前に神職に確認しましょう。

Q 御朱印帳は神社と寺院では別々にしたほうがいいですか？

A 一緒にしても構いません

特に分ける必要はありませんが、気になる人は分けても。御朱印には日付が入るので前回の参拝日、参拝の回数がすぐわかるため、気に入った神社専用の御朱印帳を作るのもいいでしょう。

Q 御朱印を頂くときに守りたいマナーはありますか？

A 静かに待ちましょう

飲食しながら、大声でおしゃべりしながらなどは慎んだほうがいいでしょう。

Q 御朱印を頂いたあと、神職に話しかけても大丈夫ですか？

A 行列ができていなければ大丈夫です

行列ができているときなどは避けましょう。しかし、待っている人がいないときなどには、御朱印や神社のことなど聞くと答えていただける神社もあります。

Q 御朱印ビギナーが気をつけたほうがいいことはありますか？

A 自分の御朱印帳かどうか確認を！

難しいことを考えずにまずは御朱印を頂いてください。ちょっと気をつけたいのは書いていただいたあと、戻ってきた御朱印帳をその場で必ず確認すること。他人の御朱印帳と間違えることがあるからです。後日ではすでに遅く、自分の御朱印帳が行方不明……ということもあるので気をつけましょう。

お作法講座

GOOD MANNERS

いざ！御朱印を頂きに

さまざまなお願いごとをかなえていただき、そして、御朱印を頂くためには、正しい参拝の方法、御朱印の頂き方をマスターしておきたいもの。神様は一生懸命、祈願する人を応援してくれます。難しく考えずに、こちらに書いてある最低限のマナーさえおさえればOK！　それにきちんと参拝すると背筋が伸びて、気持ちもびしっとしますよ。ここでは身につけておきたいお作法を写真で解説します。

撮影地：武蔵一宮 氷川神社

1 鳥居をくぐる

POINT

神道のお辞儀は数種類あり、軽く頭をさげることを「揖（ゆう）」といいます。

鳥居は「神様の聖域」と「人間界」を分ける結界という役目を担っています。まずは、鳥居の前で一礼（揖）。これは神域に入る前のごあいさつです。鳥居がいくつもある場合には一の鳥居（最初の鳥居）で一礼を。真ん中より左にいれば左足から、右にいれば右足から進みます。帰りも「参拝させていただき、ありがとうございました」という気持ちで、振り返って一礼します。

2 参道を歩く

参道を歩いて社殿を目指しましょう。歩くときは神様の通り道である真ん中「正中」を避けましょう。神社によって右側か左側か歩く位置が決まっている場合があります。

3 手水舎で清める

古来、水は罪や穢れを洗い流し清めるとされてきました。ですから、参拝前に必ず手水舎へ行って、身を清めます。

〈柄杓がない場合〉

①まずは流水で両手を清めましょう。
②手で水を取り、口をすすぎ、両手をまた流水で清めます。

〈柄杓がある場合〉

①柄杓を右手で取り、まず左手を清め、次に柄杓を左手に持ち替えて右手を清めます。
②右手に柄杓を持ち、左手に水を受けて口をすすぎ、口をつけた左手をまた水で清めます。
③最後に柄杓を立て、残った水を柄杓の柄にかけて清め、もとに戻します。

※手水舎にお作法の案内板がある場合は、それに従って身を清めましょう。

POINT

新型コロナウイルスの影響で柄杓がない神社や柄杓が使えない神社が増えています！

4 お賽銭を入れる

参拝の前に、まずお賽銭を静かに投じましょう。金額に決まりはなく、「いくら払うか」よりも、「神様へ感謝の心を込めてお供えする」ことが大切です。

POINT

鈴があれば鈴を静かに鳴らします。鳴らすタイミングは、賽銭を投じてからという方が多いようです。

5 拝殿で拝礼

拝礼は二拝二拍手一拝と覚えましょう

幸せをありがとうございます

2回お辞儀をします。これを二拝といいます。お辞儀の角度は90度、お辞儀が済んだら二拍手。二拍手はパンパンと2回手をたたく動作です。感謝の気持ちを神様にささげ、祈願を伝えましょう。次にまたお辞儀。二拝二拍手一拝と覚えましょう。拝礼が済んだら静かに拝殿から離れます。

POINT

手をたたく際、一度揃えてから、右手を左手の第一関節くらいまでさげ、たたいたら戻します。

6 御朱印を頂く

POINT

御朱印を書いていただいている間は飲食や大声でのおしゃべりは慎み、静かに待ちましょう。受け渡しは両手で。

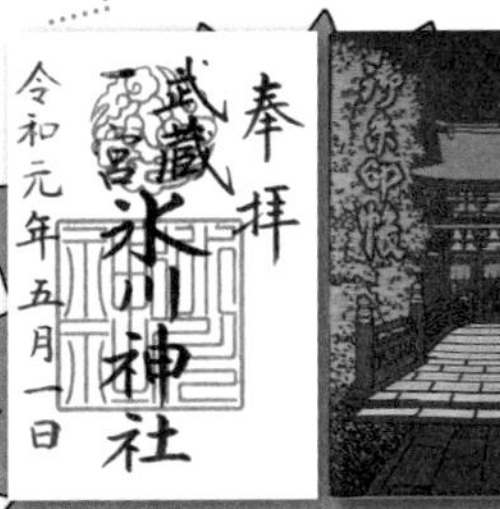

無事、御朱印を頂きました!

拝礼を済ませたら、いよいよ御朱印を頂きます。御朱印はお守りやお札などを授与している「授与所」や「社務所」、「御朱印受付」と表示してある場所で、「御朱印を頂けますか?」とひと言添えて頂きましょう。御朱印帳を出すときは、カバーを外したり、ひもでとじてあるものは開きやすいように緩めてから、挟んである紙などは外し、書いてほしいページを開いて渡します。御朱印代はほとんどの神社で300円。できればおつりのないよう、小銭を用意しておきます。御朱印帳を返していただいたら、必ず自分のものか確認しましょう。最近は番号札を渡されて、番号で呼ぶ神社も多いです。

神社の基本

そもそも神社ってどういうところ？ 祈願やお祓いって何？
そんな疑問に答えます。

開運さんぽに行く前におさえておくべき！

協力：神田神社

神社の始まり

日本人は古代からあらゆる物に神が宿っていると考え、天変地異、人間の力ではどうにもならないような災害は神の戒めだと思っていました。ですから、自然のなかに神を見いだし、平穏無事を願いました。特に大きな山や岩、滝や木などに神の力を感じ、拝んでいた場所に社を建てたのが神社の始まりです。

神社とお寺の違いは？

大きな違いは、神社が祀っているのは日本古来の神様、お寺が祀っているのはインドから中国を経由して日本に伝わった仏様です。仏教が伝わったのは6世紀ですが、100年ほどたつと神様と仏様は一緒であるという神仏習合《しんぶつしゅうごう》という考えが生まれます。そして明治時代になり、神様と仏様を分ける神仏分離令《しんぶつぶんりれい》が出されました。一般的に神社は開運などの御利益をお願いに行くところ。お寺は救いを求めたり、心を静めに行くところといわれています。

神社で祀られている神様って？

日本人は「日本という国は神が造り、神が治めてきた」と思ってきました。そこで神社では日本を造り治めた神々、風や雨、岩や木に宿る神々を祀っています。さらに菅原道真公や織田信長公など歴史上に大きな功績を残した人物も神としてあがめてきました。それは一生懸命生きた人物に対するリスペクトからです。

神主さんってどういう人？

神社で働く人のこと。神社内の代表者を宮司《ぐうじ》といいます。位階は宮司、権宮司《ごんぐうじ》、禰宜《ねぎ》、権禰宜《ごんねぎ》、出仕《しゅっし》の順となっています。宮司から出仕まで神に奉職する人を神職と呼び、神職を補佐するのが巫女《みこ》です。神職になるには神道系の大学で所定の課程を修了するか、神社庁の養成講習会に参加するなどが必要ですが、巫女になるには特に資格は必要ありません。

神社という場所とは

神社は神様のパワーが満ちている場所です。一般的には、神社に参拝するのは神様に感謝し、神様からパワーをもらうため。そのためには自分の望みは何か、意思を神様に伝え、祈願することが大事です。感謝の気持ちを忘れず、一生懸命、お願いし、行動している人に神様は力を与えてくれるからです。また災難を除けるお祓いを受ける場所でもあります。

「お祓い」を受ける理由

穢れを落とすためです。「穢れ」は洋服などの汚れと同じと考えればいいでしょう。生きるためには食事をしますが、食事は動植物の命を奪い、頂くことです。いくら必要とはいえ、他者の命を奪うことはひとつの穢れです。穢れは災難を呼びます。その穢れを浄化するのがお祓いです。ときにはお祓いを受けて、生き方をリセットすることも必要です。

神社めぐりをもっとディープに楽しむために

知っておきたい『古事記』と神様

日本を造った神様の興味深いエピソードが書かれているのが『古事記』です。『古事記』を読むと、神社に祀られている神様のことが深く理解できます。難しそうだけど、ポイントをおさえれば神社めぐりがより楽しくなること間違いなし！

『古事記』でわかる神様の履歴

『古事記』には神々がどのように誕生し、どんな力をもっているのかなど、さまざまなエピソードが紹介されています。つまり神様のプロフィールが記されているというわけです。神社の多くが『古事記』で登場する神々を御祭神として祀っています。ですから、『古事記』を読むとその神社の御祭神のことが、より深く理解できるようになるのです。

『古事記』は日本最古の歴史書

『古事記』という書名は、「古いことを記した書物」という意味。全3巻からなる日本最古の歴史書で、日本誕生に関する神話、神武天皇から推古天皇までの歴代天皇一代記などが記されています。皇室や豪族の間で語り継がれてきた話を太安万侶《おおのやすまろ》が文字に著し編纂、和銅5（712）年、元明天皇に献上しました。

御祭神を理解してから神社に参拝

神社の御利益は御祭神のプロフィールに大きく関係しています。例えば大《オオ》国主命《クニヌシノミコト》。試練を乗り越えて恋人と結ばれたと『古事記』に書かれていることから、縁結びに強く、オオクニヌシを祀る島根県の出雲大社は日本一の良縁パワースポットといわれています。ですから、神社でお願いごとをするときには、御祭神について知っておくと、その神社はどんな御利益があるかがわかるようになるのです。

『古事記』に登場する神様のなかでもまずは5大神様は知っておこう

国生みの神様、太陽神、縁結びの神様……。大勢いる神様のなかでも絶対、知っておきたい最重要5大神様を紹介します。

神様PROFILE

1 日本を造った国生みの神 イザナギノミコト【伊邪那岐命】

神生み、国生みの男神。イザナミを妻とし、淡路島など数々の島を生み、日本列島を造りました。アマテラスやスサノオをはじめ、多くの神々の父親でもあります。妻が亡くなると黄泉《よみ》の国（死者の国）まで会いに行くという愛情の持ち主で、夫婦円満、子孫繁栄、長命、さらに厄除けにもパワーがあります。

御祭神の神社 ➡ 川越熊野神社(P.97)、秩父今宮神社(P.125)など

2 多くの神々を生んだ女神 イザナミノミコト【伊邪那美命】

イザナギの妻として神や日本を生んだ女神。イザナギとともに日本最初の夫婦神です。火の神を出産したことによる火傷で亡くなり、黄泉の国へ旅立ちます。そこで黄泉津大神《ヨモツオオカミ》として黄泉の国を支配する女王となります。神や国、万物を生み出す強い生命力の持ち主なので、参拝者の心や体にエネルギーを与えてくれます。

御祭神の神社 ➡ 三峯神社(P.46)、椋山神社(P.82)など

3 天上界を治め、太陽を司る最高神 アマテラスオオミカミ【天照大神】

イザナギ・イザナミから生まれた女神。天上界である高天原を治める太陽神で八百万の神々の最高位に位置し、皇室の祖神とされています。全国の神明神社はアマテラスが御祭神でその総本宮が伊勢神宮内宮です。自分自身の内面を磨きたいとき、未来をひらきたいときなどに力を貸してくれます。

御祭神の神社 ➡ 産泰神社(P.117)、所澤神明社(P.132)など

4 乱暴者でも正義感が強い神 スサノオノミコト【須佐之男命】

アマテラスの弟。イザナギ・イザナミから誕生。父からは海を治めるように命じられますが、母のいる国に行きたいと反抗したため、追放されて放浪の身に。出雲に降り、ヤマタノオロチを退治して美しい妻を得ます。乱暴者ですが、正義感が強く、厄除け、縁結び、開運など多くの願いごとに応えてくれます。

御祭神の神社 ➡ 九重神社(P.75)、鳩ヶ谷氷川神社(P.73)など

5 優しくて恋多き、モテモテの神 オオクニヌシノミコト【大国主命】

スサノオの子孫です。ワニに毛をむしられた白ウサギを助けた神話『因幡の白ウサギ』で有名です。スサノオが与えた試練に耐え、人間界を治め、出雲の国造りを行いました。『古事記』によれば多くの女神と結ばれ「百八十」の神をもうけたとあり、良縁や子孫繁栄に御利益があるといわれています。

御祭神の神社 ➡ 玉敷神社(P.101)、久伊豆神社(P.133)など

相関図

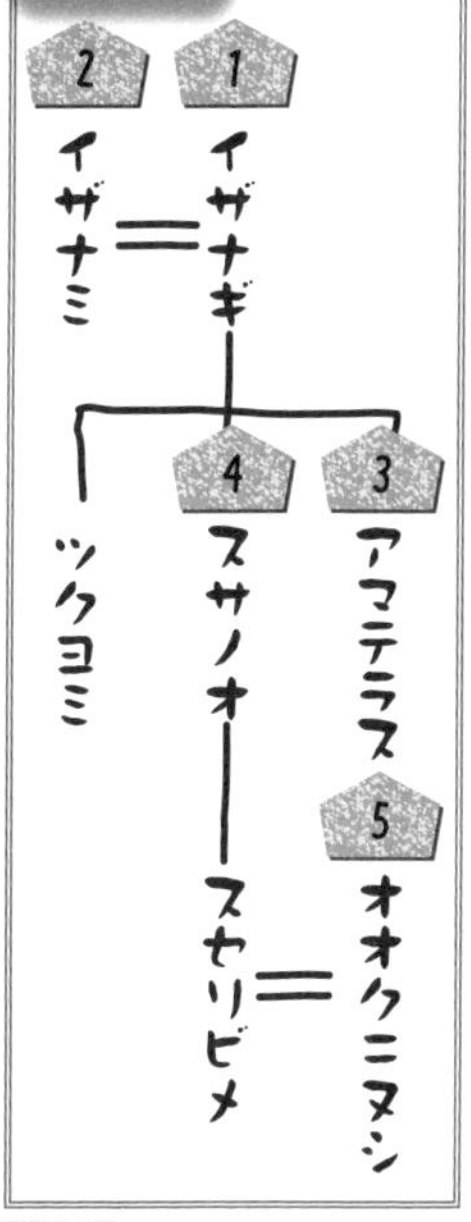

5大神様が主役。3つの神話

日本の神話で特に知っておきたい、3つの神話を『古事記』のなかからダイジェストでご紹介！

その1

日本列島とアマテラスの誕生

「国を完成させよ」と天上から命じられたイザナギとイザナミ夫婦は矛で海をかき回し、日本で最初にできた島・オノゴロ島を造ります。島に降り立ち、夫婦は島や多くの神々を生んでいき、日本列島が完成しました。ところが、イザナミは火の神を出産したときに亡くなり、黄泉の国（死者の国）へ行ってしまいます。妻を忘れられないイザナギは、妻を連れ戻しに黄泉の国に行ったものの、イザナミは屍と化した醜い姿になっていて、ビックリ！驚いて逃げる夫をイザナミは追いかけます。

壮絶な夫婦バトルの末、夫・イザナギは無事、黄泉の国から生還。イザナギは穢《けが》れを祓うため、禊を行います。この禊によって日本の神話で重要な神、アマテラスやスサノオ、ツクヨミが生まれたのでした。

Point!

多くの神様と日本列島を生んだことから、イザナミとイザナギの夫婦神は力強い生命力を与えてくれ、子孫繁栄や夫婦円満、厄除けの神様とされています。三峯神社などに祀られています。

その2

最高神アマテラスと凶暴な神スサノオ

凶暴な性格で、父に反抗して追放されたスサノオは姉のアマテラスに会いに、神々が住む天上界を訪ねます。天上界の最高神・アマテラスは「弟が攻めて来たのか」と疑いますが、スサノオは邪心がないことを証明。そこで姉は弟に滞在を許します。しかし、スサノオの変わらない行儀の悪さに、怒ったアマテラスは天岩戸《あまのいわと》に籠ってしまい、天上界に光がなくなってしまいました。困った神々はアマテラスを岩屋の外に出して、光を取り戻そうと連日会議。「岩屋の扉の前で大騒ぎすれば、アマテラスは様子をうかがうために外に出てくるのでは？」と考え、岩屋の外で神々の歌や踊りが始まりました。アマテラスが外をうかがおうと扉を少し開けた瞬間、力の神・天手力男神《アメノタジカラオ》が扉を開き、アマテラスを引き出し世界に光が戻りました。この事件の原因でもあるスサノオは天上界からも追放されてしまいます。

その後、出雲の国に降り立ったスサノオは美しいクシナダヒメに出会います。ヒメは泣きながら、8つの頭と尾をもつ大蛇ヤマタノオロチに襲われていると訴えるのです。スサノオはオロチを退治。出雲に宮殿を建て、クシナダヒメを妻に迎え、仲よく暮らしました。

Point!

神々を治める絶対神・アマテラス。伊勢神宮をはじめ全国の神社に祀られ、人々の内面を磨いて成長させる御利益があります。スサノオは凶暴ながら愛する者のために闘うという一途さがあり、厄除け、縁結びのパワーがあります。

その3

国造りと国譲り

オオクニヌシには八十神といわれる大勢の兄弟神がいて、いつもいじめられていました。兄弟神たちは因幡の国に住む美しい神・ヤガミヒメに求婚するため旅に出ます。オオクニヌシは彼らの荷物持ちとして同行。道中、毛皮を剥がされ八十神にいじめられた白ウサギを助けると、そのウサギは「ヒメはあなたを選ぶでしょう」と予言。そのとおりに結ばれます。怒った兄弟たちは、オオクニヌシを殺してしまいました。

しかし、オオクニヌシは母の力で麗しい男としてよみがえります。母が言うには「兄弟たちに滅ぼされる前に根の国に逃げなさい」

逃亡先の根の国は死者の国のような場所で、出雲から移ったスサノオが住んでいました。そこでスサノオからさまざまな試練が課せられますが、スサノオの娘スセリビメにオオクニヌシは救われます。ふたりは苦難を乗り越えて結婚。根の国を出て、出雲の国を造りました。

さて、天上界ではアマテラスが地上界を平定しようとしていました。アマテラスは交渉役としてタケミカヅチを出雲に送り込みます。彼はオオクニヌシの息子と力比べをして、勝利。そこでオオクニヌシは国を譲ることになりました。その交換条件として出雲に壮大な社殿＝出雲大社が建てられ、オオクニヌシは出雲の神として祀られたのでした。

Point!

出雲大社に祀られているオオクニヌシは国を譲るなど協調性のある神様です。また女神にモテる神で出会いや縁を大切にしました。そこで人と人とを円満に結びつける縁結びの御利益があります。

出雲で
ひとふんばり

以上、駆け足でお送りしました!
パチ
パチ
パチ

この神様もおさえておきたい

神武天皇

アマテラスの末裔が東征 国を治め初代天皇となる

地上に降りたニニギノミコトはコノハナサクヤヒメと結婚。ふたりの曾孫であるカムヤマトイワレビコは地上界を統治するのに最適な場所を探すため、日向(今の宮崎県)を出て東に向かいます。熊野からは八咫烏《ヤタガラス》の案内で大和に入りました。反乱を鎮め、奈良の橿原の宮で即位。初代・神武天皇となったのです。

ニニギノミコト

地上を支配すべく 天上界から降臨

地上界の支配権を得たアマテラスは、天上から地上に統治者を送ることにしました。選ばれたのが、孫であるニニギノミコトです。彼は天岩戸事件で活躍した神々を引きつれて、高千穂嶺に降臨。この天孫降臨により、天上界と地上界が結びつき、アマテラスの末裔である天皇家が日本を治めていくことになりました。

あなたの悩みにこたえてくれる神様がすぐわかる！

神様との縁結びチャート

どの神様をお参りしようかと迷ったら、このチャートを試してみて。

簡単な質問に答えていくだけで、今のあなたに必要なパワーを授けてくれる神様が見つかります。

どの神様も本書で紹介している神社に祀られている神様ばかり。

あなたに必要な神様が見つかったら、さっそくパワーを頂きにお参りに行きましょう。

YESは → に、NOは → に進んでください

START!

今、いちばん悩んでいるのは異性関係だ

絶対に負けられない戦いがここにはある……恋愛や仕事のライバルがいる

今、好きな人または、恋人がいる

しっかり寝てもダルい……最近ちょっと疲れ気味

雑誌やネットのチェックは欠かさず流行に敏感なほうだと思う

出世なんて興味なし私はマッタリ派

今の自分に自信がない

結婚している

反骨心と正義感の強い勝運、開運の神様

スサノオノミコト

どんな困難があっても、解決策を見つけて乗り越えていけて、時代の流れにも敏感でとても前向きな人のようです。でも、油断をすると思ってもみなかったような災難が襲ってきそう。スサノオノミコトは厄除けの御利益が絶大。あなたの周囲に潜む災難を遠ざけ、さらに自分を高め、キャリアアップしていけるパワーを頂きましょう。

自分磨きや未来を切り開くパワーをくれる女神

アマテラスオオミカミ

今の自分に自信がない人、ライバルはいるけれど現状維持で満足という人。ときには周囲やライバルに自分の存在をアピールすることも大切です。そこで、最高神とも呼ばれる女神のパワーを頂きましょう。ファッションセンスを磨いたり、趣味や教養を身につけたり、魅力アップの力や未来を切り開くパワーを授けてもらえます。

優しくて恋多きモテモテの神

オオクニヌシノミコト

縁結びでは最強のパワーがある神様。恋人との仲が進展しない、でも自分から行動する勇気がないという人には一歩前に進む力を授けてくれます。自分に自信のあるあなた。もしかして他人にとって少し怖い存在で孤立していませんか？仲間との協調性を身につけ、友人との良縁が結べるパワーを授けてもらいましょう。

夫婦円満と生命力をもたらす国を生んだ夫婦の神

イザナギノミコト
イザナミノミコト

国を生んだ2柱の神様は愛する人のいる人に、将来、何が起きても、ふたりの仲が壊れることなく、年月を重ねるごとに絆が強くなっていく力を授けてくれます。ライバルがいるあなたはストレスで少し、お疲れ気味。そこで、神様から生命力強化のパワーを頂きましょう。重い疲れが軽くなるかもしれません。

行きつけ神社の見つけ方!

困難にぶつかったとき、
気分が晴れないとき、
そんなときに行きつけの神社があれば、
すぐに参拝してパワーをもらえたり、
心を落ち着かせたりすることができるでしょう。
行きつけの神社を見つけるヒントをご紹介します。

まずは土地の守護神に参拝を

日本全国には8万社もの神社があり、そのなかから「行きつけ神社」を見つけるには、まず自分が住んでいる地域の氏神《うじがみ》・産土神《うぶすながみ》をお祀りする神社を調べましょう。氏神・産土神とはその土地の守護神のことで、自分がその土地に住みはじめてからずっと見守ってきてくれた神様といえます。

昔の人々は血縁関係で結ばれた集団を作って暮らすのが普通でした。彼らが守護神としてあがめたのが氏神です。例えば藤原氏は春日権現、源氏は八幡神を氏神にしていました。

一方、産土神は血族に関係なく、その土地を守る神様として崇敬されてきた神様でした。ところが、徐々に氏神も地域の守り神となり、両社の区別は曖昧になりました。現在では氏神も産土神も、その土地の守護神と考えられ、両社を総称して氏神としています。氏神に対し、神社のある地域に住んでいる人々を氏子といい、氏子を代表して神社との連携を図る役職を「氏子総代」といいます。どこの神社が自分の住所の氏神かは神社本庁のウェブサイトで各都道府県の神社庁の連絡先を調べて、電話で問い合わせると、教えてくれます。

やはり氏神の御朱印は頂いておきたいものです。また、転居したら、最初に氏神にあいさつに行きましょう。

よくある「八幡」「稲荷」はどんな神社?

神社めぐりをしていると、○○稲荷や○○八幡など同じ名前の神社が多くあることに気がつきます。これらは同じ系列の神社で同じ祭神を祀り、同じ御利益が頂けます。ですから、チャージしたいパワーによって参拝するべき神社が社名でわかるというわけです。ここでは本書に掲載している神社に関連する信仰の一部を紹介します。

熊野神社

総本社は和歌山県熊野にある熊野本宮大社、熊野速玉大社、熊野那智大社です。人生のターニングポイントで一歩先に踏み出したいときには勇気や加護を授けてくれる御利益があります。

氷川信仰

埼玉県や東京都北部に数多くあり、ほかの地域ではあまり見かけません。祭神はスサノオノミコト。妻のイナダヒメノミコトとともに祀られることがほとんどで、縁結びや除災にパワーを発揮します。

八幡信仰

埼玉県に数多くある八幡神社ですが、武家の守護神として各地に祀られています。代表的な御利益は勝運。スポーツや勝負事だけでなく病気に打ち克つ力や弱気に勝つ力も頂けます。

稲荷信仰

祭神はウカノミタマノカミ。本来は稲の成長を見守る穀物、農業の神ですが、現在は商売繁盛や出世運の御利益でも信仰されています。営業成績アップや招福の祈願にはお稲荷さんへ行くとよいでしょう。

諏訪信仰

信濃国(長野県)の一宮・諏訪大社を総本社とする諏訪神社は、埼玉県にも数多くあります。御祭神は建御名方神とその妃・八坂刀売神で、軍神・勝負の神様として信仰されています。

天神信仰

学問の神様とされる菅原道真公をお祀りする神社で、学業成就・合格祈願の参拝者で天神社や天満宮はにぎわいます。入試だけではなく、資格試験や昇進試験の合格祈願にも応えてくれます。

☆神社本庁ウェブサイトは
http://www.jinjahoncho.or.jp/

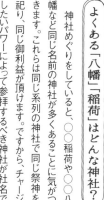

キーワードで知る神社

神社を参拝すると聞き慣れない言葉を耳にすることがあります。
そこで、わかりにくい「神社ワード」をピックアップし、解説。
これを知れば、神社めぐりがもっと楽しくなるはず。

【荒魂《あらたま》と和魂《にぎたま》】

神様がもつふたつの霊魂

荒魂は神様の荒々しい霊魂、和魂は穏やかな霊魂のことをいいます。どちらも神道における考え方で、伊勢神宮など、それぞれを祀るお宮が存在する神社もあります。

【御神木】

神域にある神聖な木

神社のシンボルであったり、神様が降臨する際の依代《よりしろ》（目印）であったり、神域にある特定の樹木や杜を、御神木と呼んでいます。御神木に注連縄《しめなわ》を張る神社もあります。

【勧請《かんじょう》・分霊】

別の土地の神様をお迎えします

勧請は離れた土地に鎮座している神様を分霊（御祭神の霊を分けて、ほかの神社に祀ること）し、社殿に迎え、奉ること。勧請はもとは仏教用語から来た言葉です。かつて分霊を勧請するときには神馬《しんめ》の背中に御神体をのせ、移動していたといわれます。

【大麻《おおぬさ》（大幣）】

祈祷などで使われるお祓いの道具

榊の枝や棒に紙垂《しで》（和紙でできた飾りのようなもの）、麻をくくりつけたものが一般的。この大麻を振ってお祓いをします。ちなみに伊勢神宮では御神札を「神宮大麻《じんぐうたいま》」といいます。

【宮司《ぐうじ》・権宮司《ごんぐうじ》】

栄えある神社のトップポジション

宮司は祈祷から神事まで幅広く従事する神社の代表のことをいいます。また権宮司はナンバー2のことで一部の神社で、宮司と禰宜の間に置かれているポジションになります。

【斎王《さいおう》】

神様に仕える未婚の内親王や女王

伊勢神宮などに奉仕する未婚の内親王または女王のこと。斎王の「斎」は、潔斎《けっさい》（神事などの前に心身を清めること）して神様に仕えるという意味です。京都の初夏を彩る「葵祭」の主役「斎王代《さいおうだい》」は、名前のとおり斎王の代理として神事を務めます。

【御祭神《ごさいじん》・御神体《ごしんたい》】

祀られている神様と神様の居場所

御祭神は神社にお祀りされている神様のこと。神社によっては複数の神様をお祀りしていて、主として祀られる神様を「主祭神」ともいいます。御神体は、神様が降臨するときに、よりどころとなる依代（目印）のようなもの。御神体そのものは神様ではありません。

【お札・お守り】

どちらも祈願を込めて祈祷されたもの

お札は神社で祈祷された紙や木、金属板のことです。災厄を除けるとされています。お守りはお札を小さくし、袋などに入れて、持ち歩けるようにしたものです。どちらも1年に一度は新しいものに替えるとよいとされています。

【神宮《じんぐう》】

皇室とゆかりのある由緒ある神社

神宮とは、皇室のご先祖や歴代の天皇を御祭神とし、古代から皇室と深いつながりをもつ特定の神社の社号です。なかでも「神宮」といった場合は、伊勢の神宮を指します。「伊勢神宮」は通称で、正式名称は「神宮」です。

【崇敬神社《すうけいじんじゃ》】

地域にとらわれず個人で崇敬する神社

全国の神社は伊勢神宮を別格として、大きくは崇敬神社と氏神神社に分けることができます。地縁などと関係なく、個人で信仰する神社を崇敬神社といい、人生のさまざまな節目などに参拝する人も。地域の氏神様と両方信仰しても問題はありません。

【神紋《しんもん》・社紋《しゃもん》】

神社で用いられている紋

神紋・社紋どちらも同じ意味です。神社にゆかりのある植物や縁起物、公家や武家の家紋が用いられることも。天満宮系はおもに「梅（梅鉢）紋」、春日大社系は「藤紋」と、社紋を見れば神社の系統がわかります。

【榊《さかき》】

神棚や神事などに欠かせない樹

ツバキ科の常緑樹で小さな白い花をつけます。「さかき」の語源は、聖域との境に植える木、栄える木からなど諸説あります。「神事に用いられる植物」の意味から「榊」の国字になったともいわれています。

【禰宜《ねぎ》・権禰宜《ごんねぎ》】

神社トップの補佐役を担う

禰宜は権宮司がおかれていない場合、宮司の補佐役にあたります。権禰宜は職員。御朱印を授与しているのはおもに権禰宜です。境内の掃除や参拝者の対応のほか、社務所内での書類作成などのデスクワークや取材対応など広報のような役割を担うこともあります。

【幣殿《へいでん》】

神様の食べ物をお供えする場所

参拝者側から見て、拝殿・幣殿・本殿の縦並びが一般的。秩父神社（→P.48）などで見ることができます。神事を司る人が神前で拝礼するときはこちらで。通常、一般の参拝者は入ることができません。

【巫女《みこ》】

神楽や舞を奉仕する女性

神職の補助や神事における神楽や舞を奉仕。神職にはあたらないため、資格は必要ありません（→P.31）。

【例祭《れいさい》】

神社の最も重要な祭祀

「例大祭」と呼ばれることも。基本的にはひとつの神社につき、例祭はひとつだけ。年に一度、日が決められていることがほとんどですが、参加者を考慮して週末などに開催されることもあります。

column

これを知っていれば、神社ツウ

境内と本殿様式

知ってるようで知らない境内のあれこれ。そして神様を祀る本殿の建築様式を知ると参拝がもっと楽しくなります！

参拝のための拝殿に本殿、摂社《せっしゃ》など盛りだくさん！

鳥居から本殿に向かって延びる道は参道です。参拝前に手や口を水で清めるところを手水舎《ちょうずや》*といいます。御祭神をお祀りするのが本殿、その前にあるのが拝殿で参拝者は拝殿で手を合わせます。境内にある小さな祠《ほこら》は摂社、末社《まっしゃ》といいます。摂社は御祭神と関係が深い神様、末社にはそれ以外の神様が祀られています。拝殿前にある狛犬は、神様を守護する想像上の動物。正式には向かって右が獅子、左が狛犬です。本殿は建築様式によってさまざまなタイプがあります。一番大きな違いは屋根。おもな建築様式を下でご紹介します。

*「てみずしゃ」と読む場合もあり

本殿の建築様式。見分け方のポイントは屋根！

権現造《ごんげんづくり》

日光東照宮に代表される様式。拝殿と本殿の間に「石の間」と呼ばれる建物を設けている。屋根には神社ではあまり用いられない瓦葺《かわらぶき》もみられる。

神明造《しんめいづくり》

古代から伝わる高床式のスタイルで伊勢神宮が代表例。屋根には神社特有の千木、鰹木をのせている。檜皮葺《ひわだぶき》、茅葺《かやぶき》、板葺《いたぶき》がほとんどで勾配が急。

流　造《ながれづくり》

神社建築で最も多いタイプ。側面から見ると正面にあたる屋根が長く前に延びているのがわかる。長く延びた部分を「庇《ひさし》」または「向拝《こうはい》」と呼ぶ。

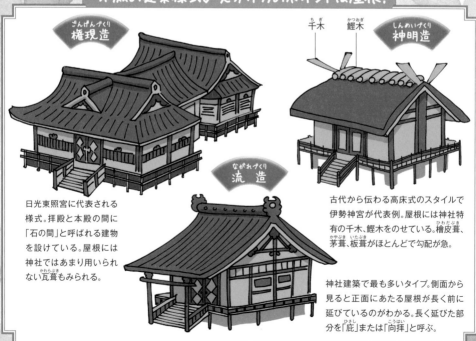

第二章
話題の神社をめぐる開運さんぽへ
週末御朱印トリップ

ウィークエンドは御朱印＆御利益をたっぷり頂きに小さな旅へ出発！
楽しさいっぱいの埼玉神社めぐり旅をご紹介

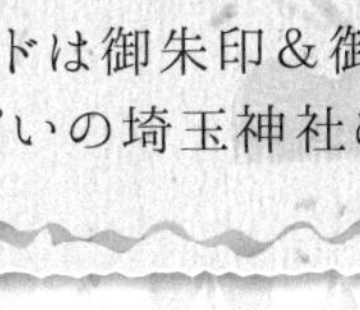

週末こそ、運気アップのチャンス！
埼玉の中心地でよくばりパワスポめぐり

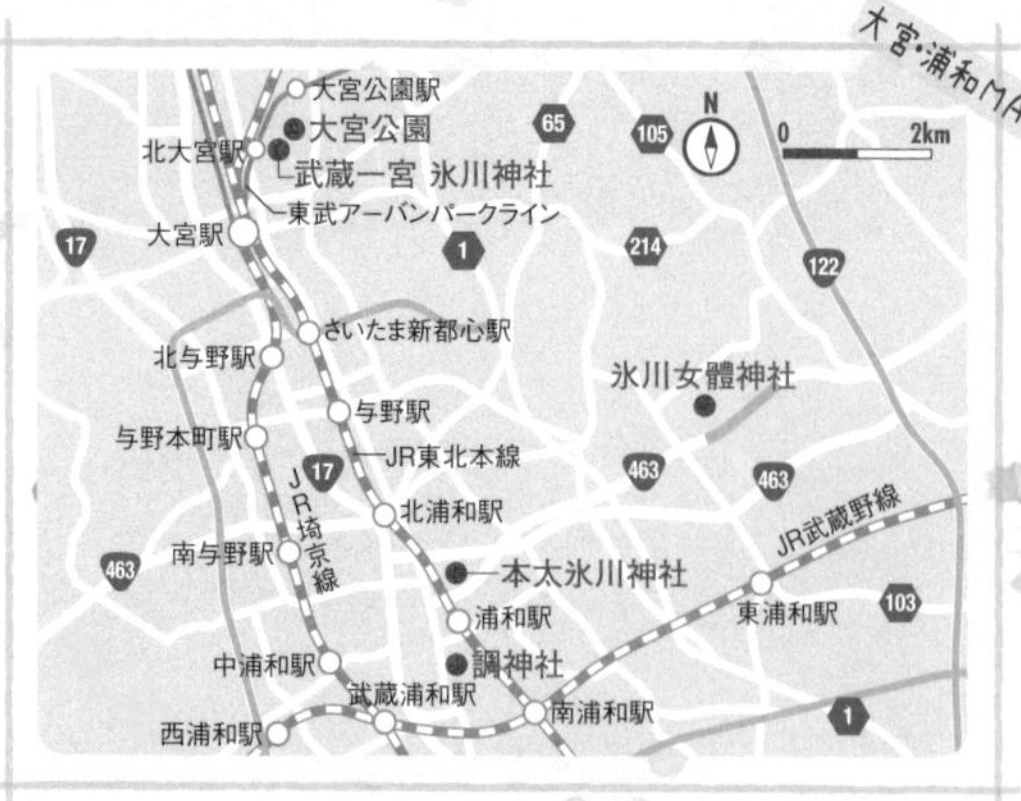

大宮・浦和エリアには関東に数多くある氷川神社の総本社をはじめ、開運パワーを授けてくれるパワスポがいっぱい。縁結び、金運、女子力アップまで、よくばりなお願いを聞いていただけます。「何だか運気がダウンしたなぁ……」と感じたら、エネルギーをチャージしに、いざ参拝。

start!! 大宮駅東口から出発

主祭神
須佐之男命《スサノオノミコト》
稲田姫命《イナダヒメノミコト》
大己貴命《オオナムチノミコト》

氷川神社の総本社で
最強の良縁パワーをチャージ

武《む》蔵《さし》一宮《いちのみや》 氷《ひ》川《かわ》神《じん》社《じゃ》

まずは、武蔵一宮 氷川神社へ参拝。古くに「大いなる宮居」とたたえられ、「大宮」という地名の由来にもなったといわれる神社です。ケヤキ並木が続く長い参道を進み、楼門をくぐると開放感のある明るい境内が広がります。拝殿では、恋愛や仕事のご縁など、思いおもいの良縁を祈願しましょう。最後は、御朱印を頂きに神札所へ。「参拝に来られた方が幸せになれるようお願いして書いています」と神職。よいご縁はもちろん、優しいパワーを頂いたさんぽの始まりでした。

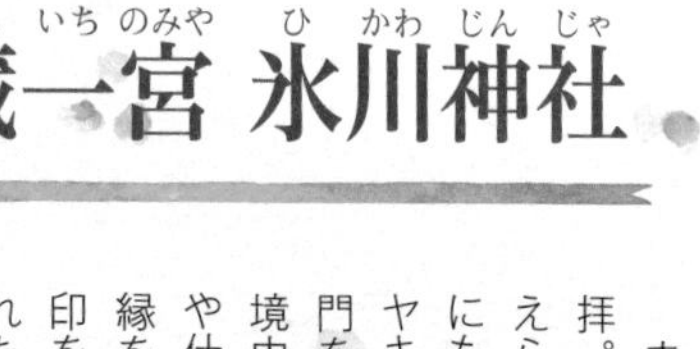

↑境内にある神池に架かる神橋。渡った先には色鮮やかな楼門があります

運気UP！ 授与品

お守り

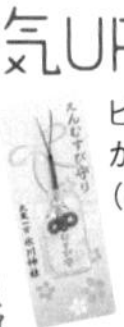

ピンクとブルーの配色がかわいい「えんむすび守」(700円)

金色の福槌がついた「開運小槌守」(700円)

黄色と金糸が豪華な「開運守」(700円)

「幸せのお守り」(700円)は幸せを招いてくれるお守り

神紋の八雲が描かれた「御守」(各700円)

絵馬

「祈願絵馬」は白馬と神紋のデザイン(500円)

「身守(小)」(500円)はさまざまな災いから守ってくれるお守り

神楽土鈴

「神楽土鈴」(各1000円)は、祭典の際に舞殿で奉奏される神楽がモチーフ。すべて集める人も多いとか

モデルプラン 日帰り

09:00 大宮駅
JR「大宮駅」東口から徒歩15分
09:15 武蔵一宮 氷川神社 滞在時間1時間15分想定
徒歩3分
10:33 大宮公園 滞在時間30分想定
徒歩20分
11:23 大宮駅
JR京浜東北線10分
11:35 浦和駅 P.44へ

たくさんの神様が開運をサポート！　必訪の摂社・末社

約3万坪の広大な境内には、13の境内社が鎮座！ すべて参拝すれば御利益もいっぱい。

連なる鳥居にうっとり！

問客人神社《もんきゃくじんじんじゃ》
祭神は夫婦神。縁結びや家庭円満に御利益があるといわれています

天津神社《あまつじんじゃ》
医学薬業の神・少彦名命が祭神。健康長寿をお願いしましょう

御嶽神社《みたけじんじゃ》
良縁成就をサポートしてくれる大国主命が祀られています

稲荷神社《いなりじんじゃ》
収入アップや開運招福、商売繁盛など、金運パワーが頂けます

松尾神社《まつおじんじゃ》
御祭神は、全国的にあがめられている酒づくりの神様です

宗像神社《むなかたじんじゃ》
3柱の女神が祀られています。芸能上達などの御利益が頂けます

神職のオススメスポット

武蔵一宮 氷川神社
権禰宜 淺見 和史さん

境内は広いですが、ぜひじっくりと回ってみてください。楼門左手奥にある「蛇の池」は、数年前に一般公開されました。地中深くからの湧水が出ている池です。氷川神社はもともと水の神様を祀ったのが始まりであるので、こちらは当社の源でもある神聖な場所です。近くにある「御神水」ではお水取りもできますよ。

↓「御神水」は、煮沸して飲料水として使う方が多いとか

↑神聖な水の源「蛇の池」は必訪

→池の入口に立つ石像

御朱印

墨書／奉拝、武蔵一宮 氷川神社　印／神紋、氷川神社
●神紋の「八雲」は、祭神の須佐之男命が宮殿を建てたときに周囲に立ち込めた瑞雲を表しています

御朱印帳はこちら！

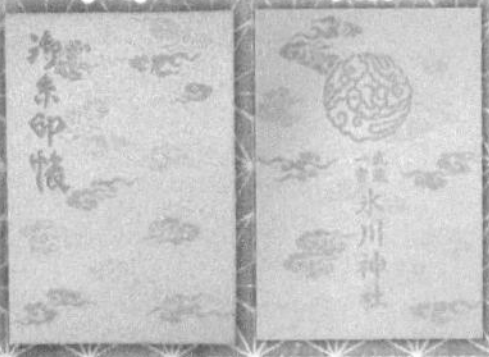

神紋の八雲が刺繍された御朱印帳。白・水色・ピンクの淡い色あいが人気（2000円／御朱印料込み）

落ち着いた紺地の御朱印帳。神橋と楼門が描かれています（2000円／御朱印料込み）

DATA
武蔵一宮 氷川神社
創建／第5代孝昭天皇3年
本殿様式／流造
住所／埼玉県さいたま市大宮区高鼻町1-407
交通／JR「大宮駅」東口から徒歩15分
参拝時間／春・秋5:30～17:30、夏5:00～18:00、冬6:00～17:00
御朱印授与時間／8:30～16:30
URL http://musashiichinomiya-hikawa.or.jp

隠れたパワスポ！ 大宮公園を散策

摂社を参拝後は、隣接する大宮公園へ。実はこちらも神社の境内だった場所で、古くは「氷川公園」という名称だったそうです。園内には自然があふれ、春にはお花見の名所としても親しまれています。風景や見どころを楽しみながら、清らかな空気を感じましょう。

↓「人々のくらしと文化」がテーマの博物館

歴史と民俗の博物館

→きれいに整備された日本庭園

日本庭園

どうぶつえん

→かわいい動物たちに癒やされる小動物園は、無料で入園できます

舟遊池

→大きく広がる舟遊池。春には池のほとりに桜が咲き誇ります

大宮駅から電車に乗って、次は浦和駅へ！

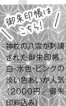

祭神とウサギの最強パワーで
幸せを呼び寄せる!

主祭神
天照大御神《アマテラスオオミカミ》　豊宇気姫命《トヨウケヒメノミコト》
素盞嗚尊《スサノオノミコト》

調《つき》神《じん》社《じゃ》

入口で迎えてくれるのは、狛犬ではなく「卯の石像」。樹木茂る境内を歩くと、ほかにもあちらこちらでウサギに出合うことができます。調神社の「つき」という読みが「月待信仰」と結びつき、ウサギが祭神のお使いになったのです。「つき」は「ツキ」にもつながると広く信仰され、プロのスポーツ選手も必勝祈願に訪れるとか。3柱の神様とたくさんのウサギにパワーを頂き、大きな幸運を手に入れましょう。

→石灯籠に
三日月を発見!

かわいいウサギがお出迎え

DATA
調神社
創建／約1800〜2000年前
本殿様式／権現造
住所／埼玉県さいたま市浦和区岸町
交通／JR「浦和駅」から徒歩10分
参拝時間／自由

境内にはウサギがいっぱい!!

↑全国的にも珍しいウサギの
手水舎は必見です

横で見守るミニウサギ!

↑ひょうたん型の大きな神池の噴水
には、2匹のウサギが見られます

↓古来の「卯の石像」は、優しく
子供をなでる姿が印象的

↑手水舎の土台部分をよく見ると、
寄り添って眠る3匹のウサギが!

↑境内の奥に鎮座する稲荷社（旧本殿）のウサギの彫刻も見逃せません

境内社も参拝しましょう

調宮天神社《つきのみやてんじんしゃ》

金刀比羅神社《ことひらじんじゃ》

モデルプラン日帰り

11:35 浦和駅 ← 徒歩10分 ← 11:45 調神社 滞在時間30分想定 ← 「浦和駅」西口から徒歩10分 ← 12:25 浦和駅（浦和駅周辺でランチ!） ← 「浦和駅」東口から徒歩15分 ← 13:45 本太氷川神社 滞在時間20分想定 ← バス・徒歩30分 ← 14:35 氷川女體神社 滞在時間20分想定 ← バス・徒歩20分 ← 15:15 東浦和駅

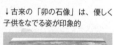

浦和駅へ戻り、東口側から真っすぐ15分ほど歩いて、次は本太氷川神社へ向かいます

日本唯一の上向き福徳神に運気向上をお願い

主祭神
素戔嗚尊《スサノオノミコト》

本《もと》太《ぶと》氷《ひ》川《かわ》神《じん》社《じゃ》

本太氷川神社には境内入口に昭和鳥居、正面に室町鳥居、南側に明治鳥居と3つの鳥居があり、この順番でくぐります。すると開運や招福のパワーが頂けるそう。2番目の室町鳥居の扁額には、「元府趾《もとふと》」の文字が。古くは「本太」ではなく「元府趾」という地であったからだといわれているそうです。境内には、〝明るく日々を過ごせるように〟という願いが込められた「上向き福徳神」が祀られています。日本唯一の上向きの福神として人気があるとか。ゆっくり手を合わせて、何ごとも向上するようお願いしました。

御朱印

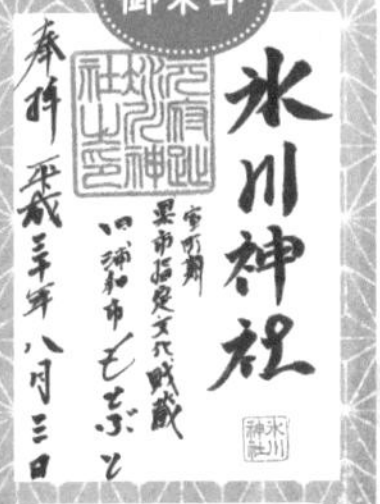

墨書／氷川神社、室町期、県市指定文化財蔵、旧浦和市、もとぶと　印／氷川神社、元府趾氷川神社之印　●多くの人に神社のことを知ってほしいという思いから、「もとぶと」と力強く書かれています。角印には、古い地名「元府趾」の文字が入っています

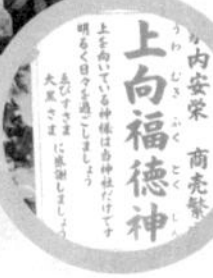

↑ほかの神社では見ることができない、「上向き福徳神」。大黒様と恵比寿様が楽しそうに笑っている姿が印象的です

DATA
本太氷川神社
創建／不詳
本殿様式／一間社流見世棚造
住所／埼玉県さいたま市浦和区本太4-3-33
交通／JR「浦和」駅から徒歩15分
参拝時間／自由
御朱印授与時間／10:00～16:00 ※神職在社時のみ
（問い合わせ:048-885-7412）

女神様がバックについてがんばる女性を応援！

主祭神
奇稲田姫尊《クシイナダヒメノミコト》

氷《ひ》川《かわ》女《にょ》體《たい》神《じん》社《じゃ》

樹木がうっそうと茂る境内に祀られているのは、奇稲田姫尊で、スサノオノミコトの御妃であります。参拝すれば、仲睦まじい女神様にあやかり、女子力アップのパワーが頂けます。また、こちらでは珍しい「巫女人形」を頒布しています。巫女人形は祈願が成就したら、着物を着せてお礼に奉納します。社務所の前を見ると着物をまとった人形がズラリ。御利益のすごさを証明しているようです。女神に背中を押され、パワフルに生きていこうと、前向きな気持ちをチャージできました。

↑社務所の左手にあるタブノキは、出っ張った部分がまるでクマの顔のように見えると有名！　ぜひお見逃しなく

御朱印も頂けます！神社の詳細はP.96で紹介!!

運気UP！授与品

桜が華やかな2色の「縁むすび守」

女性の出産を応援する「安産御守」と「子授御守」

パステルカラーがかわいい桜柄のお守り

「巫女人形」（1200円）は天然素材を使って、一体一体手作業で作られています

「関東一」とウワサのパワースポットで最強エネルギーをチャージ！

季節を彩る草花やレトロな街並みが人気の秩父。今、関東一のパワースポットといわれる三峯神社をはじめ、秩父の神社にはオオカミを神のお使いとする、昔からの信仰が今も残ります。古代からずっとこの地を守り、発展を支え続けてきた神秘的な神社を参拝し、自然豊かな土地を歩けば、強大なエネルギーがチャージできます！

←標高1100mに位置。ヤマトタケルノミコトが創祀とされ、平安時代には山伏の修験道場でした。拝殿は1800年の建立。2004年に塗り替えを行った極彩色の装飾が華麗

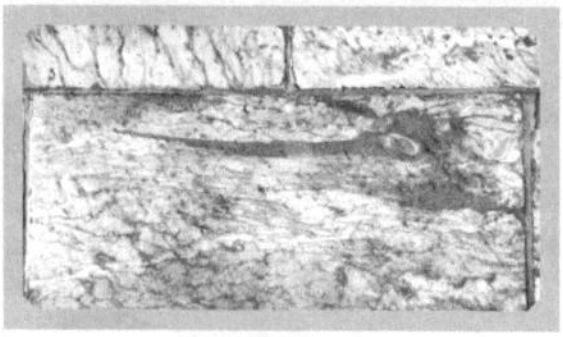

←拝殿前の敷石は水をかけると龍が浮き出てきます。2012年の辰年に現れたもので縁起がよいとされ、スマホなどの待ち受けにする人が多数！

↑鳥居は珍しい形の三ツ鳥居。鳥居の両脇には、狛犬ではなく、神のお使いであるオオカミの像があり、境内の随所にも安置されています

霧はボクの歓迎の印だよ！

霧の霊気で心身を浄化する

主祭神
伊弉諾尊《イザナギノミコト》
伊弉冊尊《イザナミノミコト》

三《みつ》峯《みね》神《じん》社《じゃ》

参道にかかった、霧の間から見えたのは、オオカミの像。神社の方に伺うと「かつて、オオカミは農作物を荒らす猪や鹿を退治する大切な動物でした。そこで秩父ではオオカミを、災難を除く霊力をもった神のお使いとしてあがめてきたのです」。また、三峰は霧がかかりやすい所。この霧は神の使いのオオカミの霊気といわれ、邪気や厄を祓い、活力をくれるのだそうです。頂いた御朱印にもオオカミの印が。「御朱印にも霊気があたっているので、大切にしてください」。霧のなかを歩き、呼吸しているとキレイな空気が体に満たされ、参拝後は心身ともに浄化されていくような気がしました。

全国でも珍しい境内の温泉でひと休み

↑境内にある宿坊「興雲閣」の「神の湯」は5分浸かるだけでも肌がすべすべになるという温泉。日帰り入浴も可（600円）

↑拝殿前にある御神木は樹齢800年の重忠《しげただ》杉。幹に触れてパワーを頂いて！ 手を当てるとほのかなぬくもりが感じられます

かわいい飴を発見！

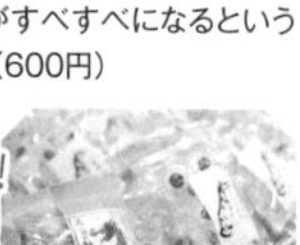

宿坊の売店で販売されているオリジナルの飴（250円〜）

モデルプラン 1日目

※土曜・休日の時刻です。平日は異なります。

10:10 西武秩父駅
バス 1時間15分
11:25 三峯神社 滞在時間 1時間30分想定（周辺でランチ！）
バス45分
13:43 三峰口駅
秩父鉄道＋徒歩43分
14:26 和銅黒谷駅
徒歩 5分
14:31 聖神社 滞在時間 1時間想定
徒歩 5分
15:34 和銅黒谷駅
秩父鉄道 8分
15:42 秩父駅 1泊 P.48へ！

御朱印

通常の御朱印は300円

絵付きの書き置き御朱印は500円

墨書／登拝、三峯神社　印／奥秩父三峰山、三峰神社、三峰山
●左下の印は雲取山、白岩山、妙法ヶ岳の三山を表しています

墨書／登拝、三峯神社　印／三峰神社　●山上に位置するので奉拝ではなく登拝です。あやめの絵柄は社紋に使われている花です

墨書／登拝、三峯神社　印／三峰神社　●神のお使い「オオカミ」の絵柄。狛犬のように口は「阿吽（あうん）」になっています

DATA
三峯神社
創建／111年
本殿様式／春日造
住所／埼玉県秩父市三峰298-1
交通／「西武秩父駅」から急行バス「三峯神社行」75分、終点下車
参拝時間／自由
（社務所は9:00～17:00）
御朱印授与時間／9:00～17:00
URL http://www.mitsuminejinja.or.jp/

神の使いのオオカミを自宅に貸し出し

神の使いであるオオカミを祈祷によりお札に収め、「御眷属拝借《ごけんぞくはいしゃく》」（4000円）として1年間、自宅に貸し出していただけます。お札には諸厄を祓う強力な神徳が！

願いがかないますように

↑拝殿から左手に歩いていくと「えんむすびの木」。木の下には祠があり、好きな人の名前を書いて小箱に収めます

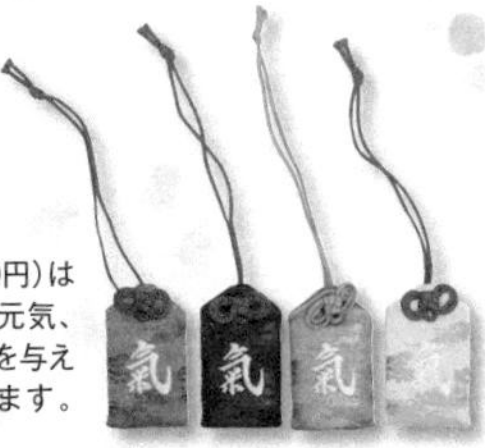

「氣守」（1000円）は勇気や元気、やる気を与えてくれます。全4色

秩父

金運upは迷わず銭神様におまかせを

主祭神
金山彦命《カナヤマヒコノミコト》　国常立命《クニノトコタチノミコト》
大日孁貴命《オオヒルメノムチノミコト》　神日本磐余彦命《カムヤマトイワレヒコノミコト》
元明金命《ゲンメイカガネノミコト》

聖《ひじり》神《じん》社《じゃ》

←銅が発見され、日本最古の流通通貨「和同開珎」ゆかりの場所に創建。「聖」は「何をお願いしてもかなえてくれる」という意味でもあります。社殿は江戸中期の建立

拝殿の右手には直径3mもの巨大な和同開珎のモニュメントがあります。神職によると「ロトや宝くじで億単位のお金が当たったとお礼の報告がいっぱい寄せられています」とのこと。金運の御利益が絶大なので銭神様と親しまれているそうです。境内には参拝者の喜びがあふれているようでした。

和同開珎絵馬（500円）

「招財進寶」（300円）は金色のカード型お守り

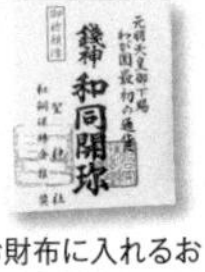

お財布に入れるお守り「銭神和同開珎」（500円）

御朱印

墨書／奉拝、聖神社　印／和同開珎、聖神社、聖宮之印
●「御神徳が賜るようにと心を込めて書いています」と神職

御朱印帳はこちら！

御朱印帳（1200円）は拝殿と、裏表紙には神のお使いのムカデが描かれて、金運が上がりそうな金色

おれいの報告がたくさん!!

↑境内には全国からのお礼の報告が。御利益を聞きつけ多いときには1日1000人もの参拝があったことも

DATA
聖神社
創建／708年
本殿様式／一間社流造
住所／埼玉県秩父市黒谷2191
交通／秩父鉄道「和同黒谷駅」から徒歩5分
参拝時間／自由
御朱印授与時間／土・日曜9:00～16:00（平日は在社時のみ）

運命を切り開く知恵と力をチャージ

秩《ちち》父《ぶ》神《じん》社《じゃ》

主祭神

八意思兼命《ヤゴコロオモイカネノミコト》　知知夫彦命《チチブヒコノミコト》

天之御中主神《アメノミナカヌシノカミ》　秩父宮雍仁親王《チチブノミヤヤスヒトシンノウ》

↑秩父盆地の中央に位置する総鎮守。車道に面して一の鳥居があり、鳥居の先には神門が立ちます。御神木は神門をくぐって右手の大銀杏。12月2～3日の秩父夜祭は例祭で、笠鉾と屋台が曳き回されます

社殿の裏！

社殿の彫刻は4面をCHECK!

「知恵梟守」（700円）は人々に知恵を授けてくれるお守り

梟《フクロウ》

←必見の「北辰の梟」。体は本殿に向け、頭は真北に向け、祭神を守っています

猿

↑「お元気三猿」。日光の三猿とは反対に「よく見て、よく聞いて、よく話す」を表現しています

幣殿東側に施された雷神の彫刻をあしらった「雷神守」

お元気三猿の絵馬は長寿の御利益が（1500円）

←本殿は1592年に徳川家康が寄進したもの。江戸時代初期の建築様式をよく留め、埼玉県有形文化財に指定

龍

↑「つなぎの龍」。左甚五郎作とされ、神社の表鬼門を守護する龍

虎

↑「子宝･子育ての虎」。左甚五郎作とされます。家康が寅年･寅の日･寅の刻生まれにちなんで彫られたもの

授与所で御朱印を頂くと神職が「御祭神は知恵の神様と秩父開拓の神様。ですから、心配ごとの解決策を示し、困難を切り開く力を授けてくれます」。参拝者の表情を見て、悩みがある人がわかったときには声をかけていらっしゃるのだとか。すると「参拝して、少し不安が取れました」という答えが返ってくるそうです。「神社は神様との出会いの場。絵馬に願をかけ、御神木に触れて、御朱印を頂けば神様のお力を頂戴でき、悩みや疲れた心身を癒やしていただけるはずです」

DATA

秩父神社

創建／紀元前87年

本殿様式／権現造

住所／埼玉県秩父市番場町1-3

交通／秩父鉄道「秩父駅」から徒歩3分

参拝時間／6:00~20:00

御朱印授与時間／9:00~17:00

URL http://www.chichibu-jinja.or.jp/

御朱印

墨書／秩父神社　印／知知夫国総鎮守、秩父宮家ゆかりの社、秩父神社、秩父神社　●「ていねいに書いています」と神職

御朱印帳はこちら！

御朱印帳（1500円）は夜祭の花火と山車の表紙。紙は県内の和紙の産地・小川町の手漉き和紙を使用

水占い

出ました!　「大吉」!　おみくじの持ち帰り用ビニール袋が用意されています

何が出るかな？　ドキドキ……。社務所で頂いたおみくじを水に浮かべると

やってみました!!

よく当たると評判

ちょっと珍しい「水占い」（200円）はおみくじを引き、神門の近くの禊川《みそぎがわ》に浮かべます。禊川は境内に湧く清らかな小川でパワスポでもあり、この川で占うおみくじはよく当たるといわれています。

モデルプラン 2日目

9:00	秩父神社	滞在時間1時間2分想定
		徒歩3分
10:05	秩父駅	
		秩父鉄道19分
10:24	長瀞駅	
		徒歩15分
10:39	寶登山神社	滞在時間1時間5分想定
		徒歩15分
12:00	長瀞駅	

※土曜･休日の時刻です。平日は異なります。

←本殿は幕末から明治初期にかけて再建されたもの。2010年、鎮座1900年を記念して本殿を改修、彫刻には彩色を施してあります

パワーあふれる
清らかな森で心を洗う

寳登山神社《ほどさんじんじゃ》

主祭神
神日本磐余彦尊《カンヤマトイワレヒコノミコト》
大山祇神《オオヤマヅミノカミ》
火産霊神《ホムスビノカミ》

大きな白い鳥居の向こうには、重厚な本殿。さらに奥宮に参拝するため、山頂行きのロープウエイに乗ります。霧と木々の緑に包まれた奥宮は神秘的！

下山し、本殿近くの神札所で、御朱印を頂きながら神職に伺いました。「自然のなかに神が宿ると考え、大切に守っています。清らかな環境で参拝すれば心に潤いや余裕が生まれ、活力につながりますよ」

↑白亜の二の鳥居。この先は緑濃い神域。火災・盗難など諸難除けの守護神が鎮座します

↑ヤマトタケルノミコトが体を清めたといわれる「みそぎの泉」

DATA
寳登山神社
創建／110年
本殿様式／権現造
住所／埼玉県秩父郡長瀞町長瀞1828
交通／秩父鉄道「長瀞駅」から徒歩15分
参拝時間／自由
御朱印授与時間／8:30～16:30
URL http://www.hodosan-jinja.or.jp/

↑奥宮。東征の途中、山火事に襲われたヤマトタケルノミコトをオオカミたちが救ったという伝説の地に立ちます。狛犬は三峯神社同様、神の使いとされるオオカミ

「吉祥寶守」（1000円）は、「大切な心の豊かさ」＝「寶」が成長するように祈りが込められています

御朱印

＼奥宮の御朱印／

墨書／寳登山奥宮　印／秩父長瀞、寳登山、寳登山奥宮、寳登山神社々務所印　●日付の下に「登拝」の墨書があるのは山にある神社ならでは。御朱印は奥宮の境内にある授与所で頂けます

＼本殿の御朱印／

墨書／寳登山神社　印／秩父長瀞、寳登山、寳登山神社、寳登山神社々務所印　●流れるような筆の運びが美しい

＼御朱印帳はこちら！

御朱印帳（1500円）は水の流れと桜。裏表紙には社紋の桐が表されている

「縁起うちわ」（300円）は福を招くうちわ

秩父MAP

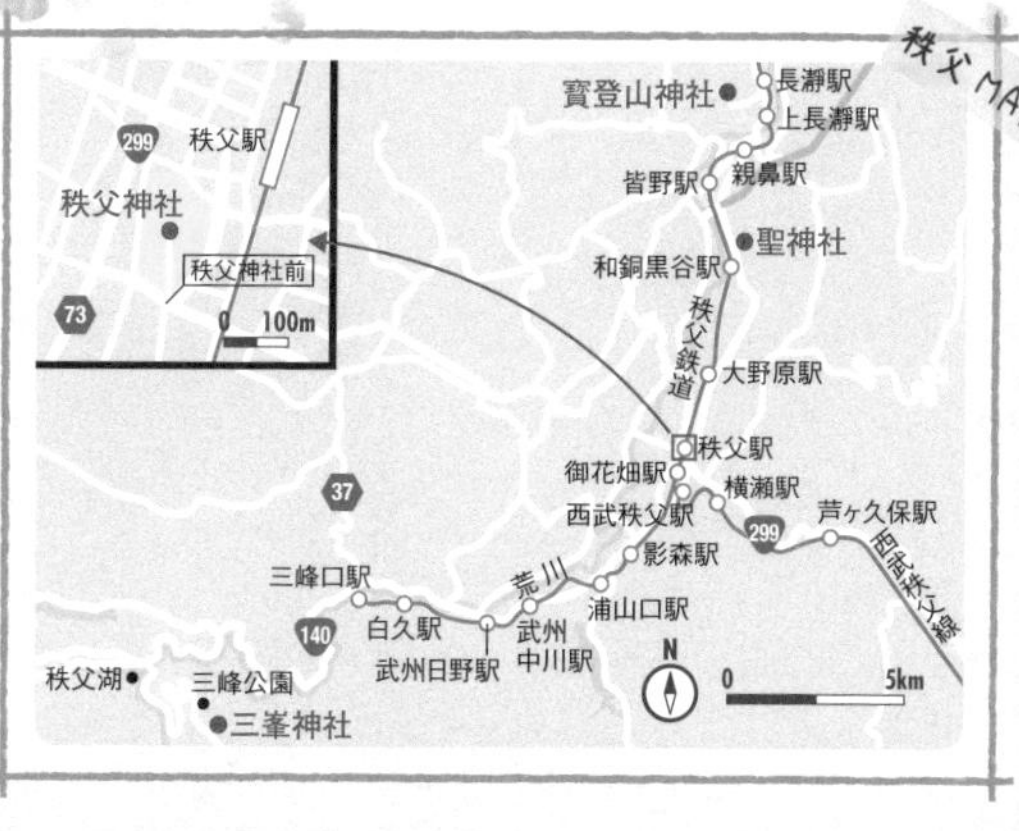

小江戸・川越でのんびり町歩き
最強のLOVE運とパワフルな運気を授かる！

「良縁に恵まれたい!」と、本気で思ったら、婚活女子の間で御利益絶大と評判の川越氷川神社へ。良縁祈願祭に参列すれば最良のご縁を引き寄せること間違いなし。さらに地元パワスポをめぐれば幸せを招く強いパワーも頂けます。蔵造りの風情ある町並みさんぽもたっぷり楽しめるルートをご紹介します。

縁結びの超有名神社で
今度こそ恋愛成就!

御祭神
素盞嗚尊《スサノオノミコト》　手摩乳命《テナヅチノミコト》
奇稲田姫命《クシイナダヒメノミコト》　大己貴命《オオナムチノミコト》
脚摩乳命《アシナヅチノミコト》

川越《かわごえ》氷川《ひかわ》神社《じんじゃ》

DATA
川越氷川神社
創建／541（欽明天皇2）年
本殿様式／入母屋造
住所／埼玉県川越市宮下町2-11
交通／JR・東武東上線「川越駅」または西武新宿線「本川越駅」から東武バス6～9分「喜多町」下車徒歩5分
参拝時間／自由
御朱印授与時間／8:00～18:00
URL http://www.kawagoehikawa.jp

早起きして、まずは川越氷川神社の「良縁祈願祭」にいざ出陣！
良縁祈願祭は、月2回、神職が良縁を祈願する御祈祷を行う神事です。御利益の凄さがクチコミで広がり、多いときで４００人もの参列者が訪れるそうです。御祈祷が始まると、しんとした空気が張り詰めるなか、神職の祈りをささげる声が響きます。終わりには、良縁にまつわるエピソードもお話しいただきました。大切なのは、「良縁祈願祭に参列し、神様のお力を頂くことで、自分に自信をもつこと」なのだとか。良縁だけでなく、恋に前向きになる強い心も手に入れた、ハッピーなさんぽの幕開けでした。

御朱印帳は
こちら!

←川越氷川神社オリジナルの「まもり結び」をモチーフにした御朱印帳（各1500円）は、12ヵ月を表した全12種類。自分や好きな人の誕生月を選ぶのもおすすめ

御朱印

墨書／奉拝、川越總鎮守、氷川神社　印／雲菱の社紋の印、川越市鎮守氷川神社之印、川越氷川神社之印
●御朱印の内容は時期によって変わります

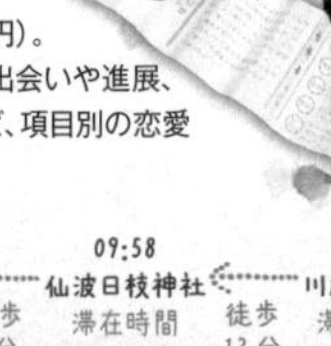

→大人気の「あい鯛みくじ」（300円）。
中に入っているおみくじを開くと、出会いや進展、相性、運気、待ち合わせの時間など、項目別の恋愛アドバイスがびっしり！

モデルプラン
日帰り

07:15 川越駅
JR・東武東上線「川越駅」から バス+徒歩で約15分
07:30 川越氷川神社　滞在時間 1時間半想定
徒歩 8分
09:08 三芳野神社　滞在時間 20分想定
徒歩 2分
09:30 川越城本丸　滞在時間 15分想定
徒歩 13分
09:58 仙波日枝神社　滞在時間 20分想定
徒歩 7分
10:25 仙波東照宮　滞在時間 35分想定
町並みさんぽ!! 徒歩20分+さんぽ50分
12:10 川越駅

※土曜・休日の時刻です。平日は異なります。

「良縁祈願祭」で一生モノのご縁をGET!

神様の手厚いバックアップで、運命の出会いを手に入れましょう。月2回行われる祈願祭にライターSが参加しました。

7:30 用紙を記入し、初穂料を準備

START!

↑受付用紙に名前などの必要事項を記入。初穂料は指定の熨斗(のし)袋に包みます

用紙はハート柄!

↑金額は自由。2951《フクコイ》円を入れて縁担ぎしても♡

7:50 受付は7:50まで

↓用紙と初穂料を巫女さんに渡したら、受付は完了。引き換えに御祈祷の整理番号札を受け取ります

末広がりの8がポイント!

8:08 いよいよ御祈祷開始!

↑社殿内にて、約10分の御祈祷があります

8:20 授与品を頂く

8:30 願いを込めて奉納

FINISH!

↑授与品の中にある絵馬(夏季は短冊)に願いごとを書いて納めます

境内のパワスポも回りました!

↑境内裏手で寄り添って並ぶ2本の御神木。8の字を描くように周囲を歩くとパワーを頂けるとか

授与品の中身はこちら!

巫女さんがひろい集めた本殿前の小石をお祓いし、麻の網に包んだ毎日20体限定のお守り。良縁祈願祭に参列すると特別に全員が頂けます。

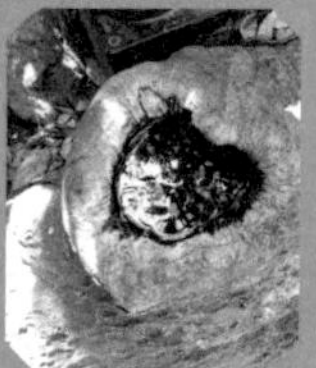

←クチコミで話題の木のくぼみのハートは必見

祈願祭を終えて(ライターS)

「なんとかすてきな彼をGETしたい!」という思いのもと、本気で参加した今回の良縁祈願祭。気合いを入れて早めに向かいましたが、すでに行列ができていました。カップルやご夫婦で参列されている方も多くびっくり。ご自分ではなく、友達や家族の良縁を願って参加される方もいらっしゃるそうです。御祈祷を終えると、何だか心がすっきりしたのがわかります。不思議な安心感に包まれ、「きっと大丈夫、好きな人ができたらどんどんアタックしよう!」という、ポジティブマインドに。よい出会いを確信し、本当に参列してよかったと思いました!

↑境内にあるわらべ唄の石碑。こちらにも歌詞の一節が彫られています

おなじみのわらべ唄
「通りゃんせ」の舞台を歩く

御祭神
素盞嗚尊《スサノオノミコト》
奇稲田姫命《クシイナダヒメノミコト》
菅原道真公《スガワラミチザネコウ》

三芳野神社《みよしのじんじゃ》

社殿の前に立つと、通りゃんせのメロディが流れてきました。ここは、わらべ唄「通りゃんせ」の舞台となった神社です。唄のなかに「天神様の細道じゃ」という一節がありますが、天神様とは祭神の菅原道真公、細道とは参道のことを表しています。学業の神様にあやかり、受験など、失敗できない試験が控えている人はぜひ参拝を。

御朱印

墨書／奉拝、通りゃんせ発祥の地、三芳野神社　印／社紋、武蔵国入間郡河越初雁城内三芳野天神社之印、三芳野天神社務所印　●菅原道真公が梅をこよなく愛していたことから、社紋には梅の花が使われています

↑唄のなかに「細道」として登場する参道

→絵馬型の「通りゃんせお守り」(500円)は、将来の見通しをよくしてくれるお守り

DATA
三芳野神社
創建／807（大同2）年
本殿様式／権現造
住所／埼玉県川越市郭町2-25-11
交通／JR・東武東上線「川越駅」から小江戸巡回バス30分「博物館・美術館前」下車徒歩1分
参拝時間／自由
御朱印授与時間／10:00～16:00
※土・日曜のみ授与（土曜は書き置き）
※神職不在時は川越氷川神社で頂けます

↑三芳野神社のすぐ近くにある「川越城本丸御殿」もぜひ立ち寄りたいスポット！　川越城は、1457年に武将・太田道灌親子が築城したとされる城。現在は、本丸御殿の玄関や大広間などを見学することができます

御朱印

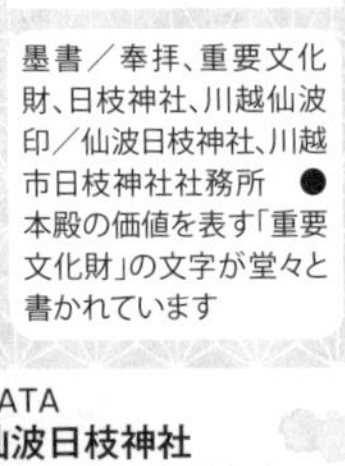

墨書／奉拝、重要文化財、日枝神社、川越仙波　印／仙波日枝神社、川越市日枝神社社務所　●本殿の価値を表す「重要文化財」の文字が堂々と書かれています

DATA
仙波日枝神社
創建／830（天長7）年
本殿様式／三間社流造
住所／埼玉県川越市小仙波町1-4-1
交通／JR・東武東上線「川越駅」からバス5分「仙波下」下車徒歩7分
参拝時間／自由
御朱印授与時間／自由（書き置きのみ）

心落ち着く境内
地元で愛され続ける神社

主祭神
大山咋神《オオヤマクイノカミ》

仙波日枝神社《せんばひえじんじゃ》

川越の古寺・喜多院を創建した際に、その鎮守として滋賀の日吉大社を勧請したものとされる仙波日枝神社。こちらは、東京・赤坂にある日枝神社の本社です。本殿は三間社流造、銅板葺、漆塗り。室町末期の技法を残す建築物として、国指定重要文化財に登録されています。きれいに整備された社殿や境内は、地域の人々の協力のもとで管理されているとか。神様のパワーだけでなく、神社を大切に守り続ける地元のあたたかさも感じることができました。

↑今はふさがっていますが、古くはのぞき込んでも底が見えなかったと伝わる「底なしの穴」

華麗な姿を残す東照宮で出世開運の御利益を授かる

主祭神
徳川家康公《トクガワノイエヤスコウ》

仙波東照宮《せんばとうしょうぐう》

仙波日枝神社から5分ほど歩き、最後に訪れたのは仙波東照宮。日光・久能山と並ぶ日本三大東照宮のひとつで、喜多院の南側に鎮座しています。随神門をくぐり、石階段を上ると社殿に到着。朱色の社殿には、東照宮の名にふさわしい立派な彫刻が施されていました。参拝後は、境内の豊かな自然に癒やされながら売店でひと休み。名物として人気の醤油味の「開運だんご」と、御朱印を頂きました。早起きからスタートした川越さんぽ。快晴の空の下、すがすがしい1日を過ごすことができました。

↑参道の途中に配置された石造鳥居は、江戸時代に川越城主・堀田正盛が奉納したものとされています

↑1637（寛永14）年頃に造られ、江戸城二の丸にあった東照宮から移されたといわれる"埼玉県最古"の狛犬

仙波東照宮の御朱印と、神社の詳細はP.122で紹介!!

↑喜多院から続く広大な境内。樹木の間から気持ちのよい光が差し込んできます

食べて運気UP! 開運だんご

境内の売店で購入できる「開運だんご」は、香ばしい醤油味の焼きだんご。1本（100円）から購入できます。

小江戸・川越を満喫！

江戸時代に城下町として栄えた川越は小江戸とも呼ばれ、時の鐘や川越城など史跡が点在。そしてグルメのスポットも充実。御利益さんぽを盛り上げてくれます。

【菓子屋横丁】

菓子屋横丁では芋スイーツを物色！　とろける「生芋ようかんアイス」を食べ歩き、おみやげには芋けんぴや芋せんべいをGET！

【うなぎ】

川越といえば、うなぎも名物！お昼ご飯には各店舗で特製のうな重やひつまぶしを堪能

【時の鐘】

蔵造りの建物が並ぶ昔ながらの町並みと、空に向かって凛と建つランドマーク「時の鐘」

史跡&御朱印めぐり
古代史ロマンたっぷりの行田さんぽ

行田は埼玉県の県名発祥の地。古代から続く長い歴史を有し、市内には数多くの史跡や見どころが点在します。9基の大型古墳が並ぶ「さきたま古墳群」、石田三成の水攻めで有名な「忍《おし》城跡」、徳川家ゆかりの「忍東照宮」、さらに、それぞれの時代の面影を伝える神社がたたずみます。史跡を訪ね、御朱印を頂きながら神社をめぐれば、悠久の歴史に思いをはせる特別な1日が楽しめます。

↑細部まで彫刻が施された手水舎。地下から常に湧き出す清水を汲み上げて流しているそう

↑本殿へと続く石階段。上っていくと、周囲がだんだんと凛とした空気に変わっていくのがわかります

古墳頂上に鎮座、県名発祥の神社は幸運を招くパワスポ

主祭神
前玉彦命《サキタマヒコノミコト》
前玉姫命《サキタマヒメノミコト》

前玉《さきたま》神社《じんじゃ》

浅間塚古墳の頂に鎮座。古くは「幸魂（さいわいのみたま）神社」と呼ばれ、これが県名の由来ともされています。祭神は幸福へと導く「幸魂結び」を授けてくれる男女のカップル、そこで恋愛成就や夫婦円満の祈願もかなえていただけます。御朱印を頂きに社務所に行くと、迎えてくれるのは愛らしい猫たち。とても人懐っこく、参拝者を幸せな気持ちにしています。猫モチーフの授与品が各種揃っています。

運気UP! 授与品

【良縁成就】

桜がちりばめられた白と黒の「縁結びペア御守」（600円）

【ペットのお守り】

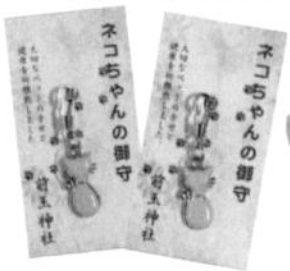

「ネコちゃんの御守」（各700円）は大切なペットの幸せや健康を願うお守り

【福を招く】

七福神に扮した7匹の猫がかわいい「幸福七福神守」（700円）

【金運UP】

金運小判を抱いた猫の「幸福猫守」（700円）

【健康運UP】

人気の「龍神水琴鈴御守」は厄除けや健康のお守り（各800円）

モデルプラン 日帰り

09:21		09:44		10:14		13:02		13:34
行田市駅	行田市市内循環バス 観光拠点循環コース（右回り） バス20分+徒歩3分	前玉神社 滞在時間20分想定	徒歩 10分	さきたま古墳公園 滞在時間2時間20分想定	徒歩 28分	行田八幡神社 滞在時間20分想定	徒歩 12分	忍城址 滞在時間15分想定

※土曜・休日の時刻です。平日は異なります。

DATA

前玉神社

創建／古墳時代
本殿様式／権現造
住所／埼玉県行田市大字埼玉5450
交通／秩父鉄道「行田市駅」から行田市市内循環バス20分「富士山」下車徒歩3分
参拝時間／自由
御朱印授与時間／9:00～16:30
URL http://sakitama-jinja.com/

5月の火祭りは必見！

毎年5月4日に開催される行田市のお祭り「さきたま火祭り」では、前玉神社の境内にて御神火の採火が行われます。火祭りの時期には、通常印のほか、炎の印が入った期間限定御朱印が頒布されます。

詳しくはP.90へ！

このほかにも限定御朱印たくさん！ 詳しくはP.16で紹介!!

御朱印　火祭り限定印

火祭り限定御朱印は、炎がシンボル！

墨書／奉拝、延喜式内、前玉神社　印／武蔵国前玉、前玉神社、幸魂、産屋炎上の印　●火祭りの象徴である、炎に包まれた産屋が印で表されています

通常印　御朱印

＼御朱印帳はこちら！／

鮮やかな朱色の御朱印帳（御朱印1社含1500円）

墨書／奉拝、延喜式内、前玉神社　印／武蔵国前玉、前玉神社、幸魂　●「幸魂」とは魂を幸せにするという御利益を表します

歴史を見て、体験して、もっと深く楽しむ！

【さきたま古墳公園】

古墳群を中心に整備されている公園でちょっとブレイク。壮大なさきたま古墳群を見学し、埴輪作りにも挑戦！

DATA　URL http://www.sakitama-muse.spec.ed.jp/

←直径105mの「丸墓山古墳」（写真左）は、日本最大級の円墳。春は桜の名所としても有名です。「稲荷山古墳」（写真右）は、5世紀後半頃に造られた前方後円墳。古墳の上に小さな稲荷社があったことから、稲荷山と呼ばれるようになりました

MYハニワをつくろう!!

【はにわの館】

粘土を練って、自分好みのオリジナル埴輪を作れる人気の施設です。製作の所要時間は約2時間。その後、施設で1カ月ほど乾燥させ、窯で焼き上げると完成です。完成品は取りに行くか、有料で郵送してもらえます。

DATA　開館日時／火～日曜（祝日の翌日・年末年始は休館、祝日の月曜日は開館）の9:30～17:00
※埴輪作りの受付は15:00まで　URL https://www.gyoda-kankoukyoukai.jp/spot/16754

15:52 行田市駅 ← 徒歩15分 ← 15:09 忍東照宮・忍諏訪神社 滞在時間28分想定 ← 徒歩2分 ← 13:52 わらべ人形通り 通りを散策後、周辺のお店でランチ 1時間15分想定 ← 徒歩3分

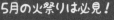

忍城主が崇敬した勝運の神様
病気封じの御利益で知られる

行田《ぎょうだ》八幡《はちまん》神社《じんじゃ》

主祭神
誉田別尊《ホンダワケノミコト》
気長足姫尊《オキナガタラシヒメノミコト》
比売大神《ヒメオオカミ》

源頼義・義家が奥州討伐の戦勝を祈願して創建したとされます。戦国時代には忍城の守護神として城主が崇敬しました。現在は難病を癒やす「諸病封じ」の御利益で知られます。社務所にある「お願い文」は健康や病気の悩みを書き、奉納すると神様に取り次いでいただけ、病気平癒の力が授かります。境内に鎮座する「なで桃」も難病除けのパワスポです。

行田八幡神社の御朱印と、神社の詳細はP.112で紹介!!

絵馬

←「なで桃」には意富加牟豆美命(おおかむづみのみこと)が祀られ、こちらに「願掛け絵馬」(600円)を奉納します

御朱印

＼境内社の御朱印!／

墨書／奉拝、目の神社　印／眼病平癒祈願の絵馬、社紋、行田八幡神社境内鎮座　●絵馬に描かれているのは「むかいめ」。こちらの絵馬は社務所で頒布しています

墨書／奉拝、大国主神社　印／忍城下七福神、大國主神社、行田八幡神社境内鎮座　●境内には縁結びの神様・大国主命を祀る境内社(恵比寿神社と合殿)も鎮座しています

戦国時代に思いをはせる

【忍《おし》城《じょう》址《し》】

戦国時代の終わりに築城され、豊臣軍の攻撃に耐えた名城です。城跡には忍城御三階櫓が再現され、運がよければ、甲冑を身に着けた「忍城おもてなし甲冑隊」に会えることも。甲冑着付け体験などの楽しい イベントも開催しています。

↑成田家の武将たちをモデルに結成された「忍城おもてなし甲冑隊」

→大迫力の御三階櫓。4階は展望台になっています

URL https://www.city.gyoda.lg.jp/soshiki/kyouikubu/bunkazaihogo/gyomu/rekishi_bunkazai/1/2261.html

心あたたまるわらべ人形通り

市役所前から栄橋までの間、県道128号（旧国道125号）線沿いには昔懐かしい子供たちの姿を表現した銅製のわらべ人形が並びます。人形は竹馬やあやとりなどで遊んだり、子守りや掃除などの手伝いをしたり、皆、ほほ笑ましい表情を見せています。わらべ人形を見ながら歩くと心がほっこりしてきます。

忍城を護る城鎮守
勝運・開運の武神を祀る

主祭神
建御名方命《タケミナカタノミコト》
八坂刀売命《ヤサカトメノミコト》

忍諏訪神社《おしすわじんじゃ》

一説によると忍城を築いた際に城鎮守として、城内に創建とされます。鳥居をくぐると樹木が茂る静かな境内が広がり、すぐ右手に社殿が建ちます。祭神は、「お諏訪様」とも呼ばれる夫婦神で、武神として武士からの信仰を集めてきました。境内社の一目蓮社《いちもくれんしゃ》は海難・水害・火災から守ってくれるパワーがあると伝わります。

御朱印

墨書／奉拝、武蔵國埼玉郡忍城　印／開運厄除、忍諏訪神社、東照宮、石田三成・水攻めののぼうの城　●2社合同の御朱印。忍東照宮の社殿前にある社務所で頂けます

DATA
忍諏訪神社
創建／1190年頃
本殿様式／八幡造
住所／埼玉県行田市本丸12-5
交通／秩父鉄道「行田市駅」から徒歩15分
参拝時間／自由
御朱印授与時間／10:00～16:00（日曜のみ）
※月～土曜は書き置き（時間自由）

DATA
忍東照宮
創建／1625（寛永2）年
本殿様式／権現造
住所／埼玉県行田市本丸12-5
交通／秩父鉄道「行田市駅」から徒歩15分
参拝時間／自由
御朱印授与時間／10:00～16:00（日曜のみ）
※月～土曜は書き置き（時間自由）

戦国を制した徳川家康から
出世・開運パワーを頂く

主祭神
徳川家康命《トクガワノイエヤスノミコト》
松平忠明命《マツダイラタダアキラノミコト》
八幡大神《ハチマンオオカミ》

忍東照宮《おしとうしょうぐう》

忍諏訪神社と同じ境内にあり、参道をいちばん奥まで進むと鳥居と社殿が見えてきます。もともとは城内・下荒井の地に鎮座していましたが、明治維新を機に諏訪神社境内に本殿を移したと伝わります。祭神は天下を取った名将・徳川家康。鳥居の下には「開運の石」と彫られた石もあり、出世・開運のパワーが頂けます。

運気UP! 授与品

絵馬

その年の干支が描かれている「開運絵馬」（400円）

お守り

忍東照宮に祀られた3柱の神様の御利益にあやかる「勝守」（500円）

お守り

「八方除守」（800円）は、旅行・引っ越し・転勤などの際に、どの方角に行っても災難を防いでくれるお守り

お守り

鮮やかなブルーと花の刺繍の組み合わせがきれいな「厄除開運御守」（600円）

ご当地B級グルメを味わってフィナーレ！

公式キャラクター
こぜにちゃん

「ゼリーフライ」は、じゃがいも、おからをベースに小判型に整えて油で揚げた食べ物です。形が小判（銭）に似ていることから「銭《ぜに》フライ」と呼ばれるようになり、それが「ゼリーフライ」に変化したと伝えられています。

公式キャラクター
フラべぇ

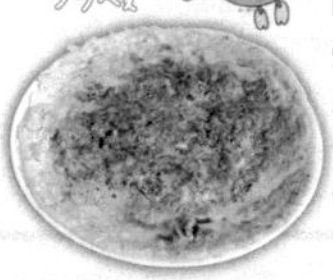

もともと足袋工場で働く女工さんのおやつとして人気があった「フライ」。小麦粉の生地を焼いたもので、揚げ物ではありません。行田周辺が布の産地だったことから「布来（ふらい）」になったという説や、フライパンで焼くからフライになったという説などがあります。

ペダルを漕いでいにしえの町へ

御朱印ゲットの町めぐり！

本庄 サイクルさんぽ

古墳が多く分布し、古代から神聖な地として開けていた本庄。市内には若泉稲荷神社をはじめとする由緒ある神社や歴史を語る史跡が点在しています。本庄で御朱印とパワーを頂きながら、見どころをめぐるには自転車が便利！ 道も平坦で快適なサイクリングが楽しめます。

本庄の絹産業と経済を支えた歴史遺産

立ち寄りスポット！

旧本庄《きゅうほんじょう》商業銀行《しょうぎょうぎんこう》煉瓦倉庫《れんがそうこ》

120年以上前に建てられたれんが造りの倉庫。1階が交流・展示スペース、2階が多目的ホールになっていて、館内は自由に見学可能。

■開館時間／9:00～19:00（12月29日～1月3日は休館）
■TEL／0495-71-6685
URL http://www.facebook.com/rengasouko/

埴輪が出土した本庄市のマスコットは「はにぽん」

立ち寄りスポット！

県指定文化財の旧本庄警察署

旧本庄警察署

明治16（1883）年に建築された警察署。アカンサスの葉を彫刻したベランダの列柱や、モダンな半円窓など、随所に当時の洋風建築の特徴が見られます。
※外観のみの見学となり、柵の中に入ることはできません。

URL https://www.city.honjo.lg.jp/soshiki/kyoikuiinkai/bunkazai/tantoujouhou/bunkazai/1380153171392.html

詳しくはP.60へ！

厄を祓うスサノオノミコトが主祭神

★今井金鑽神社

詳しくはP.60へ！

角折大明神とあがめられる古社

★角折神社

詳しくはP.61へ！

地元で古くから親しまれる産土神

★稲荷神社（新井）

詳しくはP.61へ！

水の神が船の安全を祈願

★稲荷神社（上里）

立ち寄りスポット！

本庄駅からすぐ！

サイクルセンター矢代《やしろ》

本庄駅北口から徒歩2分の場所にあるサイクルセンターで自転車をレンタルして、町めぐりをスタート！

■営業時間／7:30～19:00（年中無休）
■料金／1日レンタル500円
■TEL&FAX／0495-22-4036
URL https://www.yashirocycle.com

詳しくはP.78へ

社殿は鮮やかな極彩色漆塗り

金鑽神社

詳しくはP.117へ！

安産・子育ての守護神

産泰神社

モデルコース

- 8:30 本庄駅
- 徒歩 2分
- 8:32着 サイクルセンター矢代
- 自転車 5分
- 9:00着 旧本庄警察署 滞在時間5分想定
- 自転車 1分
- 9:06着 旧本庄商業銀行煉瓦倉庫 滞在時間15分想定
- 自転車 3分
- 9:24着 金鑽神社 滞在時間 20分想定
- 自転車 13分
- 9:57着 角折神社 滞在時間 20分想定
- 自転車 3分
- 10:20着 稲荷神社（新井） 滞在時間 20分想定
- 自転車 10分
- 10:50着 稲荷神社（上里） 滞在時間 20分想定
- 自転車 35分
- 11:45着 今井金鑽神社 滞在時間 20分想定
- 自転車 30分
- 12:35着 児玉駅 滞在時間 1時間想定（駅周辺でランチ！）
- 自転車 1分
- 13:36着 競進社模範蚕室 滞在時間 15分想定
- 自転車 5分
- 13:56着 塙保己一記念館 滞在時間 15分想定
- 自転車 32分
- 14:43着 産泰神社 滞在時間 15分想定

本庄市が世界に誇る偉人の記念館

立ち寄りスポット!

塙保己一《はなわほきいち》記念館《きねんかん》

『群書類従』で有名な盲目の国学者、塙保己一の偉業を紹介する記念館。保己一の遺品および関係資料が見られます。

■開館時間／9:00～16:30（月曜日<休日の場合は翌日>、年末年始は休館）
■入館料／無料　■TEL／0495-72-6032
URL https://www.city.honjo.lg.jp/soshiki/kyoikuiinkai/bunkazai/tantoujouhou/exhibition/hanawahokiichi/index.html

県指定文化財

立ち寄りスポット!

競進社《きょうしんしゃ》模範蚕室《もはんさんしつ》

養蚕家・木村九蔵によって建設された蚕室で、わが国の近代養蚕業の発展を今に伝える、埼玉県の指定文化財です。

■開館時間／9:00～16:30（月曜日<休日の場合は翌日>、年末年始は休館）
■入場料／無料　■TEL／0495-71-1121
URL https://www.city.honjo.lg.jp/soshiki/kyoikuiinkai/bunkazai/tantoujouhou/exhibition/kyousinshamohansansitu.html

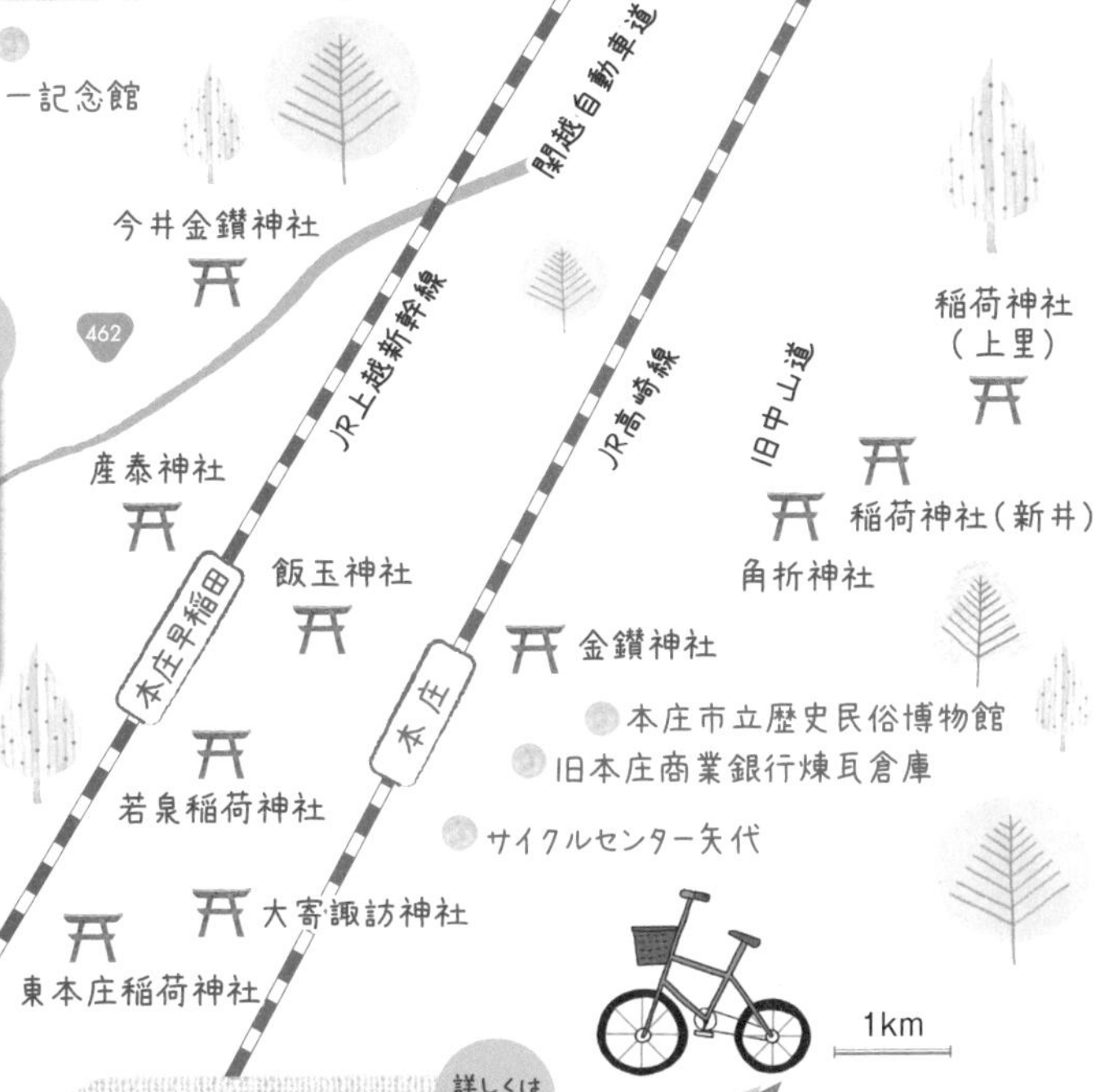

詳しくはP.61へ!

主祭神は五穀豊穣の神様

★飯玉神社

詳しくはP.60へ!

川の間にある小高い地に鎮座

★東本庄稲荷神社

詳しくはP.126へ!

未来を拓くパワーが頂けます

★大寄諏訪神社

大寄諏訪神社では、先に御朱印を宮司宅で頂くと、社号年月日は若泉稲荷神社で代筆いただけます

詳しくはP.79へ!

社殿壁面の彫刻にも注目

★若泉稲荷神社

★印の8社の参拝を済ませたら、サイクリングの最後にこちらで御朱印を頂きましょう。

サイクリング上級者編

詳しくはP.136へ!

日本一祈願のパワスポ

日本神社

日本と名の付いた唯一の神社。本庄駅から自転車で1時間ほどの距離があり、さらに自転車をおいて山道を少し登りますが、体力があればぜひ参拝しましょう。

自転車 6分
15:04着 飯玉神社 滞在時間15分想定
自転車 5分
15:24着 東本庄稲荷神社 滞在時間15分想定
自転車 10分
15:49着 大寄諏訪神社 滞在時間20分想定
自転車 7分
16:17着 若泉稲荷神社 滞在時間30分想定
自転車 12分
16:59着 サイクルセンター矢代（自転車を返却!）
徒歩 2分
17:16 本庄駅

一挙公開！

兼務社の御朱印

若泉稲荷神社の本兼務社8社は、いずれも魔を祓うパワフルな祭神を祀る古社ばかり。通常は神職が不在ですが、御朱印は若泉稲荷神社（P.79）ですべて頂けます。宮司が墨や書体にこだわり、書いてくださるのが、こちらで紹介した御朱印です。どの書体に出合えるかは頂くまでわからない、ミステリアスな楽しみもあります。

東本庄稲荷神社《ひがしほんじょういなりじんじゃ》　〒367-0031 本庄市北堀41

篆書

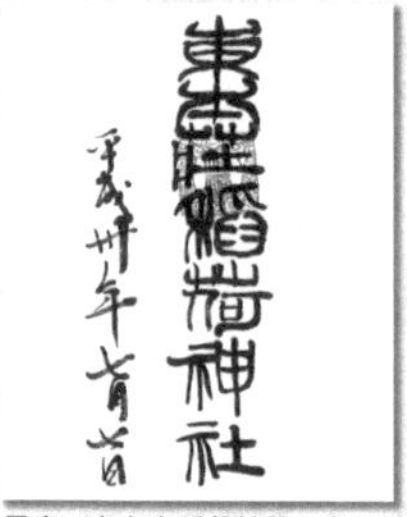

隷書（八分）

楷書

墨書／東本庄稲荷神社　印／神璽

霊験速感の神様

男堀川と小山川に挟まれた小高い地に鎮座し、商売繁盛の神としてあがめられてきました。平安後期にこの地を支配した武士団・本庄氏の氏神として祀られたと推測されます。参道には赤い鳥居が並び、中間あたりに「あうん」の表情を見せるお狐様が左右に安置され、さらに鳥居をくぐると拝殿があります。

今井金鑚神社《いまいかなさなじんじゃ》　〒367-0036 本庄市今井1124-1

篆書

隷書（八分）

楷書

墨書／今井鎮座、金鑚神社　印／神璽

平安末期創建とされる古社

主祭神は厄を祓うパワーをもつスサノオノミコトです。江戸時代、この地は東西の2村に分かれていましたが、今井金鑽神社は西今井村の鎮守として大切にされていました。創建は平安時代といわれていますが、本殿は1717年の再建。その頃から伝わる獅子舞は京風の所作に特徴があり、市の指定文化財です。

角折神社《つのおれじんじゃ》　〒367-0073 本庄市都島235

篆書

隷書（八分）

楷書

墨書／八郎神社、角折神社、戸隠神社　印／神璽

社殿は江戸初期の建築

貞観（859～877）年間、京都の公家が、この地を訪れ、民衆を苦しめる魔鬼の角を折って退治。以来、民衆は公家を角折大明神と崇拝して祀ったと伝わります。境内には九頭龍神社と八郎神社があります。九頭龍神社は洪水を防ぐため、八郎神社は疫病退散の御利益を求めて祀られたとされます。

御朱印の初穂料は500円。都島（角折神社がある地名）3社の御朱印を3種頂く場合は、1500円となります

国学や神道に詳しい宮司による貴重な御朱印を

本庄・若泉稲荷神社で頂ける

稲荷神社《いなりじんじゃ》(新井) 〒367-0075 本庄市新井2

篆書

隷書(八分)

楷書

墨書／新井鎮座、稲荷神社　印／神璽

江戸時代から地元の産土神

創建年代は不詳ですが、江戸時代に書かれた地誌『風土記稿』の「新井村」の記事に「稲荷社鎮守なり、清淵寺持」とあり、この時代にはすでに社殿が建立されて、真言宗清淵寺の別当だったことが判明しています。境内は開放的で地域の人が気軽に散策や参拝に訪れています。

飯玉神社《いいたまじんじゃ》 〒367-0031 本庄市北堀1602

篆書

隷書(八分)

楷書

墨書／久下塚鎮座、飯玉神社　印／神璽

境内のサイカチの木は市の天然記念物

創建年代は不詳ですが、源氏と平家が戦った一の谷の合戦(1184年)で、源氏に味方して活躍した久下塚庄二郎弘定が信仰したと伝わります。その当時は鎮守として祀られていたようです。主祭神はウカノミタマノミコト。五穀豊穣の神様です。

稲荷神社《いなりじんじゃ》(上里) 〒369-0304 児玉郡上里町八町河原2266

篆書

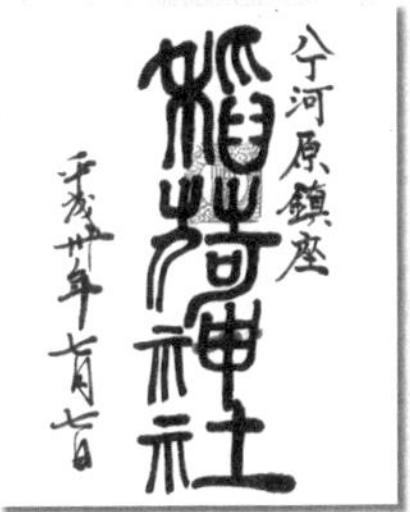

隷書(八分)

楷書

墨書／八丁河原鎮座、稲荷神社　印／神璽

御祭神は舟の安全を祈願する水の神

宝徳(1449~52)年間の創建とされます。近くを烏川が流れ、江戸時代後期に洪水で社殿を流失、その後、舟の安全を祈願し再建されました。境内のケヤキの根元には大杉神社が祀られています。当時、八町河原には渡し場があり、岸には問屋が蔵を並べていました。

若泉稲荷神社の現宮司は、若いときから神職を経験し、国学や神道を研究。墨書はもちろん手書きで、印もすべて宮司による手作りです。こちらの神社の御朱印は、宮司手彫りの社名入り御朱印に切り替わります。墨書は新御代二年まで。神社名の墨書を希望する方は申し出る必要があります。

幸運をもたらす

埼玉の七福神めぐり

七福神を祀った社寺に参拝したり、家に絵や像を祀るなどして福を招こうという信仰は室町時代から全国各地にあったようです。埼玉県内には十数ヵ所の「七福神めぐり」コースがあります。お正月などに招福を願って縁起のよい参拝に出かけましょう。

七福神とは……

七福神は恵比寿、大黒天、毘沙門天、弁財天、福禄寿、寿老人、布袋尊の7柱の神様です。すべて参拝すると開運・招福、財運などに御利益があるとされ、福々しい表情と姿で参拝者を迎えてくれます。

恵比寿《えびす》	御利益は商売繁盛。大漁を願う神様で、釣竿と鯛を抱えた姿で表現されます。
大黒天《だいこくてん》	豊作・招福の御利益で知られ、米俵に乗り、福袋と打出の小槌を持っています。
毘沙門天《びしゃもんてん》	勝運や厄除けの神様。甲冑を身に着け、右手に宝棒、左手に宝塔を持つ姿です。
弁財天《べんざいてん》	技芸上達や縁結びが御利益。七福神のなかで、唯一の女神で琵琶を手にしています。
福禄寿《ふくろくじゅ》	金運や無病息災を司ります。長い頭に長い顎ひげ、大きな耳たぶのユニークな姿です。
寿老人《じゅろうじん》	家庭円満・長寿延命をもたらす神様。鹿を連れ、巻物を持った姿が一般的です。
布袋尊《ほていそん》	夫婦円満・金運・健康運を授けてくださいます。大きな袋を背負い、太鼓腹の姿です。

七福神めぐりの御朱印や台紙は正月松の内（1～7日）もしくは15日までの頒布となる社寺が多いようです。正月以外は七福神を公開していない社寺もあり、ウェブサイトなどで対応期間を確認しましょう。

草加宿七福神

草加宿七福神は七福神に加え、宝船を含めた8ヵ所をめぐるのが特徴です。各社寺には台紙とスタンプが用意され、スタンプラリー形式で自分で印を押しながらめぐります。毎年1月1～7日に開催され、1日と3日には東福寺などで甘酒が無料で振る舞われます。

回向院	布袋尊	草加市高砂1-7-14
三峰神社	寿老人	草加市高砂2-21-27
八幡神社	恵比寿	草加市高砂2-20-7
氷川神社	大黒天	草加市住吉1-11-67
東福寺	毘沙門天	草加市神明1-3-43
谷古宇稲荷神社	福禄寿	草加市神明2-2-42
出世弁財天	弁財天	草加市松江3-27-25
神明宮	七福神宝船	草加市神明1-6-17

問い合わせ：草加市観光協会事務局（草加市文化観光課内）
048-922-0151

武州本庄七福神

江戸時代に宿場町として栄えた本庄。武州本庄七福神は、弁財天が3つ、大黒天がふたつあるのが特色で、旧中山道沿いを中心に10寺社に安置されています。こちらは正月期間だけでなく、1年を通じてスタンプが用意されています。

金鑚神社	恵比寿	本庄市千代田3-2-3
城立寺	大黒天	本庄市銀座3-4-7
安養院	毘沙門天	本庄市中央3-3-6
佛母寺	弁財天	本庄市千代田3-3-10
慈恩寺	弁財天	本庄市中央1-2-22
大正院	弁財天	本庄市本庄2-4-8
開善寺	布袋尊	本庄市中央2-8-6

武蔵野七福神

埼玉県最古の七福神で、6つの寺院、ひとつの神社に祀られ、所沢市から入間市、飯能市まで広い地域に点在。徒歩でめぐるのは大変なので数日に分けてめぐるか、車利用がおすすめです。御朱印の台紙などを頒布する期間は毎年1月1～10日頃まで。飯能恵比寿神社は、参拝期間以外の御朱印対応は日曜だけとなります。

金乗院	布袋尊	所沢市上山口2203
長泉寺	大黒天	入間市豊岡2-2-8
円照寺	弁財天	入間市野田158
円泉寺	福禄寿	飯能市平松376
観音寺	寿老人	飯能市山手町5-17
飯能恵比寿神社	恵比寿	飯能市飯能263
浄心寺	毘沙門天	飯能市矢颪

与野七福神

旧与野市（さいたま市と合併）に広がる七福神です。埼京線と大宮バイパスに挟まれたエリアにあり、歩いても所要2～3時間の距離です。毎年1月1～7日前後が七福神対応期間とされています。期間中は七福神仮装行列なども行われ、にぎわいます。

一山神社	恵比寿	さいたま市中央区本町東4-10-14
円乗院	大黒天	さいたま市中央区本町西1-13-10
御嶽神社	弁財天	さいたま市中央区本町西2-5
鈴谷大堂	毘沙門天	さいたま市中央区鈴谷8-4
上町氷川神社	福禄寿	さいたま市中央区本町東6-7
天祖神社	寿老人	さいたま市中央区本町西1-14
円福寺	布袋尊	さいたま市中央区上峰4-7-28

URL https://www.stib.jp/info/data/shichifuku.html

まだまだある県内の七福神めぐり

◉小江戸川越七福神

妙善寺	毘沙門天	川越市菅原町9-6
天然寺	寿老人	川越市仙波町4-10-10
喜多院	大黒天	川越市小仙波町1-20-1
成田山川越別院	恵比寿	川越市久保町9-2
蓮馨寺	福禄寿神	川越市連雀町7-1
見立寺	布袋尊	川越市元町2-9-11
妙昌寺	弁財天	川越市三光町29

◉秩父七福神

総持寺	福禄寿	秩父郡長瀞町本野上924
円福寺	大黒天	秩父郡皆野町皆野293
鳳林寺	毘沙門天	秩父郡小鹿野町下小鹿野1387
円福寺	寿老人	秩父市田村967
惣円寺	弁財天	秩父市東町17-19
金仙寺	布袋尊	秩父市下影森6650
東林寺	恵比寿	秩父郡横瀬町横瀬3537

◉越生七福神

法恩寺	恵比寿	入間郡越生町大字越生704
正法寺	大黒天	入間郡越生町大字越生960
弘法山観世音	弁財天	入間郡越生町大字成瀬287
龍隠寺	毘沙門天	入間郡越生町大字竜ケ谷452
最勝寺	福禄寿	入間郡越生町大字堂山287
円通寺	寿老人	入間郡越生町大字小杉306
全洞院	布袋尊	入間郡越生町大字黒山734

◉武州川口七福神

傑傳寺	恵比寿	川口市東本郷1506
密蔵院	大黒天	川口市安行原2008
西光院	弁財天	川口市戸塚2-6-29
吉祥院	毘沙門天	川口市南町2-6-8
錫杖寺	福禄寿	川口市本町2-4-37
正眼寺	寿老人	川口市宮町5-40
正覚寺	布袋尊	川口市元郷3-1-14

◉深谷七福神

泉光寺	恵比寿	深谷市上敷免473
瑠璃光寺	大黒天	深谷市稲荷町北9-25
正伝院	毘沙門天	深谷市高島161
惣持寺	弁財天	深谷市蓮沼463
宝泉寺	福禄寿	深谷市境220-1
全久院	寿老人	深谷市東方2902-1
一乗寺	布袋尊	深谷市人見1621-2

円心寺	福禄寿	本庄市本庄3-3-2
泉林寺	寿老人	本庄市銀座1-5-3
普寛霊場	大黒天	本庄市中央3-4-41

URL https://www.honjo-kanko.jp/shichifukujin-meguri.html

忍城下七福神

宝船が描かれた台紙（200円）を購入し、各社寺に用意されたスタンプを押していきます。台紙は行田八幡神社、大長寺、成就院、興徳寺で頒布。北から南まで約7kmあり、歩くと所要2～3時間。市内をめぐるバスなどを有効に使うとよいでしょう。こちらも通年でめぐることができます。

宝積寺	恵比寿	行田市谷郷1-2-8
行田八幡神社	大黒天	行田市行田16-23
大長寺	毘沙門天	行田市行田23-10
遍性寺	弁財天	行田市若小玉2980
興徳寺	布袋尊	行田市下中条1619-2
成就院	寿老人	行田市長野7618
遍照院	福禄寿	行田市駒形1-4-18

URL http://www.gyodahachiman.jp/sevengods/

北本七福神

北本七福神めぐりは新春の恒例行事。スタンプ台紙を片手に、市内の七福神をめぐります。各寺社ではさまざまなイベントが行われ、スタンプをすべて集めると、記念品が贈られます。また、コース途中で寄れるお店のクーポンなども配られます。

高尾氷川神社	恵比寿	北本市高尾7-31
高尾氷川神社	大黒天	北本市高尾7-31
多聞寺	毘沙門天	北本市本宿2-37
厳島社	弁財天	北本市高尾8-119
阿弥陀堂	布袋尊	北本市高尾6-366
須賀神社（道祖社）	寿老人	北本市荒井1-353
猿田彦大神	福禄寿	北本市石戸宿4-113

URL http://www.machikan.com/kitamotositihukujin/

熊谷七福神

1942（昭和17）年に熊谷市民の健康増進と神様を敬う気持ちを育むために設けられ、市内の7社寺で構成されています。東竹院の境内には宝船に乗った小さな石像の七福神全員が祀られています。

髙城神社	大黒天	熊谷市宮町2-93
上之村神社	恵比寿	熊谷市上之16
石上寺	毘沙門天	熊谷市鎌倉町36
質勝院	弁財天	熊谷市桜木町1-62
東竹院	寿老人	熊谷市久下1834
赤城久伊豆神社	福禄寿	熊谷市石原1007
玉井寺	布袋尊	熊谷市玉井1888

問い合わせ:江南文化財センター　048-536-5062

木漏れ日浴びて、のんびり古社めぐり

御朱印と癒やしのパワーを頂く

JR武蔵野線は最初、貨物路線として1973年に開通し、貨物列車運行の合間に旅客を運んでいました。今も沿線には住宅地のなかに雑木林が残るなど、路線名のとおり、昔の武蔵野の面影を伝えるエリアが点在します。古道や古社を訪ね、心安らぐ沿線トリップを楽しみましょう。

●大門宿西御本陣表門《だいもんじゅくにしごほんじんおもてもん》（大門宿脇本陣表門《だいもんじゅくわきほんじんおもてもん》）

ちょっと寄り道

大門宿は江戸時代に将軍の東照宮参拝のため整備された日光御成街道の宿場町。10代将軍徳川家治の日光参詣に合わせて、1776年に建造された茅葺きの表門が現存しています。

住所／埼玉県さいたま市緑区大門1711
交通／「東川口駅」から徒歩23分

東川口駅

●イオンレイクタウン

ちょっと寄り道

大相模調節池の畔に広がる日本最大級のショッピングセンター。約34万平方メートルの敷地には約710の専門店があります。樹木や花、水などの自然を取り入れたスポットも豊富にあり、買い物だけでなく快適な散策も楽しめます。

住所／イオンレイクタウンkaze:埼玉県越谷市レイクタウン4-2-2
イオンレイクタウンmori:埼玉県越谷市レイクタウン3-1-1
レイクタウンOUTLET:埼玉県越谷市レイクタウン4-1-1
交通／「越谷レイクタウン駅」すぐ
URL http://www.aeon-laketown.jp/

越谷レイクタウン駅

三郷駅

至西船橋駅

御朱印なし 大広戸香取神社《おおひろとかとりじんじゃ》

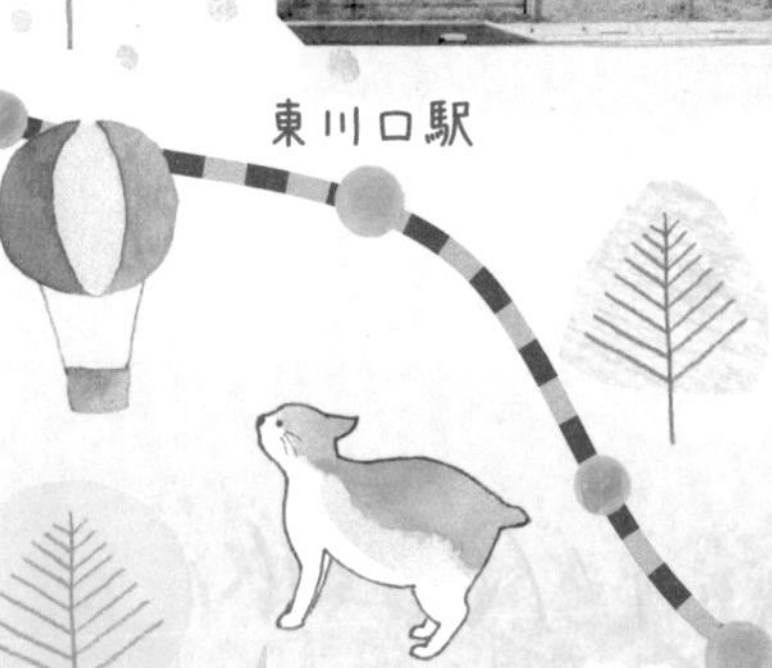

江戸初期の創建と思われます。毎年1月には五穀豊穣や無病息災を願う蛇祭りがあります。これは稲藁で3mもの大蛇を氏子たちが作り、氏子地域を担いで歩く祭事で、始まりは寛文年間（1661～73）とされます。

DATA
主祭神／経津主神（フツヌシノカミ）
創建／不詳
本殿様式／不詳
住所／埼玉県三郷市三郷3-14-5
交通／「三郷駅」から徒歩5分
参拝時間／自由

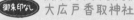

所澤神明社 →P.132

「東所沢駅」から徒歩55分

所沢の総鎮守。境内には御神木のカシや何本もの大樹が茂り、小鳥の声も聞こえます。総檜造の堂々とした拝殿は1934年の建立です

●さいたま市《し》青少年《せいしょうねん》宇宙《うちゅう》科学館《かがくかん》 ちょっと寄り道

プラネタリウムや宇宙に関する展示、体験型の展示物が充実。サイエンスショーやワークショップなどのイベントも盛りだくさんで、楽しみながら科学と宇宙について学ぶことができます。

住所／埼玉県さいたま市浦和区駒場2-3-45
交通／「南浦和駅」から車12分
URL https://www.city.saitama.jp/kagakukan/index.html

●別所沼公園《べっしょぬまこうえん》 ちょっと寄り道

別所沼の畔に広がる広さ約8ヘクタールの公園。沼では釣りができ、周囲にはメタセコイアの巨木が茂ります。芝生山や遊具がある児童広場、多目的広場があり、周辺住民の憩いの場となっています。

住所／埼玉県さいたま市南区別所4-12-10
交通／「武蔵浦和駅」から徒歩15分
URL http://www.sgp.or.jp/

至府中本町駅
東所沢駅
新座駅
北朝霞駅
武蔵浦和駅
南浦和駅

岡氷川神社《おかひかわじんじゃ》

創建や由緒は不詳ですが、造営時に使用されたと推定される鎌倉時代の瓦が発掘されています。岡村・根岸村・溝沼山村の鎮守として建立されたと思われます。

御朱印

墨書／奉拝、朝霞市鎮座、氷川神社
印／八雲に囲まれた神璽の印

DATA
主祭神／素戔嗚尊（スサノオノミコト）
創建／不詳
住所／埼玉県朝霞市岡3-20-1
交通／「北朝霞駅」から徒歩22分
参拝時間／自由
御朱印授与時間／事前に要問い合わせ:048-461-4004

出雲大社埼玉分院《いずもたいしゃさいたまぶんいん》 →P.95

「朝霞駅」から徒歩5分

縁結びの御利益で有名。バラエティに富んだ限定御朱印やステキなオリジナル御朱印帳が人気です。お正月3が日には1万人を超える参拝者があります

子ノ神氷川神社《ねのかみひかわじんじゃ》

創建は不詳です。古くから山の神が祀られていた「子ノ神」と呼ばれる山上に中世、地域の鎮守として祀られたと伝わります。松や杉の茂る境内には湧水池や水神社、金毘羅社などがあります。

御朱印

墨書／奉拝、子ノ神氷川神社
印／八雲に囲まれた神璽の印

DATA
主祭神／素戔嗚尊（スサノオノミコト）
創建／不詳
住所／埼玉県朝霞市肘折2-20-44
交通／「新座駅」から徒歩42分
参拝時間／自由
御朱印授与時間／事前に要問い合わせ:048-461-4004

史跡を訪ね町の歴史に触れながら

運気アップの御朱印めぐり

首都圏と埼玉県の中央を走る東武東上線は沿線の開発が進み、通勤・通学の便利な足として利用されています。沿線には川越や東松山、寄居など、歴史探訪ができるエリアが点在。御朱印を頂きながら町歩きも楽しめます。

かえる神社

登山者が無事に帰宅できることを願って創建されました。御神体は神社でお祓いを受けた石。カエルのような形をしています。頭をなでると、「無事帰る・若がえる・自分を変える」などがかなうそうです。

無事に帰れるように!

かわいいフォルムの「お願いがえる」(648円)

小さな社殿に御神体の石。ちゃんと鈴もお賽銭箱もあります

御朱印

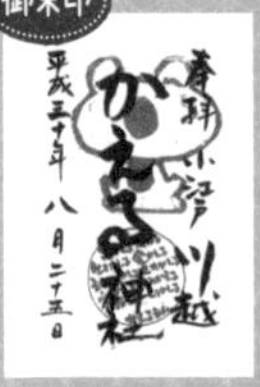

墨書/奉拝、小江戸、川越、かえる神社印/かえるの印

DATA
主祭神/不詳
創建/2006年
住所/埼玉県川越市中原町1-5-1
交通/「川越市駅」から徒歩6分
参拝時間/10:30～18:00(水曜定休)
御朱印授与時間/10:30～18:00(オーナー不在時は書き置き)

白子熊野神社《しらこくまのじんじゃ》

中世の創建と思われ、白子の鎮守様として信仰されてきました。毎年10月に例祭、12月には商売繁盛を願う熊手市が立ちます。

境内には白子富士と呼ばれる富士塚が築かれ、頂上から境内が一望できます

DATA
主祭神/伊弉冉尊(イザナミノミコト)、建御名方命(タテミナカタノミコト)
創建/不詳
住所/埼玉県和光市白子2-15-50
交通/「和光市駅」から徒歩17分
参拝時間/自由
御朱印授与時間/10:00～16:00(不定休)
URL http://shirako-kumanojinja.wixsite.com/kumajin

御朱印

朱書/奉拝 墨書/白子富士、武州白子鎮座、熊野神社 印/祭神のお使い八咫烏、武州白子熊野神社

ふじみ野駅

志木駅

和光市駅

敷島神社 →P.109

「志木駅」から徒歩20分

境内には田子山富士塚があります。1872年に造営された富士塚で、登拝することができます

しあわせ神社

約1.8ヘクタールに広がる里山フィールド「三富今昔村」内の「くぬぎの森」に鎮座。四社を合祀し、訪れる人々をしあわせ(四合せ)へ導くよう名づけられました。毎年7月に夜祭りがあります。

同じ敷地内にある北之神宮社には、日本人の心のふるさとである天照大御神が祀られています

赤い鳥居が鮮やか。山桜の大木が御神木です。御朱印は施設内の雑貨ショップ「オークリーフ」で頂きます

寄居駅

鉢形駅

東松山駅

鉢形城公園《はちがたじょうこうえん》

ちょっと寄り道

戦国時代の代表的な城郭跡は、カタクリの群生やエドヒガンなど四季折々の景観が楽しめる公園となっています。

住所／埼玉県大里郡寄居町大字鉢形2692-2
交通／「寄居駅」から徒歩約25分
URL https://www.town.yorii.saitama.jp/site/rekishikan/kouenannai.html

吉見百穴《よしみひゃくあな》

ちょっと寄り道

今から1400年前の古墳時代後期の横穴墓群で現在219基が確認されています。なかにはヒカリゴケが自生している穴もあります。

住所／埼玉県比企郡吉見町大字北吉見324
交通／「東松山駅」からバス15分
URL https://www.town.yoshimi.saitama.jp/soshiki/shogaigakushuk/7/909.html

大宮住吉神社《おおみやすみよしじんじゃ》

御朱印なし

DATA
主祭神／住吉三神（スミヨシサンジン）
創建／955年
住所／埼玉県坂戸市塚越254
交通／「若葉駅」からバス10分
参拝時間／自由
御朱印授与時間／宮司在社時のみ

平安時代後期に水害や干ばつに苦しむ人々を救うため建立されたといわれています。祭事に奉納される神楽は江戸時代の神楽の様式を伝えるものとして埼玉県の無形民俗文化財に指定されています。

川越日帰り御朱印さんぽ →P.50

若葉駅

川越駅

川越市駅

至越生駅

電車もバスもお得！小江戸川越クーポンがおすすめ

★池袋↔川越駅または川越市駅の東武東上線の往復運賃が割引
★川越駅からの東武バスが1日乗り放題
★協賛店の特別サービスあり

東上線、越生線各駅窓口で購入できます。詳しくは
URL https://www.tobu.co.jp/odekake/ticket/kawagoe/koedo.html

越生梅林《おごせばいりん》

ちょっと寄り道

2ヘクタールの園内には白梅、紅梅、越生野梅など、合わせて約1000本が植えられています。毎年2月中旬から梅まつりを開催。
住所／埼玉県入間郡越生町堂山113
交通／「越生駅」からバス10分
URL http://www.town.ogose.saitama.jp/

「梛の葉御守」（500円）は縁結びのお守り

御朱印

墨書／奉拝、くぬぎの森、鎮守神、苦脱ぎの神
印／三富今昔村、くぬぎの森鎮守神印

（2018年現在。変更する場合があります）

DATA
主祭神／天照大御神（アマテラスオオミカミ）
木花咲耶姫命（コノハナノサクヤヒメノミコト）
豊受大御神（トヨウケノオオミカミ）
弟橘媛命（オトタチバナヒメノミコト）
創建／2013年
住所／埼玉県入間郡三芳町上富1589-2
交通／「ふじみ野駅」から送迎バス30分
参拝時間／10:00～17:00、三富今昔村の定休日に準じる
御朱印授与時間／10:00～17:00
URL http://santome-community.com/

プチ鉄道巡礼
秩父鉄道編

花と緑の豊かな自然に囲まれて
心がなごむ御朱印さんぽ

秩父鉄道は1901年、熊谷と寄居を結んで開通しました。全線が開通したのは1930年のこと。沿線には長瀞や宝登山といった緑豊かな観光スポットが点在します。御朱印を集めながら、気持ちのよい散策を楽しみましょう。

石原駅

赤城 久伊豆神社

→P.106

「石原駅」から徒歩10分

本殿と拝殿は江戸時代の建立、赤城山に向けて建てられています

上熊谷駅

至羽生駅

熊谷駅

荒川

●白鳥飛来地《はくちょうひらいち》 ＼ちょっと寄り道／

荒川中流の河川敷には、毎年冬から初春にかけて多くのコハクチョウが飛来します。

住所／埼玉県深谷市畠山
交通／「武川駅」から徒歩約14分
URL http://www.eco-saitama.or.jp/

（公財）埼玉県生態系保護協会

＼ちょっと寄り道／ ●熊谷桜堤《くまがやさくらつつみ》

荒川左岸に延びる堤防には2kmにわたり、約500本ものソメイヨシノが植えられ、春は桜のトンネルが見られます。

住所／埼玉県熊谷市河原町2地先
交通／「熊谷駅」南口から徒歩5分

愛宕神社《あたごじんじゃ》・八坂神社《やさかじんじゃ》

火災防止の愛宕神社と疫病退散の八坂神社を16世紀に合祀。関東一の祇園祭と称される〝うちわ祭〟が有名です

DATA
愛宕神社
主祭神／軻遇突智命（カグツチノミコト）
創建／大永２年
本殿様式／流造
住所／埼玉県熊谷市鎌倉町 44
交通／「上熊谷駅」から徒歩2分
参拝時間／自由
御朱印授与時間／事前に要問い合わせ：048-522-2299

DATA
八坂神社
主祭神／素戔嗚尊（スサノオノミコト）
創建／文禄年間（1592 年頃）
本殿様式／流造
住所／埼玉県熊谷市鎌倉町 44
交通／「上熊谷駅」から徒歩2分
参拝時間／自由
御朱印授与時間／事前に要問い合わせ：048-522-2299

＼愛宕神社／

御朱印

墨書／奉拝、愛宕神社印／鎌倉町鎮座、社紋、愛宕神社御璽

＼八坂神社／

御朱印

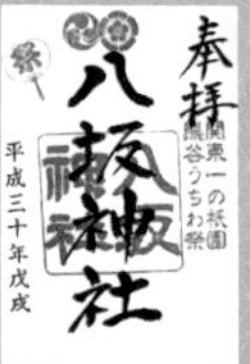

墨書／奉拝、八坂神社印／関東一の祇園熊谷うちわ祭、社紋、八坂神社、うちわの印

ちょっと寄り道

●月の石もみじ公園

長瀞随一の紅葉の名所。11月上旬～下旬にはライトアップやライブも実施。

住所／埼玉県秩父郡長瀞町長瀞1417付近
交通／「上長瀞駅」から徒歩5分

週末ならSLパレオエクスプレスがオススメ

かつて東北地方を走っていた蒸気機関車「C58363」が週末や休日に運行しています。車名は秩父に2000年前に生息していた海獣パレオパラドキシアにちなんでいます。運行スケジュールは公式サイトの確認を。

URL http://www.chichibu-railway.co.jp/

長瀞駅

上長瀞駅

寄居駅

武川駅

皆野駅

秩父駅

御花畑駅

浦山口駅

三峰口駅

宗像神社 →P.80

「寄居駅」から徒歩25分

荒川の氾濫を鎮め、川を行き来する舟の安全を守るため建立されました

ちょっと寄り道

●長瀞《ながとろ》の岩畳《いわだたみ》

上から見ると畳を敷き詰めたように見えることから岩畳という名称がつきました。

住所／埼玉県秩父郡長瀞町長瀞
交通／「長瀞駅」から徒歩5分
URL http://www.nagatoro.gr.jp/

椋神社《むくじんじゃ》

西暦110年創建の古社。家内安全、交通安全の御利益があり、1月11日には交通安全大祈願祭が開催されます。背後の蓑山《みのやま》山頂に奥宮があります。

御朱印

墨書／奉拝、皆野椋神社
印／社紋、延喜式内椋神社

DATA
主祭神／猿田彦命（サルタヒコノミコト）
創建／110年
本殿様式／権現造
住所／埼玉県秩父郡皆野町皆野238
交通／「皆野駅」から徒歩8分
参拝時間／自由
御朱印授与時間／9:00～17:00（月曜休）
URL http://minanomuku.com/

小鹿神社 →P.135

「秩父駅」からバス40分

平安時代の創建で屋台歌舞伎が上演される春祭りが有名です

ちょっと寄り道

●羊山公園《ひつじやまこうえん》

園内の「芝桜の丘」が名所。
約1万7600m²、9種40万株の芝桜が咲きます。

住所／埼玉県秩父市大宮6360
交通／「御花畑駅」から徒歩20分
URL http://navi.city.chichibu.lg.jp/

ちょっと寄り道

●土津園《はにつえん》

手打ち甚太郎ざるそば、肉汁ざるうどん、カレーパン、濃厚ソフトクリームが大人気メニューです。楽焼の絵付け体験もできます。

住所／埼玉県秩父市上影森672-1
交通／「浦山口駅」から徒歩14分
営業時間／9:00～17:00、不定休

Expert's technique

ツウに聞く！御朱印の頂き方

御朱印ファンのなかには自分なりのこだわりをもって御朱印を集めている人がいます。ビギナーさんの参考になりそうな経験談やこだわりをご紹介します。

御朱印で厄祓い！

仕事や私生活でうまくいかないことが多く、神社でお祓いをしてもらいました。その神社の祭神がスサノオノミコト。これをきっかけに、川口の鎮守氷川神社など、スサノオノミコトが主祭神の神社専用の御朱印帳を作りました。御朱印を見ていると神様に守られている安心感があります。

A.Oさん　29歳

SNSをチェックして限定御朱印をゲット！

最近はFacebookやX（Twitter）などのアカウントをもっている神社が増えていて、SNS内で季節や祭事などの限定御朱印の授与期間も告知していることがあります。フォローしておくと情報ゲットの役に立つことが多く、参拝前にはチェックするようにしています。

M.Nさん　24歳

御朱印をきっかけに神職の方と話をする

自分の後ろで御朱印を待っている人がいないとき、御朱印を頂いたあとに神職の方にお話を聞いています。例えば神紋が押されていたら、その紋の名称やどんな意味があるのかとか、祭神についてとか、境内社についてとか……。時間があればていねいに教えてくださいます。神社や御朱印に対する知識が深まります。

K.Yさん　30歳

頂く場所に注意！

御朱印は「授与所」や「御朱印所」と明記された場所で頂けますが、そういう場所がないときには「社務所」を訪ねます。小さな神社だと社務所が神主さんのご自宅の場合もあります。昼食の時間帯や夕方遅くなってからは遠慮したほうがいいと思います。お留守のこともあり、そのときは諦めましょう。

S.Tさん　26歳

御朱印授与所がすいている時間

大きな神社だとお昼前後は団体旅行の参拝者で混雑していることが多いです。午前中、比較的、すいているのは朝10：00まで、午後は15：00以降です。この時間帯はゆっくり参拝もできます。

R.Hさん　32歳

縁結び専用御朱印帳を作りました！

婚活中に川越氷川神社で良縁祈願祭に参列し、御朱印も頂きました。以来、川越八幡宮とか、氷川女體神社とか、縁結びの御利益がある神社専用の御朱印帳を作りました。御朱印帳もかわいい表紙のものを購入。御朱印帳がいっぱいになった頃、良縁に恵まれ、ゴールイン。今は夫婦円満と安産の神社専用御朱印帳を作っています。

S.Oさん　28歳

ひとつの神社専用御朱印帳を作る

神社のなかには季節や月ごとに異なる添え印を押印してくださる神社があります。出雲大社埼玉分院には赤口の日や神在祭などの限定御朱印がいっぱいあります。自宅が近いので、オリジナル御朱印帳を入手して、専用にしました。出雲大社埼玉分院だけの御朱印で１冊、埋まったときには達成感＆満足感がありました。

T.Kさん　25歳

御朱印帳は常に携帯

営業などでお客様を訪問して空き時間ができたら、近くの神社へ参拝に行きます。そのため、御朱印帳はバッグに入れていつも持ち歩いています。また、汚れないようにカバーをかけています。

A.Mさん　30歳

第三章

御利益別！ 今行きたい神社

Part 1

総合運

すてきな恋愛はもちろん、仕事も、健康も、金運も……。「ぜんぶ願いをかなえたい！」とよくばりなあなたは、こちらの神社へ真っ先にGO！

- ★総合運★絶対行きたいオススメ神社 2選
  秩父御嶽神社（飯能市）／鳩ヶ谷氷川神社（川口市）
- 埼玉縣護國神社（さいたま市大宮区）
- 九重神社（川口市）
- 糀谷八幡神社（所沢市）
- 中氷川神社（所沢市）
- 金鑽神社（本庄市）
- 若泉稲荷神社（本庄市）
- 野々宮神社（狭山市）／
  宗像神社（寄居町）／
- 八幡神社（狭山市）／
- 楡山神社（深谷市）／
  瀧宮神社（深谷市）
- 八枝神社（上尾市）／
  出雲祝神社（入間市）
- 北本氷川神社（北本市）
- 高麗神社（日高市）／
  舘氷川神社（志木市）
- 椋神社（秩父市）
- 大曽根八幡神社（八潮市）
- 長幡部神社（上里町）／
  皇大神社（上里町）
- 金鑽神社（神川町）／
  阿保神社（神川町）
- 埼玉のお祭り ベスト10
- まだまだあります！ 編集部オススメ！ 授与品〈総合運&縁結び〉

☆総合運☆ 絶対行きたいオススメ神社 2選

輝く未来をGETしたいならマスト参拝！

かなえたい願いをまとめて面倒みてくれる頼もしい神社です。
秩父御嶽神社は招福の御利益が評判、
鳩ヶ谷氷川神社は夫婦神がタッグを組んで開運の力を授けてくれます。

絶対行きたい
オススメ神社 1

山全体が福を招くパワースポット！

標高350mの御嶽山全域に広がる神域は悪気を祓う祭神のパワーに満ちあふれています。

飯能市

秩父御嶽神社【ちちぶおんたけじんじゃ】

鳥居から参道を少し歩くと頂上の本殿へと続く石段が現れます。両脇にはモミジがうっそうと茂り、まるで深山に入っていくようです。

300段以上の石段を上ると本殿です。神社の創設者・鴨下清八は行者となり、人々を災難や苦悩から救うため、修行の一生を送り、死後は霊神〝清貫一誠〟として祀られました。約5万m^2の社域には祭神と創設者のパワーが満ちているのです。本殿前からは晴れた日には東京スカイツリーが望めます。

主祭神

國常立尊《クニノトコタチノミコト》　大己貴命《オオナムチノミコト》
少彦名命《スクナヒコナノミコト》

御朱印帳

表紙が木製で木目を生かしたオリジナル御朱印帳があります（1800円※御朱印代込み）

墨書／奉拝、秩父御嶽神社　印／東郷公園、秩父御嶽神社、秩父御嶽神社社務所　●東郷公園の印にはモミジが。御朱印は創設者の子孫である神職が書いてくださることもあります

絵馬

東郷元帥は創設者の志を「至誠通天」と称したとされます。この故事に由来する絵馬です（500円）

モミジが多い境内は紅葉の名所。赤やオレンジに色づいたモミジをモチーフにした「開運もみじ守」（500円）や「御守」（300円）が人気です

お守り

みんなのクチコミ!!

本殿までは石段のほかに迂回路もありますが、これも傾斜の急な山道です。ハイキングに適したシューズをオススメします（紅）

DATA
秩父御嶽神社
創建／1894年
本殿様式／流造
住所／埼玉県飯能市坂石580
交通／西武鉄道「吾野駅」から徒歩25分
参拝時間／自由
御朱印授与時間／8:00～17:00
URL http://www.togo-koen.jp/

神社の方からのメッセージ

当社の山麓には神苑「東郷公園」があります。苑内には東郷平八郎元帥の銅像が立っていますが、東郷元帥が生前、唯一建立を許可した銅像です。除幕式は元帥自らが出席して行われました。ほかに日露戦争関連の遺物が点在しています。

境内には約1000本ものモミジやカエデが植栽されています。毎年11月第3土・日曜は鮮やかな紅葉のなか「もみじまつり」が開催されます。夕方のライトアップやジャズの演奏、演武の披露のほか、多くの模擬店も立ち並び、大勢の見物客でにぎわいます。

絶対行きたい
オススメ神社2

困難を乗り越え未来を開く！

あらゆる困難を乗り越えて結ばれた夫婦神がタッグを組んで運気アップに導いてくれます。

川口市

鳩ヶ谷氷川神社
【はとがやひかわじんじゃ】

祭神は「結びの神」とも呼ばれ、人と人、人と仕事など人生をよい方向に導く縁を授けてくれます。さらに魔を祓う荒々しい力と清らかで優しい心の持ち主。祈願成就へのサポートも期待できます。境内には地下から湧く水を汲み上げた御神水があります。自由にお水取りができ、頂く（飲用時は要煮沸）と心身を清め、運気を向上させる御利益があるとか。静かな境内は緑にあふれ、参拝するとすがすがしい気持ちになれます。

主祭神
須佐之男命《スサノオノミコト》　稲田姫命《イナダヒメノミコト》

御朱印帳

表紙にはハト、裏表紙は日光御成街道の宿場町とその中心に位置する鳩ヶ谷氷川神社の風景が描かれています（1200円）

墨書／奉拝、鳩ヶ谷、氷川神社　印／社紋の三つ巴、氷川神社、地名にちなんだハト、ネコ　●ネコのしっぽがハート型になっています。節分、夏詣、七夕など各種限定御朱印があります

みんなのクチコミ!!

御神木は「夫婦楠」。2本の幹が寄り添うように並び、縁結びのパワスポとして有名です（みわ）

「肌守」（800円）は祭神のイナダヒメにあやかり、心身を祓い清め、自分を大切にし、魅力がさらに輝くようにとの祈願が込められています

お守り

鳩ヶ谷の地名からハトの「健康御守」（500円）。羽が赤と青の2種類。祭神には疫病を予防する力もあります

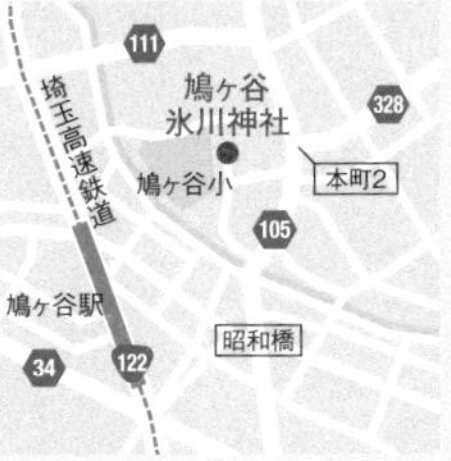

DATA
鳩ヶ谷氷川神社
創建／1394年
本殿様式／権現造
住所／埼玉県川口市鳩ヶ谷本町1-6-2
交通／埼玉高速鉄道「鳩ヶ谷駅」1番出口から徒歩5分
参拝時間／自由
御朱印授与時間／8:30～17:00
URL http://www.hikawajinja.jp/

神社の方からのメッセージ

当社は旧鳩ヶ谷宿の中心に位置し、徳川家康が奥州出陣の際、境内で休息したと伝わります。境内は緑が多く、「静かに参拝できます」との声をよく聞きます。時折、姿を見せるネコに癒やされる方も多いようです。

毎年12月23日に開催される「恵比寿社祭・おかめ市」は鳩ヶ谷の師走の風物詩ともなっている行事です。神社では福をかきこむ「カッコメ」という熊手を授与所で頒布。また、境内にも熊手を売る露店が250店以上、立ち並び、にぎやかです。

緑豊かな境内で平和を願う

大宮公園の西端奥山に戦没者を祀る社として開創。松が茂る境内は常に清掃され、清浄が保たれています。

さいたま市大宮区

埼玉縣護國神社

【さいたまけんごこくじんじゃ】

大宮公園内に参道があります。樹木が茂る境内はとても静かです。1868（慶応4）年に起こった鳥羽・伏見の戦いや西南の役、それ以降の大東亜戦争で亡くなられた埼玉県出身の戦没者を祭神としてお祀りしています。境内には「出征兵士之像」、「特攻勇士の像」、「傷病軍人の塔」などが建立され、戦争や平和について思いをめぐらす空間となっています。毎年4月9日が例大祭、8月15日は戦没者を追悼する「みたま祭」が執り行われます。

主祭神

埼玉県出身の英霊5万1180柱

1933年に創建準備が始められ、翌年、社殿が竣工。二の鳥居があり、その先に神明造の立派な社殿が建ちます。社殿の背後には緑豊かな赤松が茂り、すがすがしい雰囲気に包まれています。社殿に向かって左手に社務所があります

みんなのクチコミ!!

大宮公園内の自由広場の近くにあります。毎年8月14日は「みたま祭前夜祭」が行われ、17:00過ぎには境内に提灯がともされます。神社に駐車場はありません（靖子）

墨書／奉拝、埼玉縣護國神社　印／神紋の桜、埼玉縣護國神社之印　●埼玉県招魂社として創設され、1939年に埼玉縣護國神社と改称されました

お守り

「御守」は身を守り、さまざまな病気を予防し、心身の健康を保ってくれるお守り

「交通安全御守」は先祖の加護を頂き、事故を起こさず、また事故に遭わないよう守っていただくお守りです。両面テープで車体に貼ります

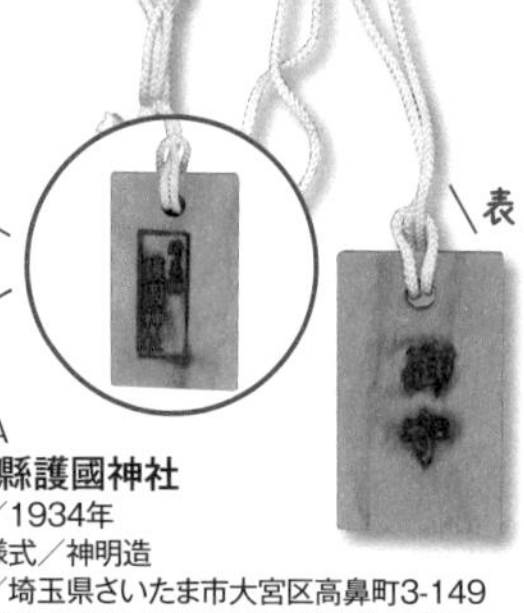

「木札守」はこちらの神社にふさわしく山桜の木を使用したお守りです。木札に社名と「御守」の字が焼印されています

DATA

埼玉縣護國神社

創建／1934年
本殿様式／神明造
住所／埼玉県さいたま市大宮区高鼻町3-149
交通／東武野田線「北大宮駅」より徒歩5分
参拝時間／自由
御朱印授与時間／9:00～16:00

神社の方からのメッセージ

当社は英霊を祀る神社として、1934年4月9日に時の近衛師団長朝香宮殿下、陸軍将兵を招いて創建鎮座祭を行いました。以来、この日を例大祭と定め、桜の咲くなか、祈りをささげ、平和に感謝する1日となっています。

大宮公園は約1000本のソメイヨシノが咲き競う埼玉県内屈指のお花見スポットです。桜の季節には100軒ほどの屋台が並び、21:00ぐらいまでライトアップされます。また、赤松も多く、樹齢100年を超す赤松の古木が1000本も枝を伸ばしています。

川口市

九重神社

【ここのえじんじゃ】

御神木の御朱印にも御利益が！

明治時代、安行村に祀られていた9つの村社をひとつに合祀、32柱の神々のパワーが頂けます。

主祭神
素戔嗚尊《スサノオノミコト》

江戸時代から村の鎮守として祀られていた氷川神社に9つの村社を合祀したため、九重神社という名称になりました。御神木は樹齢500年以上とされるスダジイの大木。御神木の姿をかたどった「御神木御朱印」を頂いたら、心身がすっきりしたという参拝者の声があるそうです。御朱印は季節により色彩が異なり、8種類の御神木御朱印を集めると黄金の御朱印が授与されます。

神社のシンボルともなっている御神木

社殿左手の裏には2本のスダジイが枝を伸ばし、葉を茂らせています。1本の幹周りは6.5mもあり、埼玉県では最大の太さ。川口市指定の保存樹木です。2本の御神木が交差するポイントはパワスポ。お参りしてパワーを頂きましょう。

みんなのクチコミ!!

2本の御神木の間にいると、とても強いツリーパワーを感じ、元気がチャージできますよ。境内は静かで落ち着きます（まさみ）

墨書／奉拝、九重神社御神木　印／神紋の九曜紋、九重神社、御神木の印、九重神社々務所之印
●御朱印はジャバラ式御朱印帳にのみ押印。ひも綴じタイプ、ハードカバータイプの御朱印帳には押印していただけません。御神木御朱印は9種類あり、季節ごとに御神木の色が変わります

御朱印帳

オリジナル御朱印帳は御神木をデザインした表紙。裏表紙には神紋である九曜紋がデザインされています（2000円）

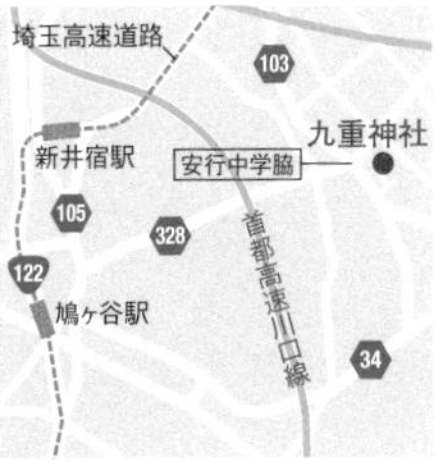

DATA

九重神社

創建／1716年
本殿様式／銅板葺流造
住所／埼玉県川口市安行原2042
交通／JR「川口駅」からバス23分「峯八幡宮」下車、徒歩10分
参拝時間／自由
御朱印授与時間／10:00～12:00、13:00～16:30
（祭典等で対応不可の日にちあり。ウェブサイトで確認を）
URL https://kokonoejinja.or.jp/

＼神社の方からのメッセージ／

新暦9月9日に「重陽祭」という祭事を行っています。9月9日は重陽の節句とされ、縁起のよい「9」が重なるおめでたい日とされます。この日を「九重詣」とし、参拝すると9つの村の神社32柱の祭神のお力が授かれます。「九重詣御朱印」を頒布いたします。

平将門が砦を築いたという伝承がある境内地。御神木の背後から御嶽山に登る小道が延びています。御嶽山は標高32mですが、安行では最も高い場所になり、頂上からは安行の町並みと筑波山や日光連山まで見渡すことができます。

開運・除災の八幡さま

周辺は初夏にはホタルが姿を見せる豊かな里山。江戸時代には若宮八幡宮と呼ばれていました。

所沢市

糀谷八幡神社

【こうじやはちまんじんじゃ】

主祭神

誉田別命《ホンダワケノミコト》

創建年代は不詳ですが、大分県にある八幡宮の総本宮・宇佐八幡宮と鎌倉の鶴岡八幡宮を勧請して〝若宮八幡宮〟と名づけたと江戸時代の古文書にあります。境内には白鳳時代創建の愛宕神社と金刀比羅神社、浅間神社ほか4柱が鎮座し、防火防災、金運、医薬、安産子安などの御利益が頂けます。神社の周辺は水田が広がるのどかな環境。心身ともに癒やされる環境です。

熱心な地元の方々が支える神社

地元に愛される糀谷八幡神社。平成30(2018)年には、総檜造の新拝殿が150年ぶりに完成しました。

みんなのクチコミ!!

神社への交通ですが、JR八高線「箱根ヶ崎駅」からレンタサイクルを利用して行くこともできます(kaze)

墨書/奉拝、糀谷八幡宮　印/三つ巴と立葵の印、鳩文字の八で糀谷八幡宮、武蔵国糀谷鎮座、やぶさめの社、武蔵國糀谷

●中心の朱印は社名の周囲を神聖な八雲が囲んでいます

神社の前に広がる糀谷八幡湿地の入口にトトロ風のオブジェ「トコロちゃん」が立っています。地元の有志の人々が杉の葉で作っているそう。時間が経つと緑から茶色に変色します

ホタルの御朱印帳(P.21)と同じ柄の「開運守」。黒と白の2種類(500円※平成31年まで)

お守り

DATA

糀谷八幡神社

創建/江戸時代初期
本殿様式/一間社流造(御輿造《おこしづくり》)
住所/埼玉県所沢市糀谷78
交通/西武池袋線「小手指駅」よりバス13分、「糀谷」下車5分
参拝時間/自由
御朱印授与時間/公式インスタグラムにて確認
koujiyahachimangu

神社の方からのメッセージ

毎年9月の例大祭にはやぶさめ神事があります。天保2(1831)年にすでに斎行されていたという記録が残っています。やぶさめの的は20cm四方の杉板です。ほかに所沢商業高校弓道部の皆さんによる模範試射やこども囃子が奉納されます。

神社の建つ周辺はさいたま緑の森博物館糀谷八幡湿地。休耕田などで荒れ放題だった湿地を1965年頃の里山の風景に復元しようと地元の有志が整備。現在も雑木林を管理するなど、良好な環境を保っています。初夏にはホタルの姿を見ることもできます。

厄除け開運、安産、子授けに御利益あり

入間・多摩に位置する92カ村の総鎮守として「氷川様」と呼ばれ、信仰を集めてきました。

所沢市

中氷川神社

【なかひかわじんじゃ】

本殿は出雲大社造。1927年に造営されました。本殿の中心には「心の御柱」と呼ばれる太い柱が立っています。拝殿は1997年から1999年にかけて改修されました

創建は紀元前という古社で、大宮の氷川神社、奥多摩の氷川村の上氷川神社の中間に位置するため中氷川神社と呼ばれるようになったといわれています。石造りの鳥居をくぐり、石段を上ると社殿が建ちます。本殿は1927年の造営です。境内には七社大神が祀られていますが、狭山湖（山口貯水池）を造る際、湖底に沈んだ旧勝楽寺村に鎮座していた七社神社を合祀したものです。

主祭神

素戔嗚尊《スサノオノミコト》　稲田姫命《イナダヒメノミコト》

大己貴命《オオナムチノミコト》

みんなのクチコミ!!

旧本殿は現在、境内末社の金刀比羅宮の本殿になっています。檜皮葺きで彫刻が配され、味わいのある建築物です（山中）

絵馬

鳥居の両脇に鎮座する阿吽の狛犬。いかめしい表情で魔を祓っています。狛犬の絵馬（800円）も阿吽の2種類があります

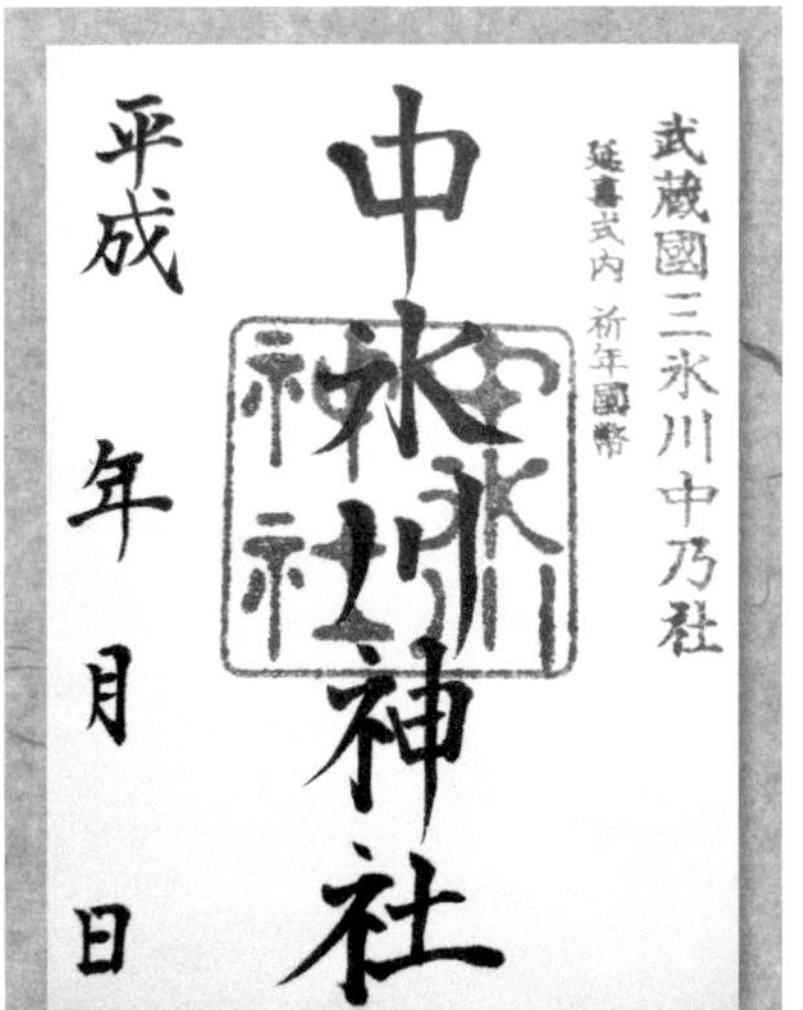

墨書／中氷川神社　印／武蔵國三氷川中乃社、延喜式内、祈年國幣、中氷川神社　●三氷川は大宮氷川神社、中氷川神社、奥多摩の上氷川神社のこと。兼務社の荒幡富士浅間神社、堀口天満天神社、境内社の金刀比羅宮の御朱印も授与

お守り

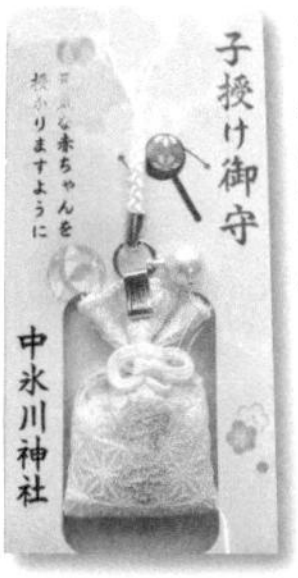

元気な赤ちゃんを授かるようにとの祈願が込められた「子授け御守」（1000円）。かわいい鈴が付いています。「厄除開運御守」（1000円）の袋に施されているナンテンは魔除けの力があるとされてきました

結びの神様パワーを込めた「えんむすび守」（500円）はキラキラ輝く花柄の2色展開。よい出会いが期待できます

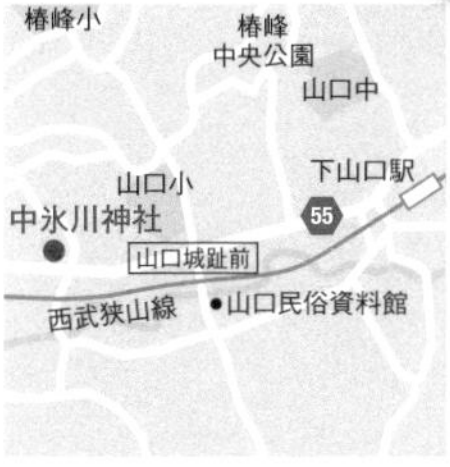

DATA

中氷川神社

創建／崇神天皇の頃
本殿様式／出雲大社造
住所／埼玉県所沢市山口1849
交通／西武線「下山口駅」から徒歩20分またはところバス南路線10分「中氷川神社」下車
参拝時間／自由
御朱印授与時間／9:30～17:00
URL http://www.nakahikawa.or.jp/

神社の方からのメッセージ

当社は子授け、安産の御利益でも知られます。長年、子宝に恵まれなかったご夫婦が子授けの御祈祷で子宝を授かり、その後、安産祈願、お礼参り、そして初宮詣で、七五三にも参拝され、お子様の成長をともに祝っています。

中氷川神社の近くにあるのが人造の狭山湖（山口貯水池）です。1927年に着工され7年をかけて完成しました。湖畔からは富士山を望むこともでき、松やクヌギの雑木林があるなど古きよき武蔵野の面影を残す埼玉県立狭山自然公園になっています。

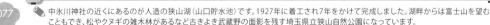

華やかな社殿の、本庄の総鎮守

境内には美しい大門、神楽殿、神輿殿が建ち、樹齢350年以上のクスノキが茂ります。

本庄市

金鑚神社

【かなさなじんじゃ】

主祭神

天照皇御神《アマテラスオオミカミ》 素戔嗚尊《スサノオノミコト》

日本武尊《ヤマトタケルノミコト》

鎌倉時代、戦国時代には勝運を願う武士たち、江戸時代には本庄城主や庶民から、本庄宿の守護神として信仰を集めてきました。社殿は極彩色の彫刻に彩られ、幣殿は見事な天井絵が飾られています。境内には樹高20mの御神木のクスノキが枝を広げ、武州本庄七福神のエビス様も祀られています。

社殿は本殿と拝殿を幣殿でつなぐ権現造。江戸時代後期の建築と伝わります。壁面は精緻な彫刻が施され、朱色や緑、青といった色彩が施され、きらびやかです

みんなのクチコミ!!

拝殿も本殿もとても華麗な色彩に満ちています。本庄の隠れパワスポっていう感じです（ぽん）

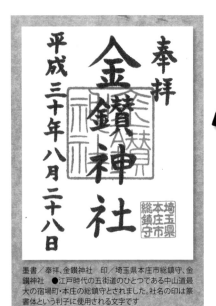

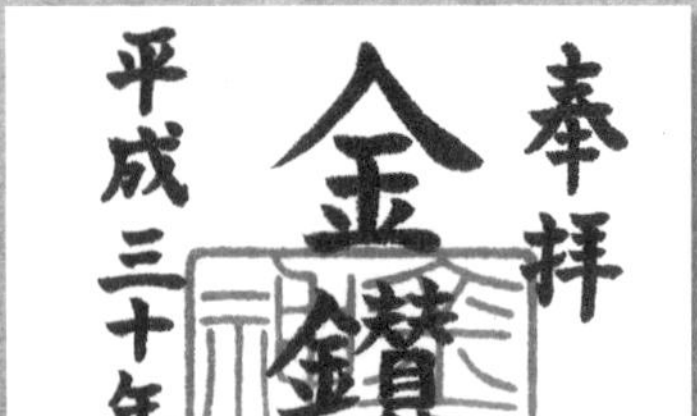

墨書／奉拝、金鑚神社　印／埼玉県本庄市総鎮守、金鑚神社　●江戸時代の五街道のひとつである中山道最大の宿場町・本庄の総鎮守とされました。社名の印は篆書体という判子に使用される文字です

社殿のように美しいお守り

お守り

社紋が刺繍されたお守り袋が華やかな「御守」(500円)

夢が実現するように祈願が込められた「夢守」(500円)

DATA

金鑚神社

創建／541年

本殿様式／権現造

住所／埼玉県本庄市千代田3-2-3

交通／JR高崎線「本庄駅」から徒歩18分

参拝時間／自由

御朱印授与時間／9:00～16:00(在社時のみ)

神社の方からのメッセージ

当社は社伝によると欽明天皇《きんめいてんのう》の時代の創建とされます。本殿は享保9(1724)年、拝殿は安永7(1778)年、幣殿は嘉永3(1850)年の再建です。大鳥居には老中・松平定信が揮毫した社額号があります。

現在、豪華な山車の巡行で知られる「本庄まつり」は金鑚神社の例大祭。江戸時代には「奥のお九日(おくんち)」と呼ばれ、毎年9月に行う五穀豊穣と本庄宿の繁栄を願う祭事でした。明治になり、現行の11月に日にちが改められました。

パワーがこもった入魂の御朱印!

祭神のパワーが強大なことで知られています。悪霊退散などの御祈祷も行っていただけます。

本庄市

若泉稲荷神社

【わかいずみいなりじんじゃ】

主祭神
倉稲魂命二柱《ウカノミタマノミコトフタハシラ》

平安時代末期に東本庄稲荷神社を創建したのが始まりと伝わります。本庄城主が篤い信仰を寄せてきました。宮司は国学、神道に対する深い知識の持ち主、体内の悪気を祓う古式の祈祷を行っていただけます。神字という特別な文字で書かれた入魂済御朱印はなんと5000円。神職が斎戒して書く希少な御朱印のため、前日までに予約が必要です。特注お守りも秘儀による祈願を行い奉製しています。

社殿の壁面には精緻な彫刻が

本殿の壁面は彫刻が施されています。彫刻は漢の張良が黄石公という老人と出会い、試練に耐え秘伝の兵法書を与えられたという逸話です。左右には祭神のお使いであるキツネが彫られています。社殿は古墳の上に建てられています。

みんなのクチコミ!!

奥宮もパワーが強いとか。ここで願ったことは悪いこともよいこともかなうそうなので、参拝するときは悪いことは考えないように注意(青菜)

掃除が行き届いた境内には天神社、八坂社、秋葉社などの祠が並び、江戸時代に奉納された石灯籠があります

楷書

墨書/若泉稲荷神社　印/御璽　●入魂済御朱印。文字の種類や墨の種類などを希望すると、墨書していただけます。入魂済の御朱印は宮司自ら彫られたもの。掲載されている御朱印はすべて本墨本朱(初穂料1000円/筆ペン朱油の場合は500円)

さまざまな書体があります

隷書(八分)

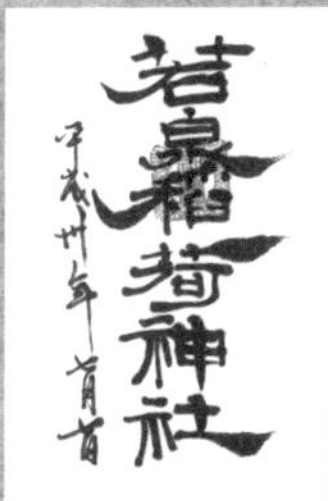

篆書

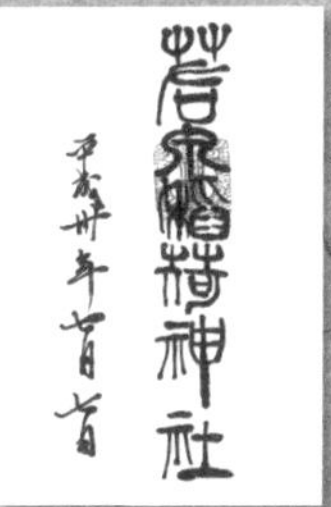

書体についてなど詳しくはP.60で紹介しています

DATA
若泉稲荷神社
創建/1180年
本殿様式/権現造
住所/埼玉県本庄市北堀209
交通/JR高崎線「本庄駅」から徒歩約25分
参拝時間/自由
御朱印授与時間/不定。隣にある若泉幼稚園またはその奥の家に声かけを

神社の方からのメッセージ

毎月1日と15日(7・11月は除く)は9:00から11:00まで東本庄稲荷神社(P.60)でお茶の接待、11:30ぐらいからは人数に制限がありますが、お賽銭で奥宮昇殿や無料相談も行っています。お問い合わせは原則として手紙でお願いします。

本庄は本荘氏という武士団が支配し、神社の建つ北堀周辺が本拠地でした。戦国時代には現在の本庄市立本庄東中学校付近に本庄城を築城します。しかし、1590年、豊臣軍との戦いに敗れ落城。江戸時代になると城は廃城となり、徳川家の天領となりました。

学業成就に御利益あり

狭山市

野々宮神社

【ののみやじんじゃ】

祭神はヤマトタケルノミコトの危機をたびたび救った女神です。困難に直面したら解決のヒントを授けてくださるはずです。困ったことがあるときや試験勉強など学業でいきづまったときには参拝してパワーを頂きましょう。幹周り約4mの御神木の大イチョウも元気がもらえるパワスポです。

絵馬

神紋とイチョウの絵馬。元日にはその年の干支の絵馬が数量限定で無料配布されます

7月第3土・日曜は八雲祭。土曜にはお神輿が担ぎ出されます

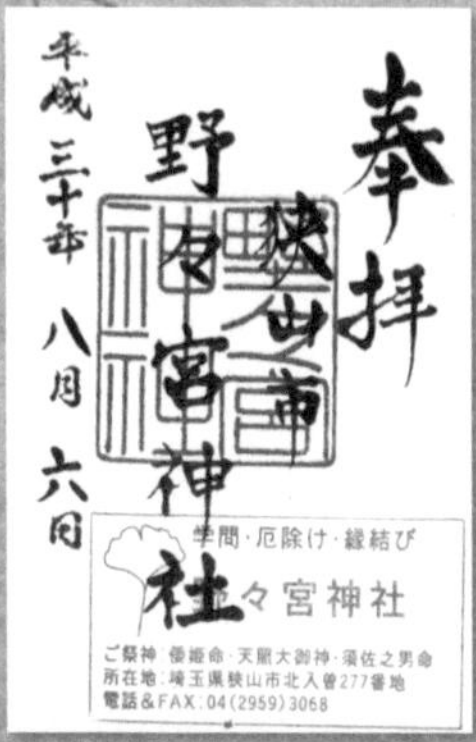

墨書／奉拝、狭山市、野々宮神社　印／堅々宮神社　●御神木のイチョウの葉が配された青い社判が押されているのが珍しい御朱印です

DATA

野々宮神社

創建／奈良時代
本殿様式／神明造
住所／埼玉県狭山市北入曽277
交通／西武新宿線「入曽駅」から徒歩8分
参拝時間／自由
御朱印授与時間／要事前連絡（04-2959-3068）

主祭神

倭姫命《ヤマトヒメノミコト》

みんなのクチコミ!!

境内にはときどき、かわいいネコがやってきます。人に慣れていて、参拝者にかわいがられていますよ(ポエーム)

運を落とさない、寄居の鎮守

寄居町

宗像神社

【むなかたじんじゃ】

荒川の氾濫を鎮めるため、宗像大社（福岡県）の分霊を移したのが最初です。創建以降、川の流れが定まったと伝わります。近年、子熊が境内に出没、木に登ったところを捕獲されましたが、その際、木から落ちなかったので「運を落とさない神社」、「試験に落ちない神社」として有名になりました。

「交通安全お守り」(700円)。祭神は荒川の舟運を守ってきました

お守り

お札

宗像神社「神札」(1000円)は開運や家内安全などを守っていただけます

墨書／奉拝、宗像神社　印／武州寄居、宗像神社　●宮司不在のときがあるので、御朱印を頂きたいときは参拝前に電話予約をすると確実(048-581-3277)

DATA

宗像神社

創建／701年
本殿様式／向拝入母屋後切妻造
住所／埼玉県大里郡寄居町藤田299-2
交通／JR・東武東上線・秩父鉄道「寄居駅」から徒歩25分
参拝時間／自由
御朱印授与時間／神職在社時のみ

主祭神

多記理比売命《タギリヒメノミコト》 狭依比売命《サヨリヒメノミコト》
多記都比売命《タギツヒメノミコト》

みんなのクチコミ!!

11月第1土・日曜が秋祭。町内から華やかな山車が曳き回され、にぎやかです(ミミ)

あらゆる勝利を授ける神社

九州の宇佐八幡宮を本社とする八幡宮の一社。文武・必勝の神様として信仰され続けています。

狭山市

八幡神社【はちまんじんじゃ】

主祭神

応神天皇《オウジンテンノウ》

みんなのクチコミ!!

参集殿には結婚式や各種パーティができる狭山東武サロンが併設されています(めぐみ)

鎌倉時代後期に活躍した武将・新田義貞が深く信仰。合戦の前に戦勝祈願をして、勝利を収めていたと伝わります。その後、徳川家も土地の所有を保証するなど、武門の守護神とされてきました。現在でも、人生のさまざまなシーンで勝ちを授けてくれるパワスポとして、参拝者が絶えません。本殿東側に残る老松の根は新田義貞が合戦に向かう際、愛馬をつなぎ、戦勝を祈願した「駒つなぎの松」と伝わります。社殿には透かし彫りの優雅な彫刻が施されています。

本殿は江戸時代後期の建造。建物の周囲には透かし彫りと浮き彫りの技法を駆使した見事な彫刻が施されています。龍や花鳥、七福神が琴や囲碁、書画で遊ぶ「琴棋書画の図」などが彫られ、狭山市内でも屈指の名作とされます

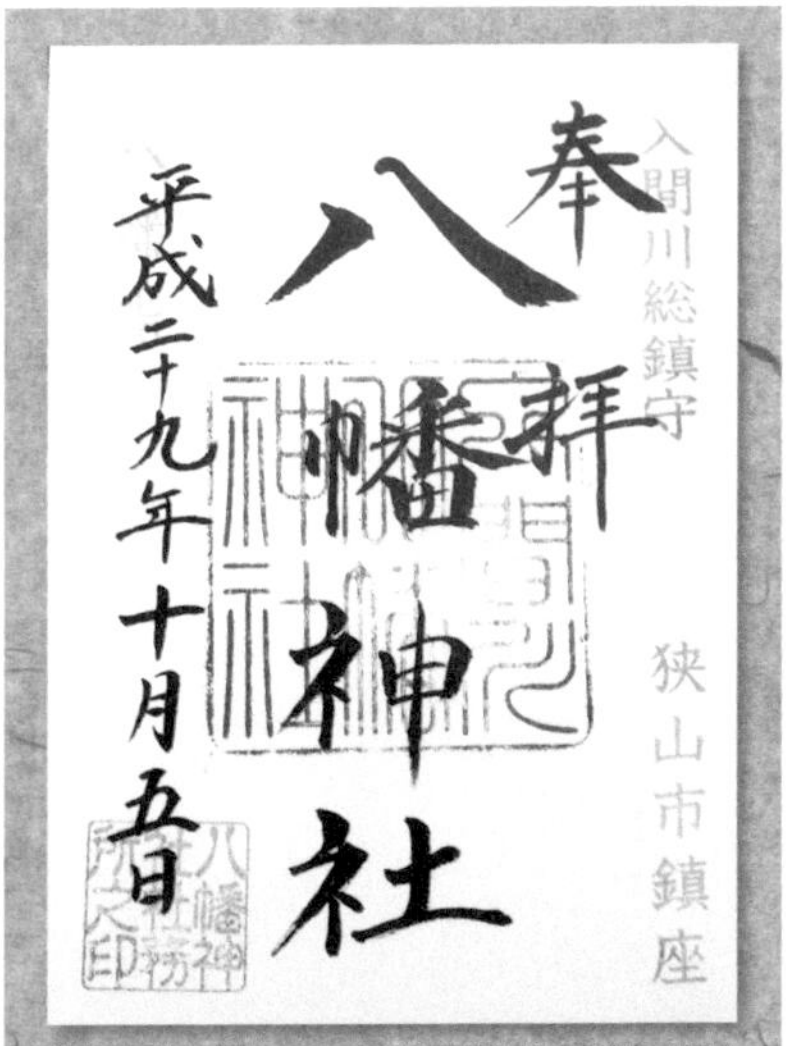

墨書／奉拝、八幡神社　印／入間川総鎮守、狭山市鎮座、入間川八幡神社、八幡詣、八幡神社社務所之印　●市町村合併で狭山市になる前、入間川村と呼ばれていた頃、総鎮守とされていました

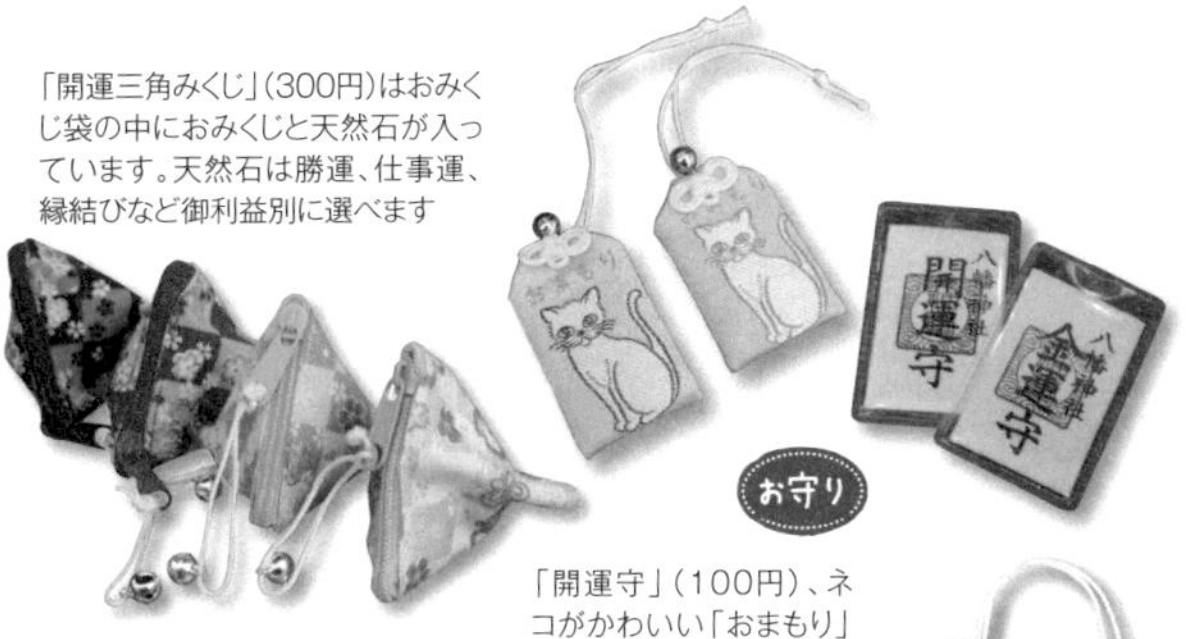

「開運三角みくじ」(300円)はおみくじ袋の中におみくじと天然石が入っています。天然石は勝運、仕事運、縁結びなど御利益別に選べます

「開運守」(100円)、ネコがかわいい「おまもり」(700円)、白が清楚な「御守」(700円)など、授与品も豊富に揃います

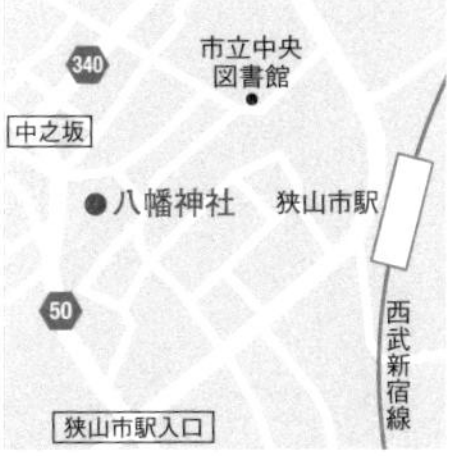

DATA

八幡神社

創建／室町時代初期
本殿様式／唐破風向拝付、千鳥破風付入母屋造
住所／埼玉県狭山市入間川3-6-14
交通／西武新宿線「狭山市駅」から徒歩7分
参拝時間／自由
御朱印授与時間／9:30〜16:30

神社の方からのメッセージ

狭山市の中心にあり、市民から親しまれています。社宝に「砂破利のつぼ」があります。本殿神門の下から発掘された高さ187 cmもの大きな壺です。室町時代に当社を創建する際の地鎮祭に埋められたものと思われます。

毎年9月15日に近い日曜には秋季例大祭が行われます。お祭りでは神職、氏子総代、役員、笛役、唄役、天狗、鹿子の行列が各町内の社寺へ巡行。境内で鹿子舞を奉納します。鹿子舞は五穀豊穣や平安を祈願する舞いで市の文化財になっています。

古木のパワーでリフレッシュ！

深谷市

楡山神社【にれやまじんじゃ】

北参道入口、正面大鳥居の脇にはニレの大木が茂ります。樹齢600年と推定される御神木です。創建は紀元前と伝わり、平安時代の書物にすでに「楡山神社」の社名が見られます。境内奥の森は古くは人が出入りできない聖地でした。神職が駐在するのは年末年始、節分、祭事のときのみ。通常は無人です。

墨書／奉拝、楡山神社　印／神紋の八咫烏、楡山神社神璽　●御朱印を頂くには神社境内の掲示板に記載されている電話番号に連絡すると神職が応じてくれます

境内社の荒神社。壁面には父母に孝行を尽くした人物の物語「二十四孝」の彫刻が施され、彩色されています。本殿も華麗な彫刻で飾られています

境内に茂るニレの御神木。境内には昔からニレの木が多く、社名の由来にもなりました。ニレは山地に見られる落葉樹で、平地の境内に自生するのは珍しいそうです

DATA

楡山神社

創建／5代孝昭天皇の時代
本殿様式／春日造
住所／埼玉県深谷市原郷336
交通／JR高崎線「深谷駅」から徒歩30分
参拝時間／自由
御朱印授与時間／在宅時のみ
URL http://nireyama.main.jp/

主祭神

伊邪奈美命《イザナミノミコト》

みんなのクチコミ!!

神社のおもな祭事は2月3日節分、3月3日、10月20日。この日はお守りやお札の頒布もあります（お杉）

命を育む霊水が湧く

深谷市

瀧宮神社【たきのみやじんじゃ】

境内に湧く清水は太古から飲料として、また農業用水として利用され、いつしか命を支える神水とされ、祀られるようになりました。戦国時代に深谷城が築かれると城を守護する神水としてお堀にも引かれました。今も、湧水は豊かで県外からも、大勢がお水取りに来るとのこと。毎年9月28日が例大祭、12月5日には新嘗祭と熊手を売る露店が立つ酉の市が開催され、にぎわいます。

墨書／奉拝、霊泉の杜、瀧宮神社　印／武蔵深谷瀧宮神社　●御朱印授与所は境内左手にあります。「霊泉の杜」と書かれているように境内は樹木に覆われ鎮守の杜を思わせます

お守り

「心願守」（800円）は同封の紙に願いごとを書き、お守り袋の後ろのポケットへ入れて携帯します。より具体的な祈願があるとかないやすいそうです

DATA

瀧宮神社

創建／1000年頃
本殿様式／権現造
住所／埼玉県深谷市西島5-6-1
交通／JR高崎線「深谷駅」から徒歩1分
参拝時間／自由
御朱印授与時間／9:00～16:00
URL http://www.takinomiya.or.jp/

御祭神

天照大御神《アマテラスオオミカミ》　豊受大御神《トヨウケノオオミカミ》

彦火火出見尊《ヒコホホデミノミコト》

みんなのクチコミ!!

桜の名所としても知られ、「埼玉の自然100選」にも選ばれています（タッキー）

奇祭どろいんきょが有名

上尾市

八枝神社

【やえだじんじゃ】

社名は京都・八坂神社の枝社という意味です。もともとは境内に茂る大ケヤキの根元に祭神を祀る石の祠があり、かたわらに獅子頭を納めたお堂があっただけでした。現在のような姿になったのは大正8（1919）年のこと。拝殿の前には2本の大ケヤキが茂ります。木と木の間を通るとパワーが頂けるそうです。どろいんきょ（→P.91）は夏祭りです。

墨書／奉拝、狛狗大神、八枝神社　印／「ウブスナノオオカミ」と伝えられる印、狛狗大神の印、埼玉縣八枝神社平方鎮座　●狛狗大神は獅子頭の姿で御神体になっています。地元では「平方のおしし様」と呼ばれてきました

パワフルな獅子頭を配した「御守」。（700円）。災難から身を守ってもらえそう

樹齢600年とも伝わる御神木。根が地表に盛り上がっています。境内に茂るケヤキとエノキの大木は推定樹齢400年以上。上尾市の天然記念物に指定されています

主祭神

素戔嗚尊《スサノオノミコト》　狛狗大神《ハックダイジン》

みんなのクチコミ!!

境内には木製のベンチが置かれています。ベンチは古風な神社の雰囲気に合わせて制作したそうです（ビーズ）

DATA

八枝神社

創建／安土桃山時代～江戸時代初期
本殿様式／流造
住所／埼玉県上尾市平方487
交通／JR「上尾駅」からバス15分、「平方神社前」下車徒歩5分
参拝時間／自由
御朱印授与時間／9:00～16:00
URL https://yaedajinjya.jimdofree.com/

恋愛運UPしたいなら！

入間市

出雲祝神社

【いずもいわいじんじゃ】

「参拝後、すぐに良縁に恵まれた」とお礼参りに訪れる参拝者が少なくないとか。縁結びの最大パワスポ出雲大社（島根県）との関わりが深く、祭神は出雲国の氏神で、その子孫が出雲国の樹木の種をこの地にまいたのが、境内の杜の始まりと伝わります。また、明治期の出雲大社大宮司も大きな扁額を奉納しています。

墨書／奉拝、出雲祝神社　印／出雲祝神社　●社名と印のシンプルな御朱印。押印はされていませんが、こちらの神社の神紋は出雲大社と同じ二重亀甲紋に剣花菱です

神社の周辺は狭山茶の産地。社殿の裏には狭山茶の由来やお茶の効能などが記された石碑が立ちます。1832（天保3）年に建立されたものです

神社の社叢は「寄木の森」と呼ばれ、埼玉県の「ふるさとの森」に指定されています。入間市内では珍しい野生のヤブツバキが茂り、ヒノキ、杉などから構成されています

春にはヤブツバキが見事に咲きます

主祭神

天穂日命《アメノホヒノミコト》

みんなのクチコミ!!

第33回日本アカデミー賞で優秀アニメーション作品賞を受賞した『ホッタラケの島』のモデルになった神社です（遥）

DATA

出雲祝神社

創建／2000年前
本殿様式／流造
住所／埼玉県入間市宮寺1
交通／JR八高線「箱根ヶ崎駅」から徒歩45分
参拝時間／自由
御朱印授与時間／9:00～17:00（神職在社時のみ）

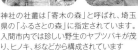

女神の力で女子力アップ！

平安時代の創建と伝わる古社です。
弁天社には女性の守護神が祀られています。

北本市

北本氷川神社【きたもとひかわじんじゃ】

境内は緑にあふれ、鎮守の杜といった雰囲気です。本殿に参拝したら、女子は必ず女神をお祀りする弁天社に行きましょう。石段を下りると社があります。この場所は龍が天に昇ったという杉の大木が台風で倒れた跡地とのこと。湧水池もあり、池の水は皮膚病や美肌によいとされ、お水取りをする女子も多いとか。

龍が天に昇った場所

イチキシマヒメミコトをお祀りする弁天社。緑に囲まれた境内には龍が天に昇った場所という伝説があります。北本七福神のひとつです。

主祭神

素戔嗚尊《スサノオノミコト》

みんなのクチコミ!!

スイセン、桜、スモモ、アヤメ、モクセイ等々、いつ行っても花が絶えない境内。とても静かで安らぎます（ヒイラギ）

墨書／奉拝、北本市髙尾、氷川神社　印／高尾氷川神社　●地元では北本氷川神社、高尾氷川神社などと呼ばれています。主祭神のほか八幡様、天神様など６柱の神をお祀りしています

おみくじ

「花ひらくさくらみくじ」（200円）には魅力アップをサポートするコメントが書かれています。おみくじの奉納場所はまるで桜が咲いたよう

絵馬

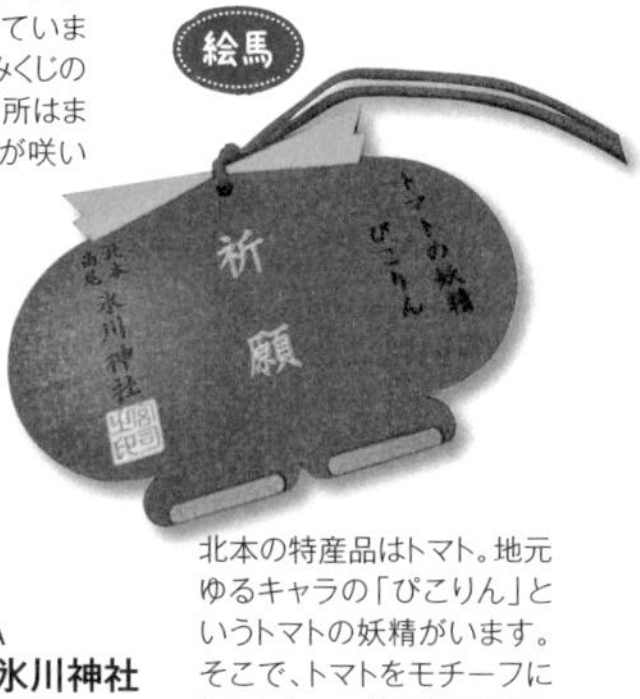

北本の特産品はトマト。地元ゆるキャラの「ぴこりん」というトマトの妖精がいます。そこで、トマトをモチーフにしたかわいい絵馬（600円）

DATA

北本氷川神社

創建／869年
本殿様式／流造
住所／埼玉県北本市高尾7-29
交通／JR高崎線「北本駅」からバス4分、「石戸三丁目」下車、徒歩5分
参拝時間／自由
御朱印授与時間／9:00～16:00
URL http://www.hikawajinja.or.jp/

＼神社の方からのメッセージ／

当社は周辺の村々の鎮守として創建されました。7月の例大祭は年間最大の祭事で巫女舞の奉納などがあり、大勢の参拝者でにぎわいます。

北本氷川神社の兼務社のひとつ、浅間神社（北本市東間1-6）の富士塚では毎年6月30日と7月1日に「初山例大祭」が行われます。祭事前の1年間に生まれた赤ちゃんを連れて富士塚に登り頂上でお祓いを受け、健やかな成長を願う祭事です。

運命を開く力をサポート

日高市

高麗神社【こまじんじゃ】

主祭神

高麗王若光《コマノコキシジャッコウ》

主祭神は、朝鮮半島にあった高句麗からの渡来人・高麗王若光です。若光は、716年にこの地に移住し、当地の開拓に尽力。地域を治めていた郡氏はその遺徳をしのび、若光の御霊を祀り、高麗郡の守護神としました。

近代以降は、政治家・文化人の参拝も多く、参拝直後に総理大臣に就任する政治家が続出したことから「出世明神」としても広く知られるようになりました。

墨書／高麗神社　印／高麗郷鎮守、ムクゲの花、高麗神社　●参拝した月ごとに右下の花の印が異なります。花はその月に境内で見られる代表的な花です。1月中は書き置きの対応で御朱印帳には書いていただけません

お守り

「三足烏御守」は高麗王の冠に施された三本足のカラスをあしらったお守り(500円)

DATA

高麗神社

創建／奈良時代

本殿様式／一間社流造

住所／埼玉県日高市新堀833

交通／JR「高麗川駅」から徒歩20分、西武線「高麗駅」から徒歩40分

参拝時間／自由

御朱印授与時間／8:30～17:00

URL http://www.komajinja.or.jp/

みんなのクチコミ!!

近くには彼岸花の群生地・巾着田があり、ハイキングコースが整備されています(YUKI)

古来より鎮守として地域を守護

志木市

舘氷川神社【たてひかわじんじゃ】

御祭神

素戔嗚命《スサノオノミコト》　稲田姫命《イナダヒメノミコト》

大己貴命《オオナムチノミコト》

樹木に囲まれ、ひっそりと社殿がたたずみます。創建について一説に平安初期、蝦夷地征伐に赴いた坂上田村麻呂が戦いに勝ったお礼に創建したとあります。戦国時代にはこの地に築かれた「柏城」の守護神として、江戸時代には現在の志木市の総鎮守として信仰を集めました。

2月20日前後の祈年祭、4月11日の例大祭、11月23日前後の新嘗祭に「浦安の舞」の奉納があります。4人の巫女が扇と鈴を手に舞う神前神楽で、万物を清め、神と人とのふれあい、喜びを表現しています

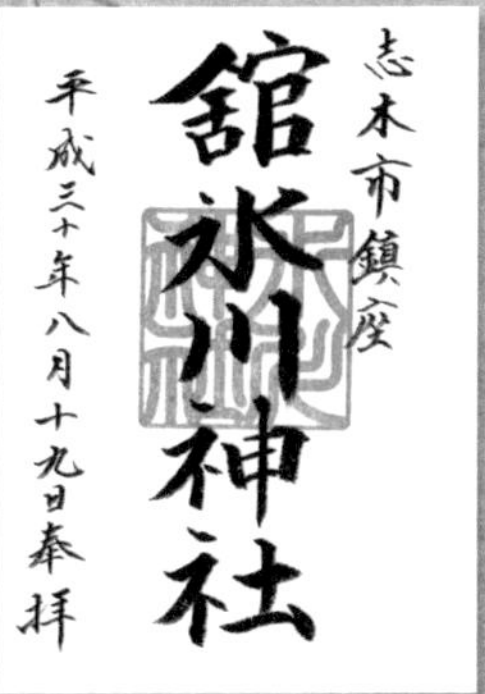

墨書／志木市鎮座、舘氷川神社　印／氷川神社　●貞観年間にこの地に領主の館があったことから「舘」と呼ばれるようになりました。各種お札や厄除けなどは水宮神社(P.138)に問い合わせを

DATA

舘氷川神社

創建／貞観(859～877)年間

本殿様式／流造

住所／埼玉県志木市柏町3-6-19

交通／東武東上線「柳瀬川駅」から徒歩13分

参拝時間／自由

御朱印授与時間／9:00～17:00

※水宮神社にて授与(P.138)

みんなのクチコミ!!

神社が所蔵する「図像板碑」は阿弥陀如来が刻まれた石碑で志木市内唯一のものだそうです(ふみ)

人生に迷ったら、マスト参拝！

祭神は道を開き、正しい方向に導いてくれる神様。人生の分岐点で決断する力を授けてくださいます。

秩父市

椋神社
【むくじんじゃ】

主祭神

猿田彦大神《サルタヒコノオオカミ》

のどかな田園に囲まれた境内は木々が茂り、すがすがしい空気が流れています。進学、就職、恋愛など、人生のターニングポイントで迷ったときに参拝すれば、祭神が進むべき方向を示してくださるはず。また、秋の大祭で行われる龍勢まつりが有名です。これは松と竹で作った円筒形のロケットを打ち上げる神事。近年は衛星打ち上げに関連する技術者の参拝も多いそうです。

境内からは龍勢の発射櫓が望めます

発射櫓は高さ約20m、祭当日と数日前は立ち入り不可ですが、それ以外は近くまで行って見学できます。龍勢祭ではこの櫓に「龍勢」をセットし、打ち上げます。点火と同時に、龍勢は天高く昇っていきます。

みんなのクチコミ!!

御朱印を頂いたあと、神職の方が、神社の歴史や祭神のことなど、お話してくださったので、とてもよい時間を過ごせました（歴女）

祭神のお使いは〝お犬様〟と呼ばれるオオカミ。火難・盗難・諸難除けの神様とされます

龍勢祭で使用する龍勢の火薬筒をかたどったお守り（400円）

御神木の脇にある両神神社里宮は通称「夫婦梻神社」。良縁成就を願いましょう

お守り

御神木ムクロジの実のお守り（300円）

墨書／奉拝、龍勢の社、椋神社　印／龍勢が発射台から打ち上げられる様子、延喜式内社椋神社、椋神社社務所　●延喜式内社とは平安時代に編纂された法令書のなかに神社一覧があり、そこに名が記載されているということ

DATA

椋神社

創建／110年

本殿様式／二間社流造

住所／埼玉県秩父市下吉田7377

交通／秩父鉄道「秩父駅」・西武鉄道「西武秩父駅」からバス35分「龍勢会館」下車徒歩10分

参拝時間／自由

御朱印授与時間／10:00〜15:00（火曜定休）

URL http://www.facebook.com/mukujinja

＼神社の方からのメッセージ／

御神木のひとつである〝夫婦梻〟の間から西の方角に両神山が望めます。両神山に鎮座する両神神社から御分霊を頂き、御神木の脇に両神神社里宮をお祀りしています。良縁成就、夫婦円満の御利益があります。お参りください。

龍勢まつりはアニメ『あの日見た花の名前を僕達はまだ知らない。』の舞台になったことから、より一層知られるようになりました。祭事では〝龍勢〟という円筒に火薬をつめ、点火して打ち上げます。この円筒は「農民ロケット」とも呼ばれています。神社から徒歩10分ほどの場所に発射櫓があります。

社殿の彫刻は圧巻のすばらしさ！

室町時代に大曽根村の鎮守として創建されました。明治時代に改築された社殿は彫刻が見事です。

八潮市

大曽根八幡神社

【おおそねはちまんじんじゃ】

★総合運★

県道に面して一の鳥居が立ち、住宅に囲まれ細い参道が延びています。二の鳥居をくぐると、すぐ三の鳥居が立ち、境内へと続きます。3つの鳥居は江戸時代後期の1858年に建立された石造りの鳥居です。江戸時代には大曽根村の総鎮守として信仰されました。参道の正面に建つのが1895年に造営された拝殿と本殿です。この社殿にすばらしい彫刻が施されています。題材はバラエティに富み、天岩戸神話、ヤマタノオロチ、昇り龍、源氏の武将とさまざま。見飽きることがありません。

拝殿・本殿の彫刻には「彫刻師、北相馬郡北方村、後藤一重」の銘があります。本殿は総ケヤキで柱に巻きついた昇り龍は精緻な彫りで立体的です。拝殿にも見事な彫刻が施されています

主祭神

誉田別命《ホンダワケノミコト》

みんなのクチコミ!!

3年に一度、八幡様のお神輿が出て、町内を練り歩きます。露店もいっぱい出てにぎわいます(miko)

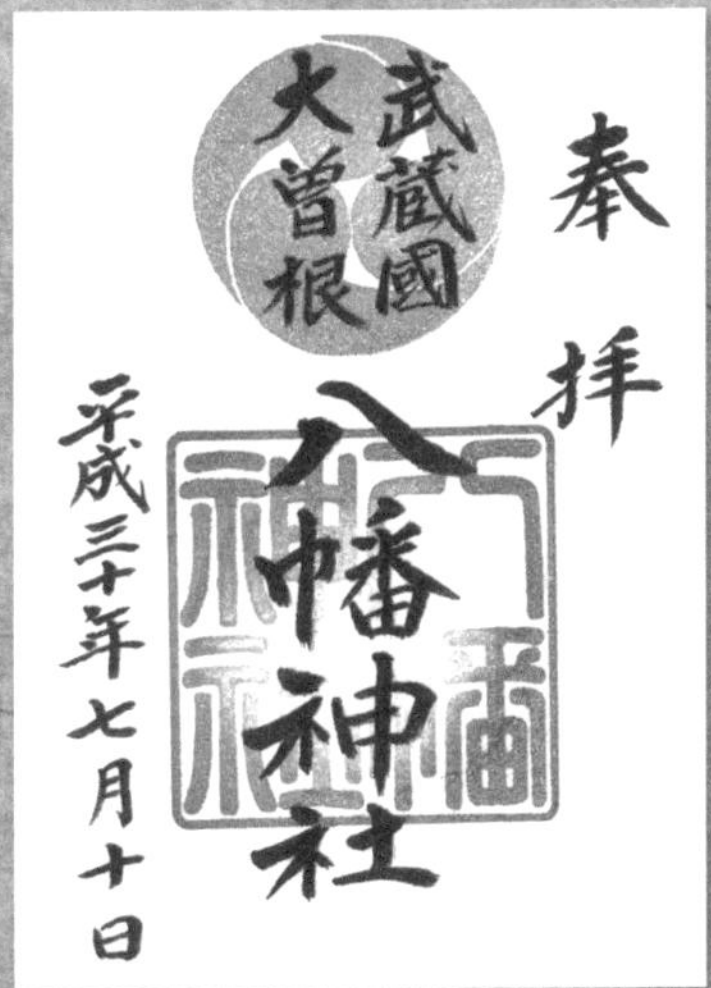

墨書／奉拝、武蔵國大曽根、八幡神社　印／社紋の三つ巴、八幡神社　●巴紋は神社に多い紋で水が渦を巻いている形を表しているといわれます。勾玉にも似ていることから神社の紋として多用されるようになったともされます

お札

鬼門に祀り、魔や災厄が入り込むのを防ぐ鬼門除けのお札（2000円）です。お祀りする際には目線より上になるように置きます。赤は魔除けの色です

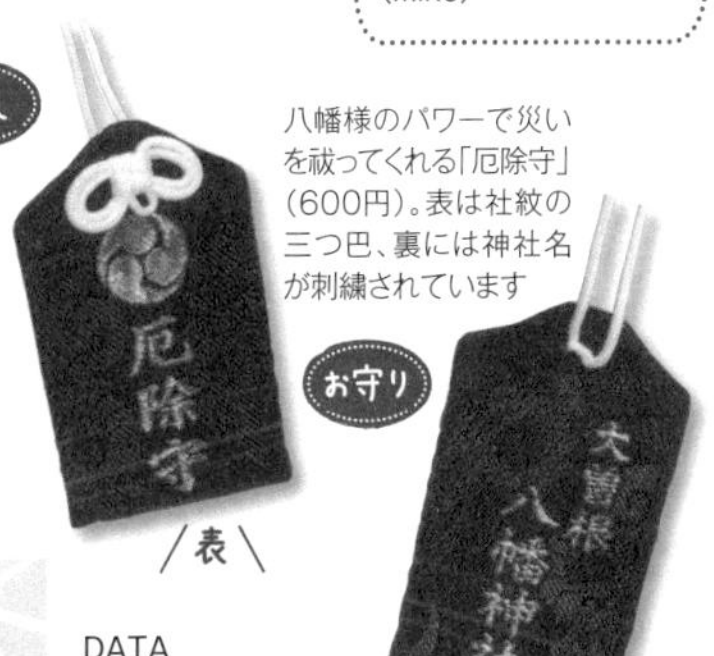

お守り

八幡様のパワーで災いを祓ってくれる「厄除守」（600円）。表は社紋の三つ巴、裏には神社名が刺繍されています

／表＼

／裏＼

DATA

大曽根八幡神社

創建／1502年
本殿様式／一間社流造
住所／埼玉県八潮市大字大曽根21-1
交通／つくばエクスプレス「八潮駅」から徒歩20分
参拝時間／自由
御朱印授与時間／10:00～16:00（神職在社時のみ。書き置き対応の場合もあります）

＼神社の方からのメッセージ／

当社の創建ですが、一説には寛治元（1087）年、後三年の役で東北地方の反乱を鎮めに赴いた源義光が八幡神を勧請したのが最初と伝わります。江戸時代には領主・旗本の森川摂津守が信仰を寄せ、荒廃した社殿を再興しました。

大曽根八幡神社の社殿の前にはかわいい狛犬が1対。阿吽の狛犬で文字を見ると寛政10（1798）年の奉納であるとわかります。神社全体は八潮八景に選ばれています。これは八潮市の代表的な行事や風景、文化財のなかから市民が選んだものです。

手芸大好き女子ならゼッタイ参拝！

上里町

長幡部神社

【ながはたべじんじゃ】

手芸好きは注目！古代、機織りの技術をもった集団（長幡部）が良質な織物の製作・技術の上達を願って織物の神様を祀ったのが最初と考えられます。鳥居をくぐると正面に朱色の社殿が建ち、なかには昔からのお宮が収められています。境内には稲荷社が鎮座しています。

鳥居から真っすぐに延びる参道。正面に社殿があります。この社殿は覆殿で、このなかに本殿が収まっています。左手には小川が流れ、流れを眺めると心が休まると参拝者に人気の場所です

神社の入口には「延喜式内社長幡部神社」と刻まれた石柱が立っています

主祭神

天羽槌雄命《アメノハヅチオノミコト》

みんなのクチコミ!!

開放的な境内です。お祭りは３月中旬、10月中旬の春と秋の２回です（山野）

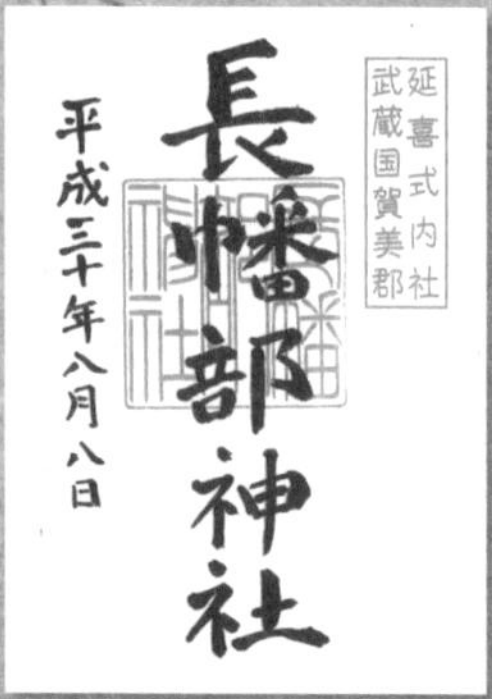

墨書／長幡部神社　印／延喜式内社武蔵国賀美郡、長幡部神社　●平安時代中期に編纂された『延喜式』に名が見られる神社です。賀美郡とはこの地域の昔の名称です

DATA

長幡部神社

創建／不明

本殿様式／不明

住所／埼玉県児玉郡上里町長浜1370

交通／JR「本庄駅」南口から朝日バス15分「三町」下車、徒歩約30分

参拝時間／自由

御朱印授与時間／P.89阿保神社宮司宅で頂けます

太陽の女神からパワーを頂く

上里町

皇大神社

【こうだいじんじゃ】

創建年代は不明ですが、江戸幕府が編纂した『新編武蔵風土記稿』には、天照大御神に関係のある神明社と書かれています。しかし、平安時代中期には小社があったと思われます。その後、明治時代初めに皇大神社と改められました。地域に繁栄をもたらし、開運厄除けや商売繁盛の御利益を授けています。

境内には稲荷神社、諏訪神社、疱瘡神の小さな石の祠が並びます。こぢんまりした社殿が建つ境内は周囲に田畑が広がり、いかにも村社という雰囲気。春祭り、秋祭りには境内がにぎわいをみせます

主祭神

大日孁貴命《オオヒルメムチノミコト》

（天照大御神の別名）

みんなのクチコミ!!

長幡部神社から南に歩いて17分ぐらいの距離です。地元の人が気軽にお参りにくる神社です（八代）

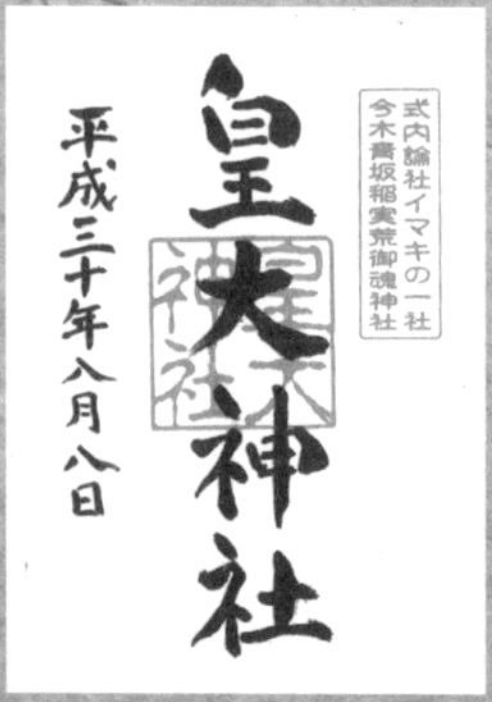

墨書／皇大神社　印／式内論社イマキの一社今木青坂稲実荒御魂神社、皇大神社　●印は『延喜式』に「青坂稲実神社」として記載されていることを表しています

DATA

皇大神社

創建／不詳

本殿様式／不明

住所／埼玉県児玉郡上里町大字長浜494

交通／JR「本庄駅」南口から朝日バス15分「三町」下車、徒歩約30分

参拝時間／自由

御朱印授与時間／P.89阿保神社宮司宅で頂けます

本殿がない特殊な神社

神川町

金鑚神社

【かなさなじんじゃ】

標高550mの御嶽山の麓に位置。拝殿の背後に聳える御室山（御嶽山の一部）を御神体とするため本殿がありません。ヤマトタケルノミコトが東国鎮護のため火打石を山中に納め、祭神を祀ったのが最初と伝わります。約2万坪の境内が広がり、御嶽山中腹には表面が滑らかな鏡岩があり、国の天然記念物です。

主祭神

天照大神《アマテラスオオミカミ》

参道脇には多宝塔が立ちます。1534年の建立で高さ約18m。国の重要文化財に指定されています

鏡岩からさらに登ると奥宮。かつては山岳信仰の修行の場でした。ここから北関東が一望できます

墨書／奉拝、武蔵二宮、金鑚神社　印／武蔵二宮金鑚神社　●金鑚は砂鉄を意味する金砂が語源ともされます

みんなのクチコミ!!

鏡岩を経て、奥宮に続く、御嶽山ハイキングコースがあり、社務所で地図がもらえます。山道の登りで往復1時間ぐらいです（三森）

DATA

金鑚神社

創建／111年頃

住所／埼玉県児玉郡神川町二ノ宮751

交通／JR八高線「丹荘駅」から徒歩60分、JR八高線「児玉駅」から徒歩75分

参拝時間／自由

御朱印授与時間／9:00～16:00

URL http://kanasana.jp/

奈良時代創建の古社

神川町

阿保神社

【あぼじんじゃ】

奈良時代後期からこの地を支配した阿保氏が創建したと伝わります。鎌倉時代になり、社殿が整えられましたが、室町時代には荒廃。江戸時代になり村人の手で再建し、「六所明神」と称していました。覆屋のなかにある本殿には見事な彫刻が施されています。総合運のなかでも病気平癒、子孫繁栄に御利益があります。

鳥居のかたわらには御神木のケヤキの大木が枝を伸ばし、葉を茂らせています

境内には小さな祠の末社が並び、覆屋の裏には今城青八坂稲実神社の祠も

御祭神

大己貴命《オオナムチノミコト》　素戔嗚尊《スサノオノミコト》

伊弉冉尊《イザナミノミコト》

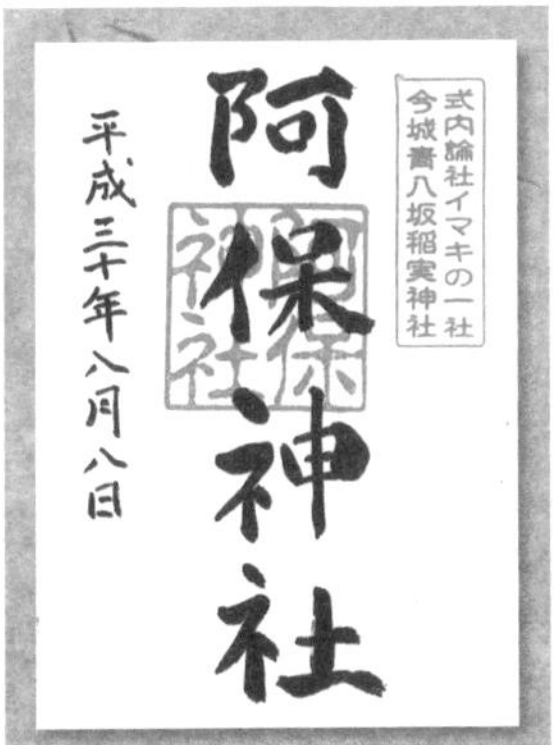

墨書／阿保神社　印／式内論社イマキの一社今城青八坂稲実神社、阿保神社　●今城青八坂稲実神社とは古代に今木連（イマキムラジ）の人々が穀霊を阿保（あぼ・アヲ）の地に祀った神社です

みんなのクチコミ!!

神川町はナシの産地。神社の近くを走る国道や県道沿いには8月上旬～9月下旬にはナシの直売所が並びます（ノン）

DATA

阿保神社

創建／奈良時代

本殿様式／不明

住所／埼玉県児玉郡神川町元阿保1

交通／JR八高線「丹荘駅」から徒歩15分

参拝時間／自由

御朱印授与時間／9:00～16:00

宮司宅へ事前連絡（0495-77-3032）

感動、間違いなし！

埼玉のお祭り ベスト10

四季折々に繰り広げられるお祭り。埼玉には無形文化遺産に登録された夜祭や江戸時代から地域の人々が継承してきたお祭り、古代ロマンを感じさせる火祭り、華麗な山車が曳き回されるお祭りなど、多彩な祭事があります。
そのなかから、心に残る鮮やかな光景を見せてくれるお祭りをセレクト。
大切な人との思い出作りにもピッタリです。
ぜひ、足を運んでみてください。

1

無形文化遺産登録。豪華な山車は必見

秩父夜祭

(秩父市・秩父神社→P.48)

毎年 12月2～3日 開催

京都の祇園祭、岐阜の高山祭と並ぶ、日本三大曳山祭のひとつ。本祭の夜には提灯がともされた豪華絢爛な笠鉾2基と屋台4基の山車が曳き回され、6000発もの打ち上げ花火が秩父の夜空を彩ります。2016年にユネスコの無形文化遺産にも登録されました。

写真提供/問い合わせ:秩父観光協会0494-21-2277

2

関東一の水祭りと呼ばれる

寄居玉淀水天宮祭

(寄居町・玉淀水天宮)

毎年 8月第1土曜 開催

荒川の流れが注ぐ玉淀で開催される水祭りです。夜はボンボリ、提灯で美しく飾った舟山車が玉淀に浮かび、お囃子が流れるなかを遊覧。同時に城山を背に花火が打ち上げられると、水面に舟山車の明かりと花火が映り、幻想的な風景を創り上げます。

写真提供/問い合わせ:寄居町役場048-581-2121

3

神話の世界に誘うロマンあふれる炎の祭典

さきたま火祭り

(行田市・前玉神社→P.54)

毎年 5月4日 開催

前玉神社で火をおこし、松明に点火。古代衣装を身に着けた人々が松明を手にさきたま古墳公園まで行列。公園では藁の小屋を燃やし、コノハナサクヤヒメが産屋に火を放った神話の世界を再現します。フィナーレは夜空を焦がすほどの打ち上げ花火です。

写真提供/問い合わせ:さきたま火祭り実行委員会事務局(行田市埼玉公民館内)048-559-0047

4

白煙を上げて飛翔する手作りロケット

龍勢まつり

(秩父市・椋神社→P.86)

毎年 10月第2日曜 開催

龍勢とは手作りロケットのこと。発射櫓から打ち上げると轟音を上げて上空へ。その姿が天に昇る龍のように見えるので、龍勢の名がつきました。三十数本が打ち上げられ、それぞれ上空で花火とともに唐傘などが舞い降りる仕掛けがされています。

写真提供/問い合わせ:秩父観光協会0494-21-2277

5

お神輿と山車が大宮駅前に圧巻の集結

中山道まつり

(さいたま市・武蔵一宮 氷川神社→P.42)

毎年 8月1・2日 開催

大宮夏まつりの一環。1日、氏子町内のお神輿と山車が氷川神社の境内に集まり、お祓いを受け、旧中山道に出て各町内を練り歩きます。2日、夕方からお神輿と山車が大宮駅前東口に集結、揃って巡行します。阿波踊り、和太鼓演奏などイベントも多数開催。

写真提供/問い合わせ:さいたま国際観光協会048-647-8339

7

蔵造りの町並みを巨大な山車が練り歩く

川越まつり

(川越市・川越氷川神社→P.50)

毎年
10月14日
開催

ユネスコの無形文化遺産に登録。高さ8m、重さ2t以上という巨大な山車が人形や彫刻、提灯で飾られ、町を巡行。何台もの山車が辻ですれ違う様子は、圧巻のスケール。夜は、山車同士が向かい合って囃子などを競い合う「曳っかわせ」も見どころです。

写真提供/問い合わせ:川越まつり会館049-225-2727

6

華麗で幻想的、ふたつの表情を見せる山車

久喜提燈祭り

(久喜市・八雲神社)

毎年
7月12・18日
開催

昼と夜で異なる表情を見せる山車の巡行が見どころです。昼は神話や歴史上の登場人物を表した人形が据えられ、夜は人形を外して約500個の提燈が飾られます。山車をいっせいに回転させたり、ぶつけあったりと激しいパフォーマンスも見せ場です。

写真提供/問い合わせ:久喜観光協会0480-21-8632

毎年4月第3土曜とその前日開催

8

屋台で演じられる歌舞伎が珍しい

小鹿野春まつり

(小鹿野町・小鹿神社→P.135)

江戸時代から続くお祭りです。屋台と笠鉾が町内を巡行。夜にはこの屋台に張り出し舞台や花道を組み、歌舞伎を上演。この屋台歌舞伎は全国的にも珍しい行事です。最終日は提灯を飾った2台の屋台と2台の笠鉾が曳き回され、流鏑馬も開催。

写真提供/問い合わせ:小鹿野両神観光協会0494-79-1100

毎年
7月20～22日
開催

10

熊谷に夏を告げる迫力の叩き合い

熊谷うちわ祭

(熊谷市・八坂神社→P.68)

明治時代、祭り期間中、町内の商店がうちわを配布したのが名称の由来とされます。ハイライトは夜、ライトアップされた12台の山車・屋台が集結して鉦と太鼓を打ち鳴らす「叩き合い」。大音響の熊谷囃子は迫力満点、祭りの熱気が伝わります。

写真提供/問い合わせ:熊谷市観光協会048-594-6677

毎年
11月2・3日
開催

9

金箔や極彩色で飾られた山車が優雅

本庄まつり

(本庄市・金鑚神社→P.78)

カラクリ人形が載せられた山車は精緻な彫刻や豪華な飾りが施されていることから「北関東随一の山車」といわれています。10基の山車のうち8基は、市の指定文化財。夜の巡行では提灯の明かりが揺れ、お囃子が流れ、優雅な雰囲気に包まれます。

写真提供/問い合わせ:本庄市観光協会0495-25-1174

奇祭もcheck!

毎年7月
海の日の前の日曜
開催

お神輿も担ぎ手も泥だらけ

どろいんきょ

(上尾市・八枝神社→P.83)

「いんきょ神輿」と呼ばれる白木の神輿が神酒所となっている民家を巡ります。水をまき、どろどろになった庭に神輿を転がし、どろんこに。悪疫退散を願う勇壮なお祭りです。

写真提供/問い合わせ:上尾市教育総務部生涯学習課　文化・文化財保護担当048-775-9496

まだまだあります!

総合運&縁結び 編集部オススメ! 授与品

神様のサポートが頂けるというお守りや神札。邪気を祓い、良縁を招き、幸せが訪れるようにと、神職が祈願を込めて奉製しています。最近は品のよい色合いとデザインのお守り袋が多いようです。神札は年末には1年間の感謝をささげ、神札を受けた神社に納めてから新しい神札をお迎えします。

白子熊野神社 P.66 離れない良縁を招く

えんむすび守 700円

ご縁が結ばれ、決して離れないようにと、結び目がほどけない結び切りにしたきれいなひもに赤い糸と鈴がふたつ結ばれています。鈴は古来、魔除けの霊力があるとされ、持っていると神様とも通じ合えるといわれています。

山田八幡神社 P.105 強固な絆で運気を強化

絆守 300円
三合守 500円

人と人、社会や地域などさまざまな絆を深めてくれる「絆守」はほほ笑ましいデザイン。「三合守」の三合とは相性のよい十二支の絆のこと。自分の干支のお守りを身に着ければほかの十二支が力を貸して運気を上げてくれます。

出雲祝神社 P.83 良縁と家運繁栄を祈願

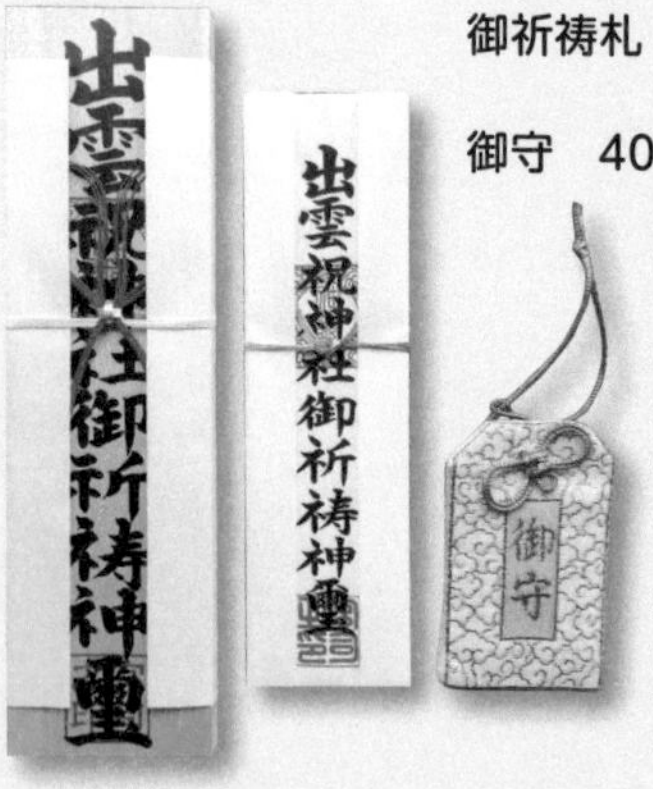

御祈祷札 3000円(大)
2000円(小)
御守 400円

島根県の出雲大社と関わりが深い古社です。御利益は縁結びに家運繁栄。神札やお守りには御祈祷により、祭神のパワーが込められています。お守り袋には八雲が配され、ご縁だけなく、幸運も招いてくれるよう祈願がされています。

椋神社 P.86 運気上昇を願う

おまもり 500円

龍勢まつりで有名な吉田の椋神社。開運・運気上昇、縁結びなどあらゆる祈願に応えてくれるお守りです。白地に金糸で書かれた「おまもり」の文字が、平仮名でとても優しい書体。心を癒やしてくれるパワーもありそうです。

糀谷八幡神社 P.76 狛犬パワーが魔を祓う

厄除御守 500円

お守り袋に配されているのは力強い表情の狛犬。モチーフは拝殿内の狛犬です。糀谷の鎮守として地域の人々を守ってきた祭神と魔除けの力をもつ狛犬が、さまざまな災難を祓ってくれるはず。裏には金糸で社名が刺繍されています。

八枝神社 P.83 魔除け・悪病除けに

神札(大麻札) 1000円

奇祭「どろいんきょ」で有名な神社です。お札に描かれているのは「狛狗大神」と呼ばれる獅子頭。「おしし様」と親しまれ、江戸時代後期には悪病退散、厄病除けの神として周辺の村々を渡御する習わしがありました。

川越八幡宮 P.94 良縁を結ぶお守り

絆守 1000円　**えんむすび 各500円**

プリティサイズの「えんむすび」のお守りは良縁に恵まれ愛が育つお守り。お守り袋に配されているのは神様のお使いのハト。出会いを運んでくれます。「絆守」は恋人同士の絆を強め、片思いの人とは絆を深め、両思いになれるといわれているお守りです。

第三章

御利益別！　今行きたい神社

Part2

縁結び

すてきな恋愛、友達とのよい出会い、仕事での人間関係、そして夫婦円満など、あらゆる縁を結ぶ強力なパワーをもつ神社をご紹介！

- ★縁結び★絶対行きたいオススメ神社２選
  川越八幡宮（川越市）／出雲大社埼玉分院（朝霞市）
- 氷川女體神社（さいたま市緑区）
- 川越熊野神社（川越市）
- 髙城神社（熊谷市）／古宮神社（熊谷市）
- 香取神社（越谷市）
- 三ツ木神社（鴻巣市）
- 玉敷神社（加須市）
- 川口九社詣　勾玉巡り

❤縁結び❤ 絶対行きたいオススメ神社 2選

最強の恋愛パワーを充電して良縁を招く！

恋人がほしい、片想いに終止符を打ちたい、早くゴールインしたい……恋の悩みはつきないもの。
そんなとき、力になってくれるのが県内屈指の縁結び神社。
参拝したら、すぐ良縁に恵まれたとのクチコミ多数の２社を紹介します

絶対行きたい
オススメ神社 1

川越市

川越八幡宮

【かわごえはちまんぐう】

御神木のミラクルパワーで恋愛成就

2本のイチョウが奇跡的に寄り添い1本に。この夫婦イチョウに触れると恋がかなうと評判です。

拝殿の前に茂るのはイチョウの大木。平成天皇ご生誕の1933年に男・女のイチョウ2本を植樹したところ、いつしか1本に結ばれ、巨木になりました。そこで縁結びイチョウとされ、触れて手を合わせれば良縁にめぐり会うといわれます。

祭神は大きな愛の力の持ち主。毎月第1・3日曜16時からの「良縁祈願祭」（要予約）に参列すれば婚活・恋愛の進展にパワーをくださるはずです。

主祭神

応神天皇《オウジンテンノウ》

ほかにも健康、勝運、商売繁盛、学業成就などの御利益が……

歴代の川越城主に信仰されてきました

歴代川越城主が深い信仰を寄せ、社殿の造営や寄進などを行ってきました。境内には「ぐち聞き様」の石像があり、心のなかのモヤモヤや悩み、グチを打ち明けるとスッキリするといわれます。

墨書／奉拝、川越八幡宮　印／鳩の印、川越八幡宮、川越八幡宮社務所印　●鳩は八幡様のお使い。2羽の鳩が向かい合った鳩紋をモチーフにした印が押されています。飛び立つ鳩がいかにも縁起のよさを感じさせます

御朱印帳

縁結びのイチョウにハトがデザインされた御朱印帳は全２色（1200円）

お守り

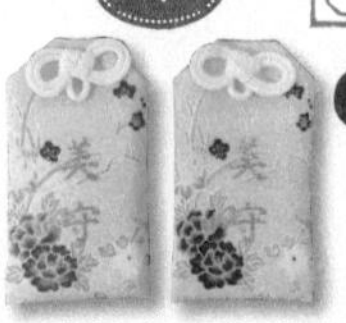

ちりめんのお守り袋がとてもきれい。華麗なデザインの「美守」で女子力をアップ（700円）

みんなのクチコミ!!

境内には目の形をした石像「目の神様」が安置されています。目の健康をお願いしました。目のお守りも社務所にありますよ（アイ）

DATA

川越八幡宮

創建／1030年
本殿様式／八幡造
住所／埼玉県川越市南通町19-1
交通／JR・東武東上線「川越駅」から徒歩６分
参拝時間／自由
御朱印授与時間／9:00～16:30
URL https://kawagoe-hachimangu.net/

神社の方からのメッセージ

境内社の民部《みんぶ》稲荷神社は別名「相撲神社」。お寺の小僧さんと相撲をとったキツネが打ち身の手当てを伝えたとの民話が伝わります。この民話から足腰の健康を守ってくれる神様とされています。駅伝やサッカーなどアスリートの参拝も多いです。

毎年６月には「子ども相撲大会」が開催されます。市内を中心に県内外から４～10歳までの男女400人以上が参加するにぎやかな大会です。６月30日～７月８日は茅の輪くぐり、９月には川越市吹奏楽団による「鎮守の森コンサート」が行われます。

絶対行きたいオススメ神社 2

埼玉県内唯一の出雲大社！

縁結びといえばなんといっても出雲大社です。赤口の日や神在祭の限定御朱印も必見。

朝霞市

出雲大社埼玉分院

【いずもたいしゃさいたまぶんいん】

縁結びの聖地として有名な島根県の出雲大社から御分霊を頂き、お祀りしているのは県内唯一。社殿には、出雲大社を象徴する立派な大しめ縄が掛けられています。祭神・大国主大神からより強力な恋愛パワーを授かりたいなら、赤の字が入っていることから〝良縁を結べる日〟とされる、「赤口」の日を選んで参拝を。真っ赤なハートの印が押された限定御朱印も頂けます。

良縁を「みがわり大国主大神」に祈願しましょう

拝殿の左手にある祠のなかに銅製の祭神が鎮座しています。恋愛成就のパワーをくださる神様ですが、調子が悪いところをなでると不調が和らぐといわれます。参拝は二拝四拍手一拝です。

参拝前には手水舎で手・口のお清めを

主祭神

大国主大神《オオクニヌシノオオカミ》

ほかにも安産、厄除け、病気平癒などの御利益が…

お守り

「えんむすび御守」は島根県の出雲大社で扱っているお守りと同じ（1000円）

みんなのクチコミ!!

御朱印を受けると、おさがりに「生姜糖」が頂けます。ハッピーな気分になりました（ラウンド）

墨書／奉拝、出雲大社埼玉分院、奉拝、荒船神社　印／縁結びの印、社紋、荒船、向かい兎、月毎の限定印（大しめ縄、如月）　●荒船神社は創建前からこの地に鎮座している境内社。このように2社分を見開きで頂けます

御朱印帳

大しめ縄と御社殿が表裏にデザインされたオリジナル御朱印帳（1500円）

DATA

出雲大社埼玉分院

創建／1983年
住所／埼玉県朝霞市本町2-20-18
交通／東武東上線「朝霞駅」から徒歩5分
参拝時間／8:30～17:00
御朱印授与時間／9:00～17:00
URL https://izumotaisha-saitama.com/

神社の方からのメッセージ

当社はご社殿と境内を合わせても100坪にも満たない〝小さな出雲大社〟です。神職は、皆、参拝者の方とのふれあいを大切に、親近感をもっていただけるような対応を心がけています。ひとりでも多くの方とご縁を結びたいと思っています。

祭神の大国主大神は心優しい縁結びの神様で、特に恋愛成就のためのご縁を結んでくださいます。神社の方によると、良縁の日である「赤口」の日の参拝は、「赤」が真ん中を意味するため、1日の真ん中の11:00～13:00頃が最適なのだとか。

強力パワスポで女子力アップ

祀られているのは女性を幸せに導く女神様。太古から女性の願いや良縁をかなえてきました。

さいたま市緑区

氷川女體神社

【ひかわにょたいじんじゃ】

創建は2000年以上前と伝わる古社です。氷川女體神社は、武蔵一宮 氷川神社の祭神・スサノオノミコトの御妃であるクシイナダヒメノミコトを主祭神としてお祀りしています。冬至には太陽が氷川女體神社から昇り、夏至には武蔵一宮 氷川神社に沈むというレイラインを形成。強力なパワースポットとなっています。樹木がうっそうと茂る境内には、龍神社、神明社、稲荷社など境内末社の祠が数多く並び、静かな聖域という雰囲気に満ちています。

社殿は4代将軍・徳川家綱の命で造営されたものが今も残ります。古木が茂る社叢は県指定の「ふるさとの森」です。クスノキ、シラカシなど紅葉しない暖地性常緑広葉樹が多く見られ、県内では珍しい鎮守の杜とされます

主祭神

奇稲田姫尊《クシイナダヒメノミコト》

ほかにも夫婦円満、諸願成就などの御利益が……

みんなのクチコミ!!

東浦和駅からの交通は国際興業バスの「さいたま東営業所行」に乗ります。タクシーを利用すると運賃は1300円ほど（コミ）

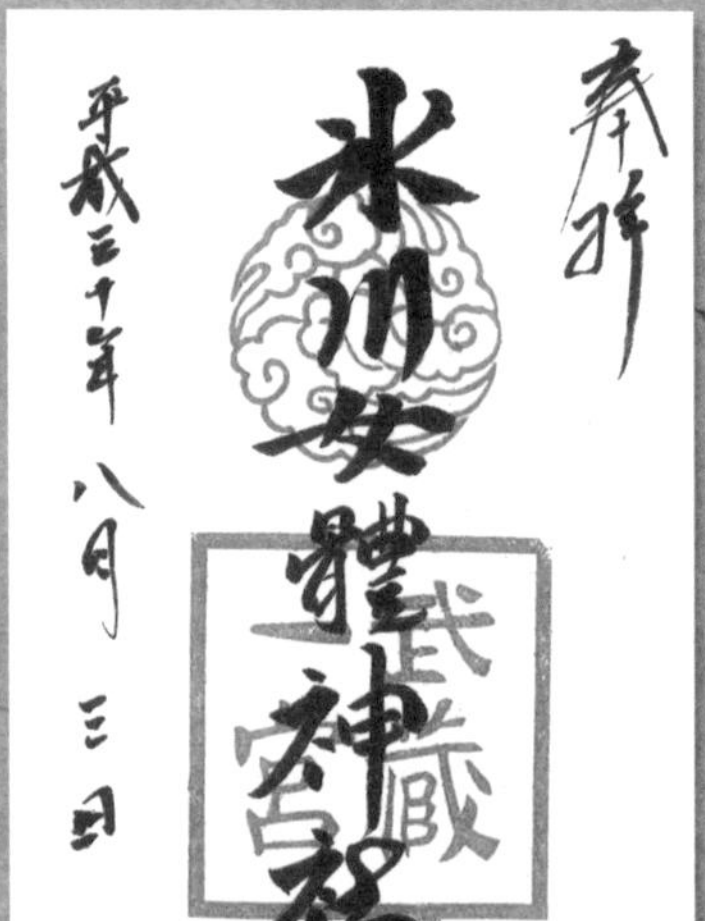

墨書／奉拝、氷川女體神社　印／八雲の印、武蔵一宮

●八雲は神聖な雲で、祭神の夫スサノオノミコトは「八雲立つ出雲八重垣」と歌を詠んでいます。ふたりの新居を建てる際に上った雲を見て詠んだといわれています

祈願が成就したら着物を着せて返す「巫女人形」（1200円）

お守り

縁結びのお守り各種。仲のよかった祭神夫妻にあやかるお守り。お守り袋にはきれいな花柄が施されています

DATA

氷川女體神社

創建／2000年以上前

本殿様式／三間社流造

住所／埼玉県さいたま市緑区宮本2-17-1

交通／JR「東浦和」駅からバス10分「朝日坂上」下車徒歩4分

参拝時間／自由

御朱印授与時間／9:00～16:30 ※神職在社時のみ

（問い合わせ:048-874-6054）

神社の方からのメッセージ

当社は武蔵一宮 氷川神社とともに、「武蔵国一宮」です。歴代将軍の崇拝の念あつく、社宝に鎌倉時代に北条泰時《やすとき》が奉納した「三鱗文兵庫鎖太刀《みつうろこもんひょうごぐさりのたち》」、室町時代の「牡丹文瓶子《ぼたんもんへいし》」など文化財が多く、武蔵野の正倉院とも称されています。

神社の目の前に広がるのは見沼氷川公園。公園にある沼には龍神がすむとされ、氷川女體神社境内には龍神を祀る神社があり、毎年5月4日には「祇園磐船龍神祭」も行われます。50mの龍をさいたま竜神まつり会の会員全員が担いで練り歩き、その行列は華やかです。

恋のライバルに勝つ!

室町時代に紀州・熊野本宮大社から分祀されました。勝利を招く「勝守」は日本サッカー協会公認のお守り。

川越市

川越熊野神社

【かわごえくまのじんじゃ】

主祭神
伊弉諾尊《イザナギノミコト》

ほかにも開運、金運などの御利益が……

祭神は多くの神様を産んだパワーの持ち主。開運と縁結びの神様です。良縁をつかみ、ライバルに負けず、成就する力をお願いしましょう。境内社の厳島神社には銭洗弁財天が祀られ、宝池でお金を洗うと金運がアップ。毎月第3日曜の弁財天の縁日では地元の団体、雀會《すずめかい》のお囃子が演奏されます。境内にある「撫で蛇様」の石像は願いを込めてなでると開運、良縁、金運、学業成就などがかなうと人気です。

金運がアップする銭洗弁財天と宝池

江戸時代、境内には宝池と呼ばれる池がありました。2007年に宝池と同じ水源の井戸から水を引き、宝池を復活。縁日には、11:00、15:00から先着50名に宝池でお清めした福銭が無料で授与されます。

みんなのクチコミ!!

境内の加祐稲荷神社にお参りして輪投げ舎で運試しの輪投げにチャレンジ。恋愛運に輪が入り、すごく幸せでした(乙女)

お守り

神様のお使いの八咫烏は日本サッカー協会のシンボル。「勝守」は試験や仕事の勝利も招いてくれます(1000円)

拝殿左の「むすひの庭」には八咫烏様が祀られており、「開運」「縁結び」「神恩感謝」のいずれかのガラス玉に手を置くと八咫烏様からひと言いただけます

墨書/奉拝、熊野神社　印/川越熊野神社、神紋である八咫烏の印、川越市熊野神社社務所　●八咫烏は3本の足をもつ神様のお使い。3本の足は天地人を表し、太陽の化身、導きの神とされています

墨書/奉拝、厳島神社　印/川越銭洗弁財天埜印、弁財天の姿、川越市熊野神社社務所　●弁財天は琵琶の名手で技芸上達の御利益もあります。境内社の厳島神社を参拝したあとにこちらの御朱印を頂きましょう

DATA
川越熊野神社
創建/1590年
本殿様式/神明造
住所/埼玉県川越市連雀町17-1
交通/西武新宿線「本川越駅」より徒歩7分
参拝時間/自由
御朱印授与時間/平日9:30~17:00、土・日曜9:00~17:00
URL http://kawagoekumano.jp/

神社の方からのメッセージ

社務所では毎日、開運指南を開催しています。指南では宮司や指南士がおもに手相と算命学・気学により、恋愛運、幸せ運、仕事運などを占い、さまざまなアドバイスをさせていただきます。すでに1万名以上の方が指南を受けられ、好評です。

境内には加祐稲荷神社《かゆういなりじんじゃ》や大鷲神社があります。加祐稲荷は人々の願いの実りを応援してくれる神様として江戸時代からこの地に鎮座。大鷲神社は大正時代に祀られた末社です。毎年12月3日の酉の市では縁起物の熊手の露店が並び、大勢の参拝客でにぎわいます。

熊谷市

「むすび玉」でかなえる最強の縁結び
髙城神社【たかぎじんじゃ】

縁結びを願うなら、むすび玉奉納はマスト。願いごとを書いた紙を小さな玉の中に入れて奉納すると恋愛成就や友達とのご縁、就職内定、そして夢の成就まであらゆる〝縁〟を結んでくれます。境内の常夜灯は藍染の業者が奉納したもの。「愛に染まる」との語呂合わせもあり、こちらからもパワーが頂けます。

墨書／奉拝、髙城神社　印／埼玉縣熊谷市、髙城神社、三つ巴の社印　●熊谷総鎮守として信仰されてきました。境内には医学の神様を祀り、歯の神様としても信仰を集める天神社や熊野社、六社等の末社が鎮座しています

丸くてかわいい「むすび玉」(500円)。球形の木製で願いごとを書き、成就を願って奉納します

日本一長いおみくじ(100円)。おみくじの筒が約1m、なかのクシが80cmもの長さ。おみくじのクシを取り出すのも大変です

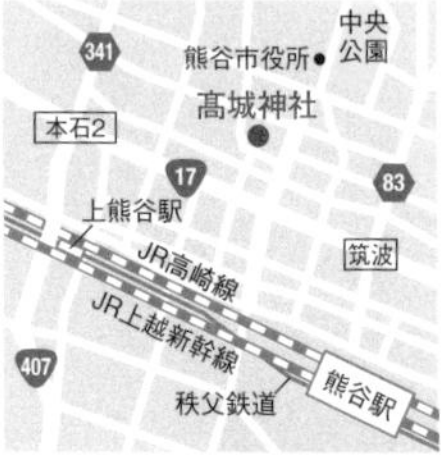

DATA

髙城神社

創建／奈良時代以前
本殿様式／流造
住所／埼玉県熊谷市宮町2-93
交通／JR高崎線・秩父鉄道「熊谷駅」から徒歩15分
参拝時間／自由
御朱印授与時間／9:00～12:00、13:00～16:30(土・日曜・祝日は9:00～16:30)※仏滅日は閉館
URL http://www.takagijinja.com/

主祭神

高皇産霊尊《タカミムスビノミコト》

ほかにも開運、安産、家庭円満、商売繁盛などの御利益が……

みんなのクチコミ!!

境内には亀の石像があり、頭や甲羅をなでたりすると長寿・幸運の御利益があるそうです(ポン)

熊谷市

祭神はモノ作りや女性守護の女神
古宮神社【こみやじんじゃ】

祭神は鏡作りの祖とされる女神で、モノ作りの神として信仰されてきました。なかなか形にならない恋の成就を祈願すれば、まとめてくださるはず。境内は常にきれいで、いつ訪ねてもすがすがしい参拝ができます。元日や祭事で奉納される獅子舞は室町時代から続くとされ、市の無形民俗文化財です。

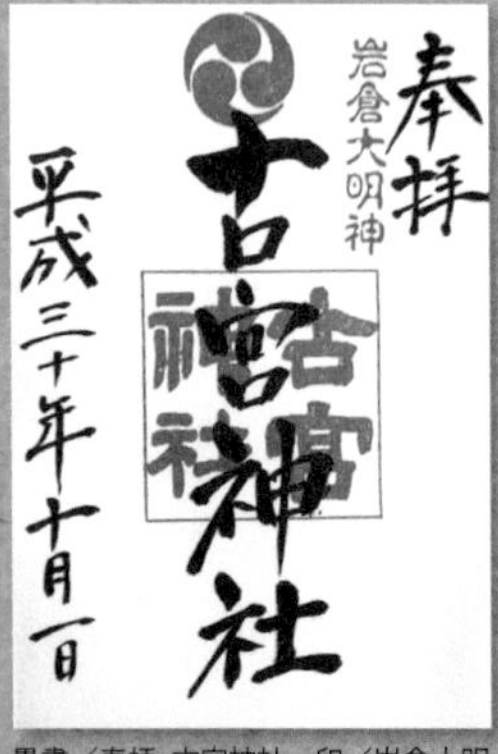

墨書／奉拝、古宮神社　印／岩倉大明神、社紋の三つ巴、古宮神社　●創建当初は岩倉大明神と呼ばれて、人々にあがめられていました

絵馬

左から法眼、雌獅子、雄獅子と呼ばれる獅子頭を配した絵馬(500円)。獅子頭には厄除けの力があるとされます

DATA

古宮神社

創建／不詳(850年以上前)
本殿様式／流造
住所／埼玉県熊谷市池上606
交通／JR高崎線・秩父鉄道「熊谷駅」から車10分
参拝時間／自由
御朱印授与時間／要事前連絡(0485-22-2299)
URL http://komiyajinja.info/

主祭神

石凝姥命《イシコリドメノミコト》

ほかにも厄除けなどの御利益が……

みんなのクチコミ!!

熊谷市東部、行田市との境に位置します。境内に駐車場があります(綾乃)

縁結び

越谷市

香取神社【かとりじんじゃ】

祭神と御神木の力で良縁を招く

祭神は日本初の結婚式を挙げたとされる神様。御神木に触れるとステキな出会いがかなうそう。

600年以上前に招福除災の鎮守様として祀られたのが最初と伝わります。江戸時代には奥州街道と日光街道に面し、往来する旅人は道中の安全を願って参拝するのが習慣でした。祭神のイザナギノミコト・イザナミノミコトは日本で最初の夫婦神、そしてフツヌシノオオカミは勝運を授けてくれる神様。そこでライバルに勝って、ゴールインするパワーがチャージできるはず。本殿脇のイチョウは良縁を招き寄せるパワースポットとして有名です。

主祭神

経津主大神《フツヌシノオオカミ》 伊邪那岐命《イザナギノミコト》

伊邪那美命《イザナミノミコト》

ほかにも商売繁盛、安産などの御利益が……

樹木が茂る参道を歩くと正面に拝殿。その脇には御神木のイチョウが茂ります。目を閉じ、心に願いごとを念じ、約1分、両手で幹に触れて祈願するとかなうそうです

良縁がかなう！

みんなのクチコミ!!

県道49号線沿いにあります。2月から3月には神楽殿や社務所でひな人形の展示があります（鈴木）

墨書×武蔵國越谷郷、香取神社　印／亀、神紋の三つ巴、香取神社、香取神社宮司之印　●右下に押されている亀の印は境内で飼っていたマスコットの亀吉君

お守り

神紋をあしらった「縁結びお守り」（600円）は良縁を招くパワー大

絵馬

「縁結び絵馬」（500円）は紅白のひもを結び、御神木の周囲に設置された絵馬掛けに掛けます。男女の縁だけでなく、子供との縁を結ぶ子授けの祈願もOK。絵馬を掛けてから、御神木に触れると御利益がさらに増すとか

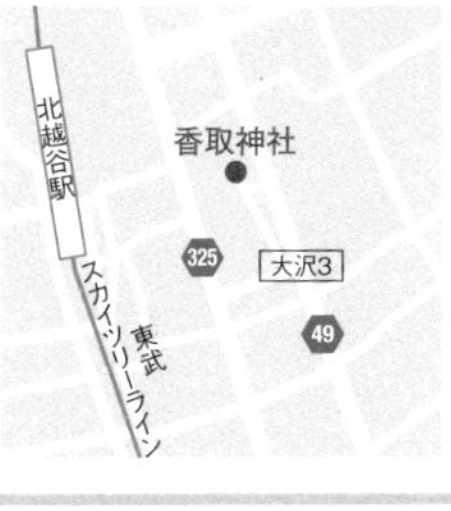

DATA

香取神社

創建／応永（1394～1427）年間

本殿様式／不詳

住所／埼玉県越谷市大沢3-13-38

交通／東武スカイツリーライン「北越谷駅」から徒歩3分

参拝時間／自由

御朱印授与時間／9:00～16:30

URL http://katorijinja.com/

神社の方からのメッセージ

当社は安産、子授けの神社としても広く知られています。毎月酉の日には子授け祈願を催行。この日の9:00～、9:30～は子授け祈願のみの受付になります。境内には「安産・子授けの石」があり、この石をなでると御利益があるとされます。

香取神社では年間を通してさまざまなイベントを実施しています。毎月第2土曜には骨董市、4月初旬には植木市、9月には観月祭を開催。観月祭では夜、神楽舞や雅楽演奏が奉納されます。ほかにもマタニティヨガやベビーマッサージ教室なども実施しています。

良縁から安産まで全力サポート！

真っ赤に彩られたサルたちは神様のお使い。恋人や家族の絆をがっちりつないでくれます。

鴻巣市

三ツ木神社【みつぎじんじゃ】

参道を行くと正面に拝殿が立ち、お賽銭箱の横に真っ赤なサルの像が安置されているのが、遠くからでもわかります。

サルの石像に「御朱」という鮮やかな赤い粉がかけられているのです。三ツ木神社には昔から、御朱をサルの像にかけて祈願するという独特の習慣が伝わります。なかでも男女の仲をつなぎ、子授け、安産、婦人病平癒に御利益があるとされています。御朱印は通常のものと申の日限定、鴻巣三社巡りの3種類を頒布しています。

境内にある「眷属殿」の扉の前には朱色のサルが並びます。堂内には6000体以上ものサルの石像が奉納されています

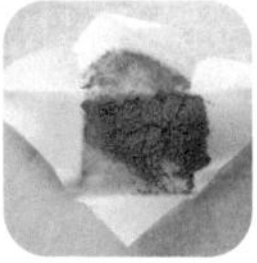

授与所ではサルの石像にかける御朱（光明丹）を頒布しています（50円）

主祭神

大山咋命《オオヤマクイノミコト》

ほかにも病気平癒などの御利益が……

みんなのクチコミ!!

御朱は、子授け・安産を願うならサルのおなかに、病気平癒なら治したいところに塗ります（まき）

墨書／奉拝、三ッ木神社　印／参拝記念三ッ木神社、祭神のお使いサルの印、三ッ木神社之印　●参拝記念印とサルが手にしているのは桃。桃は古来、魔除け、病気を防ぐ果実とされてきました

樹齢400～500年と推定される御神木のケヤキ。幹の洞にはサルの石像が祀られています

お守り

きれいなお守り袋に封入された「安産御守」（1000円）が参拝者に人気

DATA

三ッ木神社

創建／1584年
住所／埼玉県鴻巣市愛の町169
交通／JR高崎線「北鴻巣駅」から徒歩8分
参拝時間／自由
御朱印授与時間／8:00～17:00

神社の方からのメッセージ

古くは安産祈願の人が眷属のサルの石像を1体借りていき、無事、出産を終えるとお礼として2体にして返すという習慣がありました。病気平癒の御祈願も多く、重い病気が快復したとお礼参りに見える方もいらっしゃいます。

三ッ木神社は織田信長の比叡山焼き討ちから逃れた僧の雲海上人が小高い塚の上に祠を築いたのが最初とされます。その塚からは金環や勾玉などが出土したことから、古墳であったといわれています。毎年4月3日が例大祭です。

縁結びの神様を祀る由緒ある古社

1300年以上の歴史を誇る騎西の氏神様。彫刻が見事な本殿は江戸時代後期の建築です。

加須市

玉敷神社

【たましきじんじゃ】

縁結び

うっそうとした樹木に囲まれた境内は山奥の神社に来たかのよう。参拝後は茅葺き屋根の神楽殿を始点に、時計回りに社殿を一周しましょう。奥手にあるご神木は木の幹が3本に分かれ、「絆の銀杏」と呼ばれています。最後に社殿右手に出ると、イチョウと社殿の全景が見渡せ、大きなパワーが頂けます。月に一度、お水取りができる御神水もあります。

樹齢500年と推定される大イチョウ。秋の黄葉は見事で11月下旬から12月上旬は葉が落ちて、境内が金色に染まります。境内へは一の鳥居から長い参道が続き、大みそかにはキャンドルライトがともります

400年以上の伝統ある、素朴な神楽

昔、玉敷神社が鎮座していた加須市正能地域の人々が、受け継いできましたが、現在は他地域の方も保存活動を行なっています。曲目は17座、国の重要文化財指定、年4回の祭礼後に奉奏されます。

主祭神

大己貴命《オオナムチノミコト》

ほかにも開運、安産、商売繁盛などの御利益が……

みんなのクチコミ!!

境内をゆっくり眺められるようにと季節や時間帯によってベンチの位置が変わります。冬には社務所前に火鉢がありました(YUKI)

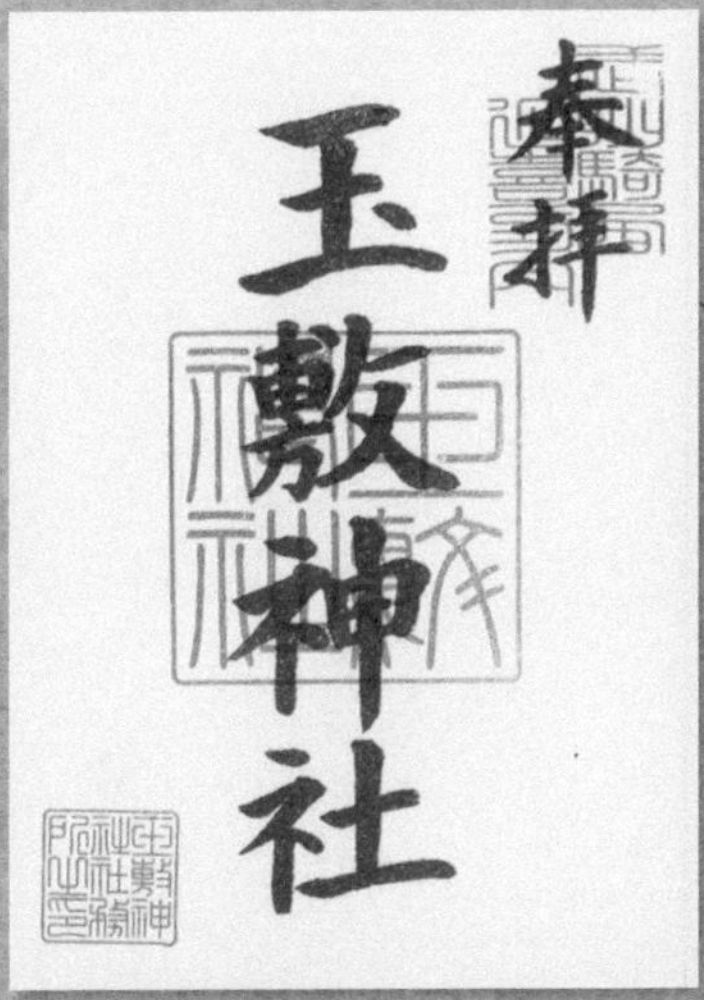

墨書/奉拝、玉敷神社　印/武州騎西延喜式内、玉敷神社、玉敷神社社務所之印　●行事や四季にちなんだ月替わりの印が押されます。土・日曜・祝日は書き置きのみの対応になります

藤柄・銀杏柄の書き置きの御朱印も美しいと評判。2018年12月より「平成の大改修記念」限定御朱印が頒布されます

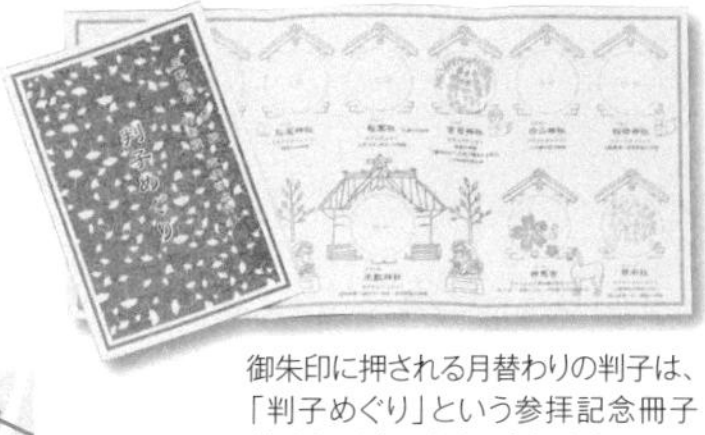

御朱印に押される月替わりの判子は、「判子めぐり」という参拝記念冊子(無料配布)でも集められます

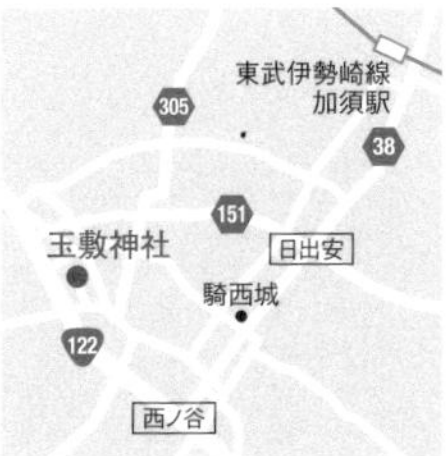

DATA

玉敷神社

創建/703年(一説には136年)
本殿様式/流造
住所/埼玉県加須市騎西552-1
交通/東武伊勢崎線「加須駅」よりバス「騎西一丁目」下車、徒歩8分
参拝時間/自由
御朱印授与時間/8:30～16:30
URL http://tamashiki.or.jp/

神社の方からのメッセージ

神社と参拝者のご縁を結ぶ企画「たまむすびのつどい」を年10回ほど実施しています。正式参拝後に境内を案内、神社での作法や知識を学び、体験する2時間の催事です。開催日はウェブサイトにアップしますので、前日までにお申し込みください。

神社境内に隣接して玉敷公園があります。園内には樹齢400年を超えるフジが枝を伸ばし、藤棚の面積は700㎡にも及びます。ゴールデンウイークには「藤まつり」を開催。写真撮影会やダンスパフォーマンスなどの各種イベントが繰り広げられます。

川口九社詣

勾玉《まがたま》巡り

川口市内には30社以上の神社がありますが、その中心的存在の9社を「川口九社」と呼びます。この9社を結ぶと勾玉の形になるのです。古来、勾玉は生命の象徴とされ、9社を参拝すると生命の浄化の御利益が得られるといわれます。

「勾玉巡り」のまわり方

時計回り、あるいは反時計回りに参拝し、最初に訪ねた神社に戻ることで、勾玉を描きます。あるいは好きな順番に9社をめぐり、勾玉を形作るまわり方もあります。埼玉高速鉄道を利用すると便利です。

参考ページ:埼玉高速鉄道 URL http://www.s-rail.co.jp/event/2017/magatama-meguri.php

東沼神社

→P.116

富士山の神様を祀る富士塚あり

境内の富士塚は見沼富士という名前で有名。頂上には安産、子育ての女神を祀る祠が安置されています

七郷神社

豊穣・武運の神様を祀る

東川口の総鎮守として創建。明治時代になり、周辺の6社を合祀し、七郷神社と改称しました

DATA
主祭神／素盞嗚尊(スサノオノミコト)
住所／埼玉県川口市戸塚3-13-6
参拝時間／自由

前川神社

災難を防ぐ3柱の女神

三柱の女神を祀り、あらゆる災厄や障害を防ぎ止めて心願を成就させる力を与えてくれることから「塞神《さいじん》」とたたえられています

DATA
主祭神／多岐都比売命(タキツヒメノミコト)、多紀理毘売命(タキリビメノミコト)、狭依毘売(サヨリビメノミコト)
住所／埼玉県川口市前川3-49-1
参拝時間／自由

九重神社

→P.75

除災・厄除けのパワスポ

平将門が砦を築いたという伝承があります。境内にはスダジイの御神木が茂ります

鳩ヶ谷氷川神社

→P.73

結びの神が宿る境内

鳩ヶ谷の総鎮守。600年の歴史があり、祭神は仲睦まじい夫婦神。縁結びの御利益が頂けます

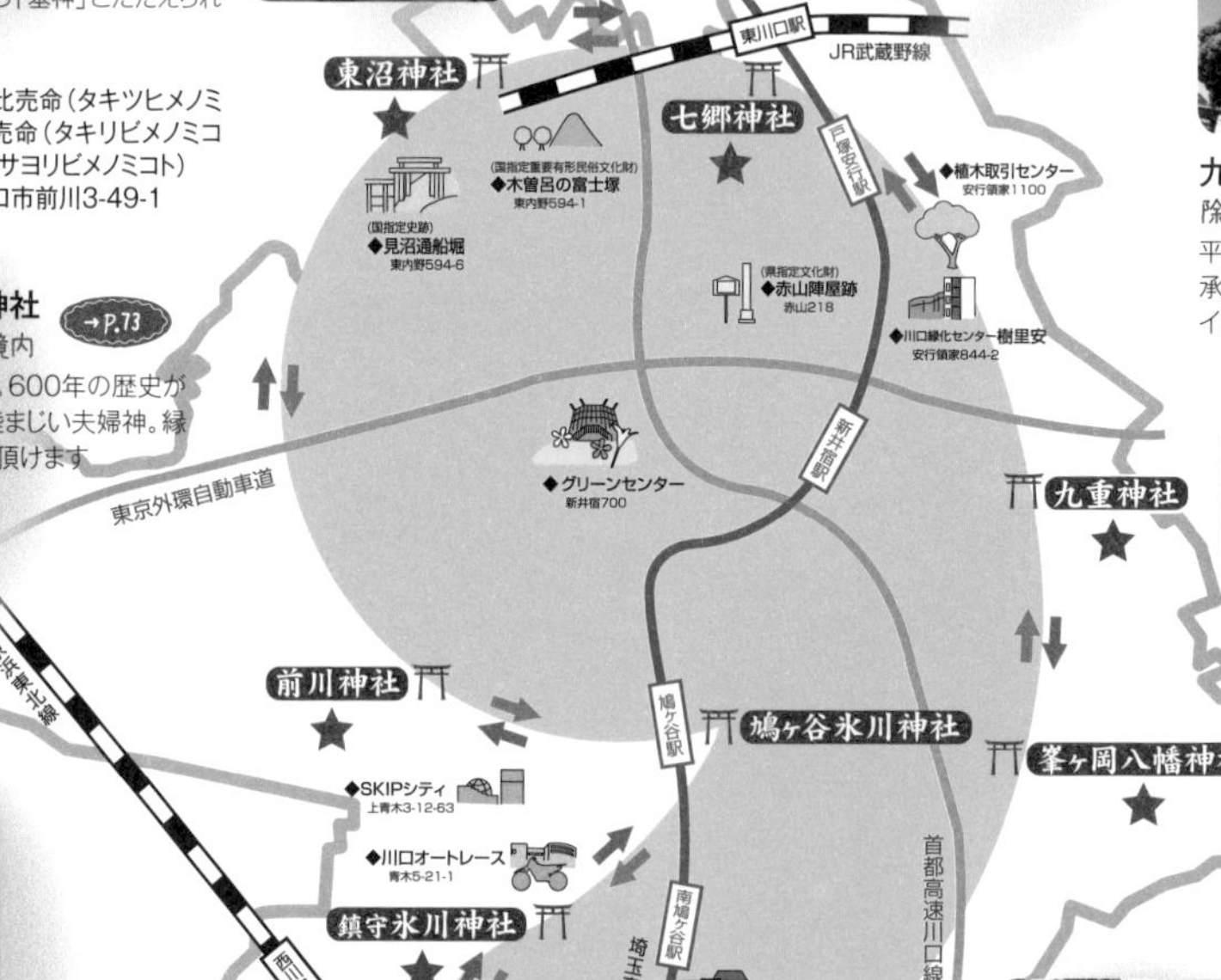

峯ヶ岡八幡神社

安産祈願・開運の神様

源経基《つねもと》の創建とされる源氏ゆかりの神社。緑豊かな社叢《しゃそう》は市の天然記念物に指定されています

DATA
主祭神／応神天皇、神功皇后、仲哀天皇
住所／埼玉県川口市峯1304
参拝時間／自由

鎮守氷川神社

→P.104

魔を祓うパワフルな祭神

元日には5万人もの参拝があり、「小さな大社」とも呼ばれています。境内には富士塚があります

元郷氷川神社

→P.113

子宝・安産に◎。しあわせの宮

室町後期、この地を治めていた武将が領地の守護神として創建。子孫繁栄の神とされています

川口神社

商売繁盛・起業の神様

川口市の総鎮守。12月15日の「おかめ市」が有名で縁起物の熊手を売る露店が並び、にぎやかです

DATA
主祭神／素戔嗚尊(スサノオノミコト)ほか
住所／埼玉県川口市金山町6-15
参拝時間／自由

勾玉巡り専用「勾玉御朱印帖」(1200円)は川口神社、鳩ヶ谷氷川神社以外の各社で授与。9社で御朱印(各300円)を受けたら、満願印を押していただき、★マークの神社で記念品が贈呈されます。1月1～14日は実施していません

第三章

御利益別！　今行きたい神社

Part3

金運

年収アップや宝くじの当選、臨時収入、商売繁盛など、人生をハッピーにしてくれる金運の御利益のある神社をご紹介。

★金運★絶対行きたいオススメ神社 2選

鎮守氷川神社（川口市）／山田八幡神社（川越市）

赤城久伊豆神社（熊谷市）／

佐谷田神社・奈良神社・豊布都神社・春日神社（熊谷市）

八幡神社（熊谷市）／白鬚神社（鶴ヶ島市）

足髙神社（深谷市）

敷島神社（志木市）／田子山富士浅間神社（志木市）

鷲宮神社（久喜市）／北向神社（美里町）

金運 絶対行きたいオススメ神社 2選

運気を上げて、一攫千金も夢じゃない！

デート資金に旅行費用、開業資金や教育費……。一生懸命生きていれば、お金があればいいなあと思うこと、いろいろあって当然です。そんなときこそ、リッチな未来を開いてくれる金運＆開運パワー絶大の神社へGO！

絶対行きたいオススメ神社 1

スーパーヒーローの強力パワーで金運UP！

邪を裂き、魔を祓う神話界の英雄が運気上昇をサポートしてくれます。

川口市

鎮守氷川神社【ちんじゅひかわじんじゃ】

主祭神

素戔嗚尊《スサノオノミコト》

櫛稲田姫命《クシイナダヒメノミコト》

長い歴史と元日には5万人もの参拝者が初詣に訪れ、年間を通して多くの参拝があることから「小さな大社」と呼ばれています。神話では祭神はヤマタノオロチを退治して体内から草薙剣《くさなぎのつるぎ》という宝物を得たとされます。そこで思わぬところから財宝がゲットできるという御利益が期待できます。妻のクシナダヒメも共に祀られ、縁結びにも御利益あり。境内末社の磯前神社には大国様をお祀り。福の神のパワーまで頂けます。

祭神スサノオノミコトが厳しい表情で災難を祓ってくれる「厄除面」（5000円）

お守り

「交通安全ステッカー」（500円）は交通事故に遭遇しないよう、あらゆる災難から守るお守り

ほかにも安産、厄除けなどの御利益が……

スサノオノミコトの迫力ある表情が魔を祓い、開運のパワーを授けてくれる「厄除守」（800円）

みんなのクチコミ!!

横尾忠則さんの作品を使用した御朱帳の頒布は毎月15日9:00からで100冊限定です（コーム）

墨書／奉拝、埼玉県川口市青木鎮座、鎮守氷川神社　印／埼玉縣鎮守氷川神社川口市、鎮守氷川神社、祭神のシルエット　●お正月、夏越大祓、大祭など限定御朱印があり、ウェブサイトにお知らせがアップされます

DATA

鎮守氷川神社

創建／室町時代初期

本殿様式／流造

住所／埼玉県川口市青木5-18-48

交通／JR「西川口駅」から徒歩25分、埼玉高速鉄道「南鳩ヶ谷駅」から徒歩20分

拝観時間／自由

御朱印授与時間／9:00～16:30

URL http://chinjyu-hikawa.or.jp/

神社の方からのメッセージ

昔から不安があることを「気」が「枯れる」と表現してきました。「気枯れ」とは「穢れ」といわれ、除災招福祈願は、その「穢れ」をお祓いする御祈願です。お祓いを受け、「元」の「気」に戻ることを「元気」と呼んでいます。

狛犬は形は唐獅子に似ていますが、あくまでも神様を守護する犬。氷川神社の社殿前の狛犬は手彫りの石造。笑っているような表情で、嘉永4（1851）年に奉納されたものです。社殿奥の神前には彩色を施した木製の狛犬が鎮座しています。

絶対行きたい
オススメ神社 2

災いを封じ、運命を切り開く！

方位・厄除けの祈願所、開運の神事で有名。明るい未来へ、進路を開いていただけます。

川越市

山田八幡神社【やまだはちまんじんじゃ】

主祭神
誉田別尊《ホンダワケノミコト》

ほかにも学業成就、安産などの御利益が……

鳥居から拝殿へ真っすぐに参道が延びています。境内にはケヤキの巨木が数本あり、鎮守の杜といった雰囲気です。神職によると「境内に入ると空気が違う。気持ちがいい」と話す参拝者も多いとか。緑に囲まれた境内はすがすがしく、拝殿は清掃がゆきとどき、清浄な空間が保たれています。宮司家は三代前より家相や移転方位などの鑑定を行っていて、近隣はもとより都内などから鑑定依頼に来られる方も多いそう。祭神は産業の発展や五穀豊穣の神様。勝運の御利益もあり、運命をサクセスへと導いていただけるはず。川越市内の兼務社14社で「開運十四社詣」（右下参照）を実施。すべてめぐれば強力な開運パワーがチャージできます。

「方位除け祈願・諸災消除札」（3000円）。枕の下に入れて寝ることで、方位による災いを除けるお札。「御利益がある」と毎年、受ける参拝者が多いそうです。（要事前確認）

境内にはケヤキの大木が茂り、緑が豊か。秋には彼岸花が鮮やかな花を咲かせます。境内社に稲荷社、白山社、御嶽社、金雞神社があります

みんなのクチコミ!!

春には参道や境内に桜が咲き、とてもきれい。周辺は畑などが点在し、のどかな風景が広がっています（ロミ）

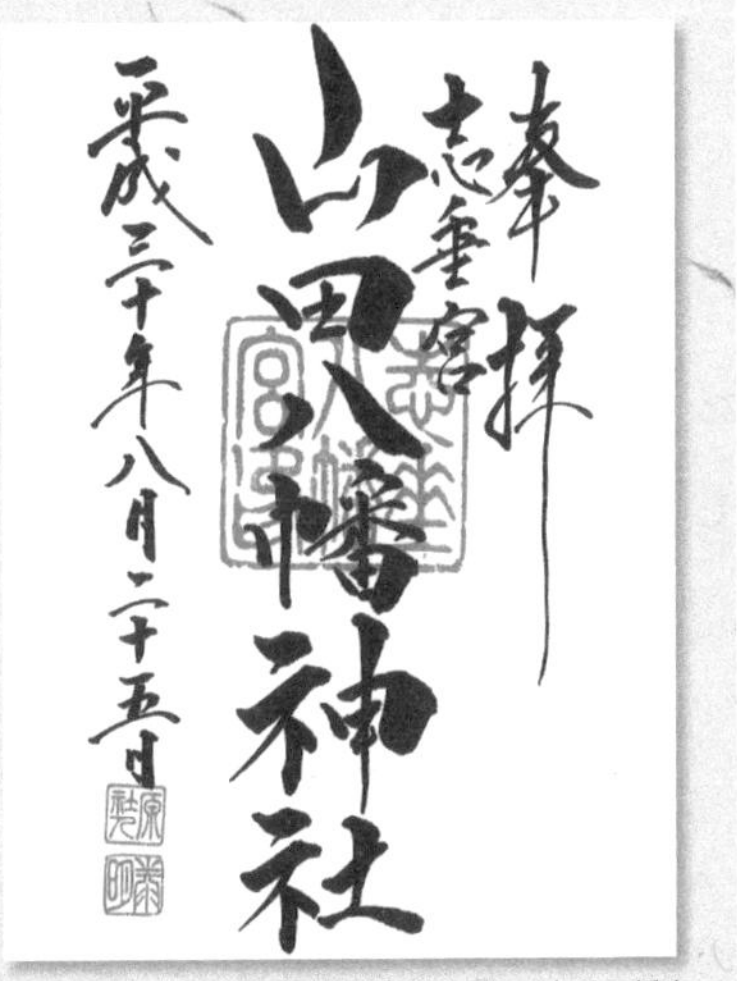

墨書／奉拝、志垂宮、山田八幡神社　印／志垂八幡宮印、原社人、泰明　●「志垂宮」は「しだれのみや」と読みます。「志垂」は神社のあるエリアの地名です。左下の印は御朱印を書いていただいた神職のお名前です

開運十四社詣

山田八幡神社では川越市内の14社を兼務。すべてを参拝し、御朱印を頂くと「開運勾玉守」が授与されます。詳細はウェブサイトに掲載。

DATA

山田八幡神社

創建／不詳
本殿様式／一間社流造
住所／埼玉県川越市山田340
交通／JR・東武鉄道「川越駅」からバス15分「浄国寺」下車徒歩6分
参拝時間／自由
御朱印授与時間／9:00〜17:00
URL http://www.yamadahatiman.org/

神社の方からのメッセージ

当社には天長（824〜834）年間に摂津に洪水があり、使者を送ったとの伝承があり、その頃の創建と考えられます。本殿を清掃していると神聖な空気を感じることがあります。心静かに八幡様のご加護をお祈りください。

毎年2月第1日曜には「開運厄除餅つき大会」を開催しています。この日は獅子舞も奉納され、にぎやかです。6月には夏越の大祓式があります。例大祭は9月第2日曜。子供神輿の巡行、お囃子の奉納、ビンゴ大会が開催されます。

山と水の神を祀る

熊谷市

赤城久伊豆神社
【あかぎひさいずじんじゃ】

古代、この地から赤城山が望め、人々は神の宿る山として信仰し赤城神社を建立、また農耕に必要な荒川を護る神として久伊豆神社を建立。両社を合祀し、赤城久伊豆神社となったと思われるのは戦国時代。本殿は1750年の建造と推定されており、熊谷市指定の文化財です。境内には富士塚が築かれています。

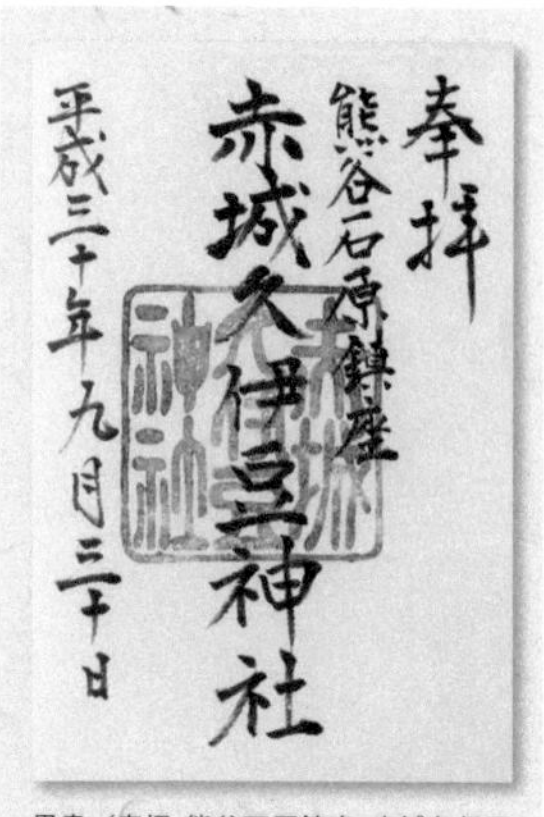

墨書／奉拝、熊谷石原鎮座、赤城久伊豆神社　印／赤城久伊豆神社　●社務所に神職が不在のときには拝受できません

お守り

厄を落とす大祓の茅の輪を模した「開運厄除無病息災」のお守り（700円）。6月30日のみ領布しています

熊谷は古くから米の産地のため、緑と稲穂を配した「交通安全守護」のステッカー（500円）

主祭神

豊城入彦命《トヨキイリヒコノミコト》　大山祇命《オオヤマツミノミコト》

大己貴命《オオナムチノミコト》

ほかにも安産、縁結びなどの御利益が……

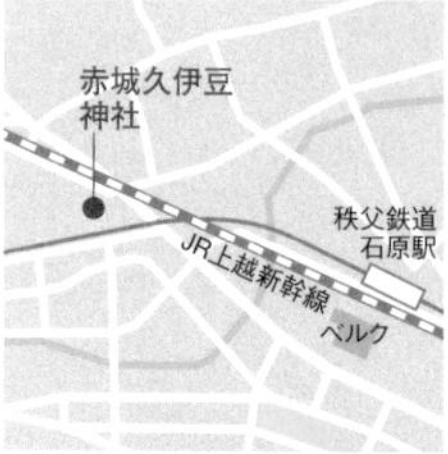

DATA

赤城久伊豆神社

創建／不詳
本殿様式／二間社流造
住所／埼玉県熊谷市石原1007
交通／秩父鉄道「石原駅」から徒歩10分
参拝時間／自由
御朱印授与時間／神職在社時のみ

みんなのクチコミ!!

北側の鳥居から境内に入ると台湾製の狛犬がいます。目が金色です（ディーリー）

知る人ぞ知る、商売の神様

熊谷市

佐谷田神社【さやだじんじゃ】 豊布都神社【とよふとじんじゃ】 奈良神社【ならじんじゃ】 春日神社【かすがじんじゃ】

上之雷電神社（P.134）の宮司が兼務する熊谷市内の神社。4社とも起業を志す人や、事業を営む人々に崇敬され、「経営が上向いた」「チャンスを掴んだ」という声も多くいただくとか。ほかにも勝負運が続く武運長久の御利益など、さまざまなお力を頂けます。

豊布都神社
住所／埼玉県熊谷市上奈良字御霊1286
交通／JR高崎線「籠原駅」から車で11分
主祭神／武甕槌命（タケミカヅチノミコト）

佐谷田神社
住所／埼玉県熊谷市佐谷田310
交通／JR高崎線「熊谷駅」から車で7分
主祭神／譽田別命（ホンダワケノミコト）

春日神社
住所／埼玉県熊谷市小島142
交通／秩父鉄道「ひろせ野鳥の森駅」から徒歩15分
主祭神／天児屋根命（アメノコヤネノミコト）

奈良神社
住所／埼玉県熊谷市中奈良1969
交通／JR高崎線「籠原駅」から車で15分
主祭神／奈良別命（ナラワケノミコト）

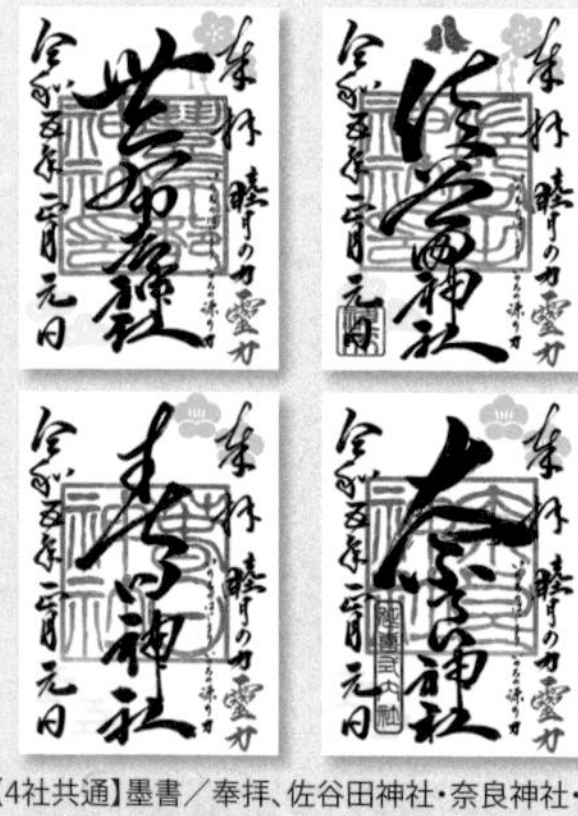

【4社共通】墨書／奉拝、佐谷田神社・奈良神社・豊布都神社・春日神社（各社名）、睦月の力、霊力、いのちのはじまりいのちの源の力　印／各社の印、祓笑の印（佐谷田神社）、延喜式内社（奈良神社）

●4社とも、社頭に書き置きの御朱印が用意されています。直書きをご希望の場合は上之雷電神社（P.134）で頂けます。
URL（共通）https://www.kaminomura.me/

緑豊かな境内は憩いの場

熊谷市

八幡神社【はちまんじんじゃ】

源頼義・義家親子が東北征伐に赴く際、戦勝を祈願したと伝わり、古くから勝運を授けてくれる神として敬われてきました。社殿の横には義家が馬をつないだとされる杉の幹が御神木「駒留《こまどめ》の杉」として残っています。地域住民が大事に守っている神社で祭事には地元小学生の「浦安の舞」「豊栄の舞」が奉納されます。

絵馬

御神木「八幡太郎義家公駒留の杉」を描いた絵馬(500円)

本殿は不審火で焼失しましたが、氏子崇敬者により2000年に再建

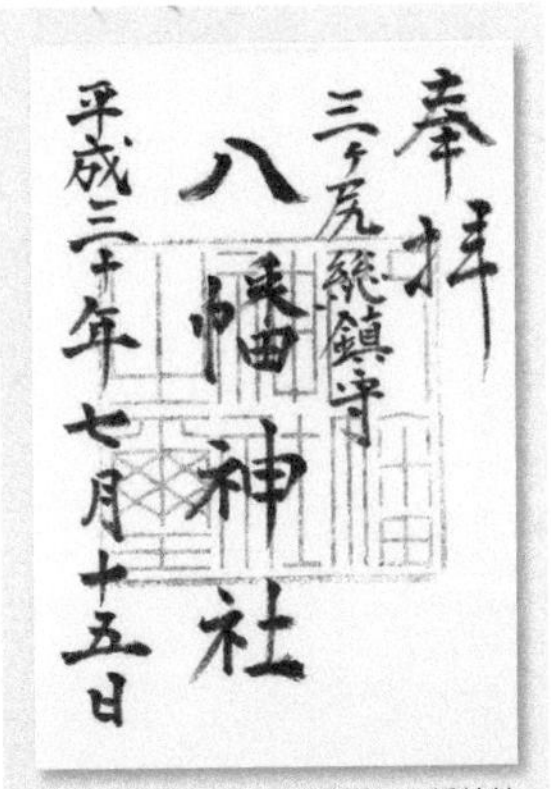

墨書／奉拝、三ヶ尻総鎮守、八幡神社　印／八幡神社之璽　●鎌倉時代から現在まで、総鎮守として地元の人々に崇拝されてきました

DATA

八幡神社

創建／1056年

本殿様式／流造

住所／埼玉県熊谷市三ヶ尻2924

交通／JR高崎線・秩父鉄道「籠原駅」から徒歩20分

参拝時間／自由

御朱印授与時間／神職在社時のみ

主祭神

応神天皇《オウジンテンノウ》

ほかにも交通安全、厄除けなどの御利益が……

みんなのクチコミ!!

杉、ヒノキ、モミなどの大木が茂り、森のなかにある神社といった雰囲気です(ローエン)

福と長寿を授かる!

鶴ヶ島市

白鬚神社【しらひげじんじゃ】

創建は、社宝の銅鏡などから鎌倉時代以前と推定されます。樹齢1000年と伝わる御神木の大ケヤキは幹周り約8m、高さ約17mもあり、初めて見た参拝者はその大きさに驚くに違いありません。2柱の祭神は招福や長寿、武勇の神で老翁の姿で出現するといわれ、白鬚との社名になりました。

「脚折雨乞《すねおりあまごい》」は4年に一度、8月第1日曜に催行。神社でお祓いを受けた龍神は、2時間かけて雷電社まで渡御。祈願後、雷電池に入り、暴れます

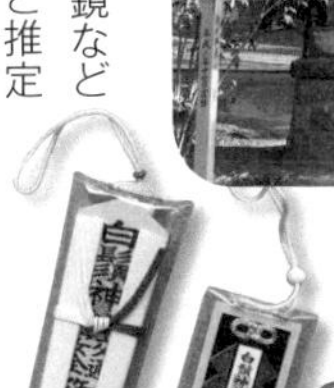

お守り

左は木札タイプの「交通安全」(500円)、右は「招福除災」(500円)のお守り

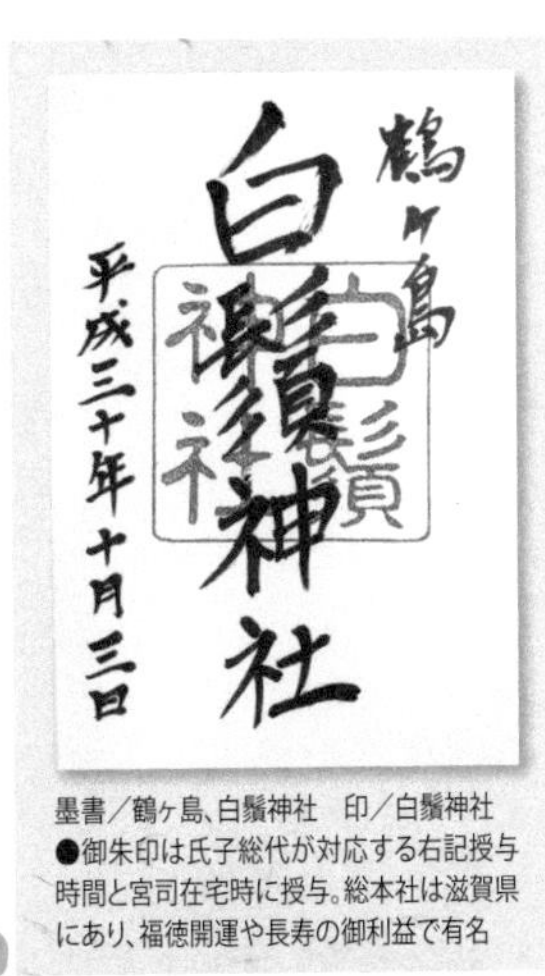

墨書／鶴ヶ島、白鬚神社　印／白鬚神社　●御朱印は氏子総代が対応する右記授与時間と宮司在宅時に授与。総本社は滋賀県にあり、福徳開運や長寿の御利益で有名

DATA

白鬚神社

創建／奈良時代

本殿様式／不明

住所／埼玉県鶴ヶ島市脚折6-10-20

交通／東武東上線「坂戸駅」から徒歩23分

参拝時間／自由

御朱印授与時間／毎月1日・15日の10:00〜15:00

主祭神

猿田彦大神《サルタヒコノオオカミ》

武内宿禰《タケノウチスクネ》

ほかにも交通安全、縁結びなどの御利益が……

みんなのクチコミ!!

龍神は1週間前に製作され、群馬県板倉町の雷電神社の御神水を頂き、当日お祓いを受け、渡御します(グリーン)

私生活も仕事も充実の未来へ導く

祈願すれば「物に不自由しない」といわれ幸福な生活を護る神様として親しまれています。

深谷市

足髙神社

【あしたかじんじゃ】

主祭神
オオモノヌシノオオカミ
大物主之大神

ほかにも病気平癒、家内安全などの御利益が……

創建年代は不明ですが、室町時代末期、この地を治めた北条氏が居城〝鉢形城《はちがたじょう》〟と領地の鬼門守護として信仰、毎年9月には必ず参拝したと伝わります。参拝すると「物に不自由しない」といわれ、鬼門を護るお宮であることから、四方八方から襲ってくる災いを祓い、幸福を護る神様ともされています。鳥居と拝殿の大しめ縄は氏子たちが毎年、作り替えています。年長者が若い人を指導し、稲藁からしめ縄を作る技術を継承しており、地域住民の絆作りにも貢献している神社です。

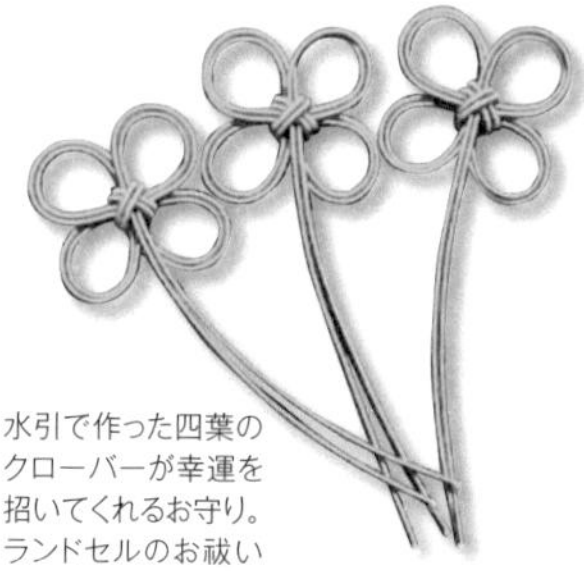

水引で作った四葉のクローバーが幸運を招いてくれるお守り。ランドセルのお祓いなど祈願を受けると授与されます

みんなのクチコミ!!

大晦日から元日にかけて行われる歳旦祭には温かい甘酒が振る舞われます（葱）

墨書／奉拝、武州武蔵野、足髙神社　印／足髙神社
●シンプルな御朱印。武州とは明治時代まで使われていた旧国名で埼玉県のほぼ全域を指します。武蔵野は神社が建つエリアです

お守り

上品な色彩と菱紋が優雅な「御守」（500円）は縁結び、心願成就などをかなえてくれます

邪を祓う祭神が病気を癒やしてくれます。きれいな折り鶴を散らした「病気平癒守」（500円）

DATA
足髙神社
創建／不詳
本殿様式／一間社流造
住所／埼玉県深谷市武蔵野3283
交通／秩父鉄道「小前田駅」「ふかや花園駅」から徒歩30分
参拝時間／自由
御朱印授与時間／9:00～17:00
URL https://www.facebook.com/fukaya.ashitakajinja/

神社の方からのメッセージ

祭礼は4月15日が春の例祭、10月15日が秋の例祭、12月15日が新嘗祭と15の日に定められています。これは15が満ち足りた数字とされるからです。大晦日から元日にかけては境内で勇壮な下郷太鼓の奉納が行われます。

深谷市が主催し、深谷の魅力を体験する「深谷えん旅」に足髙神社が参加。神社の参拝マナーなどをレクチャーしています。この企画はほかにも史跡探訪や商店街歩きなどユニークなイベントを実施。詳細はウェブサイト（http://www.city.fukaya.saitama.jp/）参照。

強力女神トリオが開運をバックアップ！

志木市

敷島神社【しきしまじんじゃ】

祀られているのは富士山に鎮まる女神、五穀豊穣の女神、そして龍神の女神ミズハノメノオオカミというパワフルな女神たちです。境内にそびえる田子山富士塚に鎮座していた浅間神社に稲荷神社と水神社を1908年、合祀して建立されたのが敷島神社です。御朱印は浅間神社とともに大安・友引の日に境内商工会売店で頂けます。

手水舎の隣には水神様が祀られています。祭神のミズハノメノオオカミは命を育む水を司る龍神の女神です

境内中央には御神木ケヤキの大木。周囲には根を守る木道が設けられています。木道の上を歩いて御神木を一周すればパワーがもらえます

主祭神

木花開耶姫大神《コノハナサクヤヒメノオオカミ》

倉稲魂大神《ウカノミタマノオオカミ》　罔象女大神《ミズハノメノオオカミ》

ほかにも家内安全、子孫繁栄などの御利益が……

コノハナサクヤヒメと富士塚の印をデザインしたカンバッジ（200円）

墨書／奉拝、敷島神社　印／武州志木宿、敷嶋神社　●「武州」は武蔵国のこと。御朱印の「志木宿」という名称は明治時代になってつけられた地名です

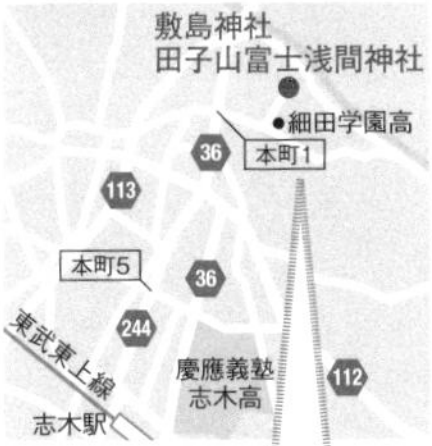

DATA
敷島神社
創建／1908年
本殿様式／神明造
住所／埼玉県志木市本町2-9-40
交通／東武東上線「志木駅」から徒歩20分
参拝時間／自由
御朱印授与時間／大安・友引の日の10:00～15:00

みんなのクチコミ!!

境内には鷲神社があり、11月には酉の市が開かれます（サクラ）

志木のお富士さんとして有名

志木市

田子山富士浅間神社【たごやまふじせんげんじんじゃ】

田子山富士塚は高さ約9mの大きな塚。田子山とはこのあたりの古い地名で、富士塚はもともと小さな円墳だったとのこと。明治になり、富士塚として築造されました。麓には安産子育てに御利益のある浅間神社の祠があり、頂上には奥宮が祀られています。大安と友引の日に登拝できます。

富士塚の麓には子供の成長を願う子育ての親子猿の石像が安置されています

田子山富士は、頂上から霊峰富士を遥拝できる、数少ない富士塚です

主祭神

木花開耶姫命《コノハナサクヤヒメノミコト》

墨書／田子山富士、木花開耶姫命　印／富士塚の印、田子山富士浅間神社　●富士塚にちなみ富士山の頂上を示す印が押されています

DATA
田子山富士浅間神社
創建／1872年
本殿様式／唐破風切妻（石祠）
住所／埼玉県志木市本町2-9-40
交通／東武東上線「志木駅」から徒歩20分
参拝時間／自由、登拝は大安・友引の日の10:00～15:00
御朱印授与時間／登拝日時と同じ
※埼玉県指定文化財
URL http://www.tagoyamafuji.org/

こちらの神社は上の敷島神社の境内にあり、御朱印は敷島神社とともに大安・友引の日に境内商工会売店で頂けます

ほかにも縁結び、火除けなどの御利益が……

みんなのクチコミ!!

富士塚には天狗座像や童子像、不動像など数多くの石像が安置されています（KAPPA）

お酉様の本社で繁盛祈願

久喜市

鷲宮神社

【わしのみやじんじゃ】

鷲神社、大鳥神社など商売繁盛の酉の市で有名な神社の関東総本社です。中世以降には関東鎮護の神として、上杉氏、武田信玄、織田信長、豊臣秀吉、徳川家康と名高い武将たちから寄進を受けてきました。祭事に奉納される神楽は関東神楽の原点とされ、国の重要無形民俗文化財です。

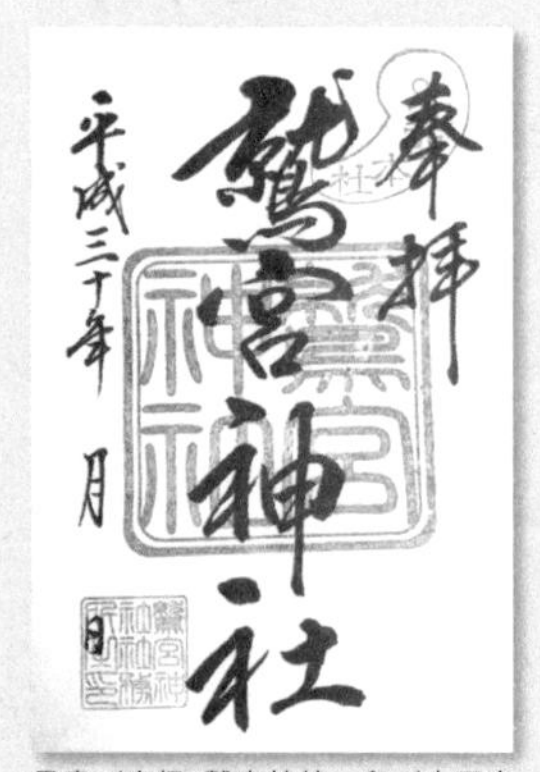

墨書／奉拝、鷲宮神社　印／大酉本社、鷲宮神社、鷲宮神社社務所之印
●右上に堂々と「大酉本社」と押された印は神聖な勾玉の形になっています

身に降りかかる災難を祓ってくれる災難除けのお守り「身がわりさん」（500円）と仕事運をアップしてくれる「仕事守」（500円）

商売繁盛や金運アップなど運気を高めて、福を招く大国様の「笑門来冨久守護」（1000円）

お守り

DATA

鷲宮神社

創建／紀元前1世紀頃
本殿様式／流造
住所／埼玉県久喜市鷲宮1-6-1
交通／東武伊勢崎線「鷲宮駅」から徒歩8分
参拝時間／自由
御朱印授与時間／9:00～16:00
URL http://www.washinomiyajinja.or.jp/

主祭神

天穂日命《アメノホヒノミコト》　武夷鳥命《タケヒナトリノミコト》
大己貴命《オオナムチノミコト》

ほかにも交通安全、縁結びなどの御利益が……

みんなのクチコミ!!

初詣は1月7日ぐらいまで混雑します。通常の平日は静かです（レイ）

除災、開運に御利益あり

美里町

北向神社

【きたむきじんじゃ】

近くを流れる川にすみつき、田畑を荒らす大蛇を坂上田村麻呂が退治。そのとき、力を与えてくれた赤城明神を祀ったとされます。江戸時代中期に起こった飢饉では氏子たちが石鳥居・燈籠を奉納すると難を逃れることができたと伝わり、霊験あらたかとされてきました。

墨書／御守護、北向大明神　印／五社明神、北向神社、不明（合祀されている薬師如来の印か？）　●赤城山の神霊赤城明神を祀るため、赤城山に向かって北向きに祀ったのが社名の由来

赤ちゃんの健康を守る「赤ちゃん御守」（500円）

学業成就の天神様もお祀り。「合格御守」（500円）

お守り

大蛇退治にあやかる「勝運」のお守り（500円）

DATA

北向神社

創建／796年
本殿様式／神明造
住所／埼玉県児玉郡美里町小茂田4-1
交通／JR上越新幹線「本庄早稲田駅」から徒歩40分
参拝時間／自由
御朱印授与時間／神職在社時のみ

主祭神

須佐之男命《スサノオノミコト》　大己貴命《オオナムチノミコト》
少彦名命《スクナヒコナノミコト》

ほかにも勝運、招福などの御利益が……

みんなのクチコミ!!

周辺は田園地帯。神社がある場所は小高い丘陵地帯で、参道左手には池が広がります（シンジ）

第三章 御利益別！ 今行きたい神社

Part4

美容・健康

美容や健康、安産、子育てと、女性はもちろん、老若男女の強い味方になってくれる神様に会いに行きましょう。参拝すれば、心身ともに健康まちがいなし！

★美容・健康★絶対行きたいオススメ神社 2選

- 行田八幡神社（行田市）／元郷氷川神社（川口市）
- 武蔵第六天神社（さいたま市岩槻区）
- 産泰神社（本庄市）
- 古尾谷八幡神社（川越市）
- 鴻神社（鴻巣市）
- 東沼神社（川口市）／宮戸神社（朝霞市）
- 我野神社（飯能市）
- まだまだあります！ 編集部オススメ！ 授与品〈金運&美容・健康運〉

美容◆健康 絶対行きたいオススメ神社 2選

心身の健康をゲットして女子力アップ!

きらきら輝く魅力的な女子になるためには、心も体もヘルシーであることが大切。
ガンや難病を封じ、美肌を授けてくれる行田八幡神社、父娘の神様パワーが厄を祓う元郷氷川神社。
子授け、安産、子育てのお願いもお任せできます!

絶対行きたいオススメ神社 1

秘法の御祈祷で難病を封じる!

諸病・難病、ガンを治癒、予防する秘法が有名、「封じの宮」とも呼ばれます。

行田市

行田八幡神社【ぎょうだはちまんじんじゃ】

社殿の向きから西向き八幡とも呼ばれます。古代、7世紀の頃から疫病を封じる秘法の御祈祷があったと伝わるほど。病魔退散のパワーは絶大なのです。その秘法は、今も受け継がれ、諸病平癒の特別祈願が受けられます。さらに境内社からも病気平癒の御利益が頂けます。眼病平癒の目の神社、湿疹平癒の瘡守《かさもり》稲荷社、そして、延命長寿のなで桃を祀る社が鎮座しています。

延命長寿・病魔退散の「なで桃」
イザナギノミコトが悪鬼に桃を投げつけ、退散させたという神話から桃は魔除けの果実。社務所で「なで桃ハンカチ」(500円)を頂き、桃をなで持ち帰ると病気平癒の御利益が。

墨書/奉拝、封じの宮、行田八幡神社　印/虫封、八幡神社、八幡宮社務印　●難病や眼病、皮膚病などあらゆる病気を封じる力があるので「封じの宮」の呼び名が墨書されています。ほかに目の神社の御朱印もあり

主祭神

誉田別尊《ホムダワケノミコト》　気長足姫尊《オキナガタラシヒメノミコト》
比売大神《ヒメノオオカミ》

ほかにも商売繁盛、家内安全、厄除けなどの御利益が……

お守り

神紋の三つ巴をあしらった「癌封守」「難病封守」(各1500円)

病気や悪癖、さらにはさまざまな不調を快方に向かわせてくれる「よくなる守」(600円)

みんなのクチコミ!!

瘡守稲荷社はお肌の神様。美肌を守り、授けてくれる「お肌の御守」があります(ひばり)

DATA
行田八幡神社
創建/1189年
本殿様式/権現造
住所/埼玉県行田市行田16-23
交通/秩父鉄道「行田市駅」から徒歩7分、JR「吹上駅」より車10分
参拝時間/自由
御朱印授与時間/10:00~16:00
URL http://www.gyodahachiman.jp/

神社の方からのメッセージ

当社では「封じ祈願」をお受けしています。「虫封じ」は子供がわけもなく泣くのを鎮める御祈祷です。ガン封じ、悪癖封じも祈願します。特別祈願を受けた方には一子相伝で奉製している「秘伝の神符」「特別祈願御守」を授与しています。

行田市の見どころといえば忍城址。文明年間(1469~86)に築城され、上杉・北条氏との戦いでも落城せず、石田三成の水攻めにも耐えた名城です。跡地に御三階櫓が復元され、最上階は展望台になっています。行田市郷土博物館もあります。

絶対行きたい
オススメ神社 2

子宝・安産しあわせの宮

御祭神は父と娘の間柄、そこで子宝・子孫繁栄・安産の御利益が。月替わりの御朱印が幸福をサポートしてくれます。

川口市

元郷氷川神社【もとごうひかわじんじゃ】

室町時代から、この地の鎮守様として敬われ、子宝成就・安産の御利益でも知られてきました。子宝成就祈願では神前で夫婦が勾玉を交換する〝息吹の儀〟が行われます。神話にならった儀式でとても厳か。幸福を願うカップルや妊婦さんのお参りが多く、境内はあたたかな雰囲気に満ちています。

花の印がきれいな御朱印には、どこかに〝幸〟の字が隠れているので探してみて！

社殿前の狛犬に注目

境内はすがすがしく整えられています。社殿前の狛犬の頭やおなかをなでて安産祈願をする参拝者が多いとか。

主祭神

素盞嗚尊《スサノオノミコト》　市杵島姫命《イチキシマヒメノミコト》

ほかにも厄除け、商売繁盛、病気平癒などの御利益が……

みんなのクチコミ!!

社務所の対応がとても親切です。12ヵ月の御朱印が揃うと限定の挟み紙が頂けるそうです（はな）

墨書／奉拝、川口市元郷、氷川神社　印／月ごとに変わる花の印、神紋の三つ雲巴、元郷氷川神社　●7月、8月は「夏詣」の印が入ります。挟み紙は初回は神社の由緒を書いたものですが、2回目以降は数種類のなかから選べます

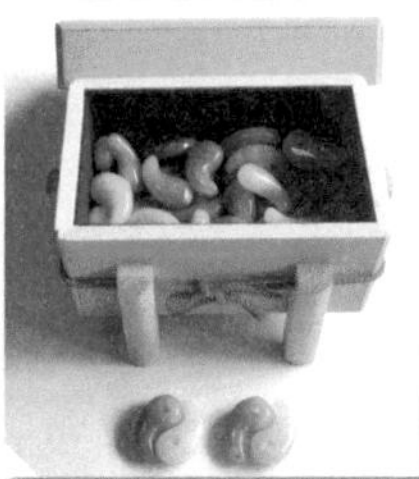

勾玉の「御守」は男女で1対

勾玉は赤ちゃんがお母さんのおなかのなかにいるときの胎児の形といわれています。男性は緑、女性はピンクの勾玉を取り、息を吹きかけ交換します。勾玉が6と9に見えることから、子宝祈願は6と9がつく日がよいそうです。

お守り

かわいい鈴が付いた「こまもり」。子供もおなかの子も守っていただけます

DATA

元郷氷川神社

創建／室町時代後期
本殿様式／流造
住所／埼玉県川口市元郷1-30-2
交通／埼玉高速鉄道「川口元郷駅」から徒歩5分
参拝時間／自由
御朱印授与時間／9:00～16:30、祭礼により時間変更、書き置き対応あり。ウェブサイトで確認を
URL http://www.motogo-hikawajinja.com/

神社の方からのメッセージ

花の添え印を楽しみに毎月、参拝にみえる方とは顔見知りに。皆様との会話が楽しみです。遠慮なさらずに声をおかけください。御朱印は神職が心を込めてお書きしています。書き手により書体が異なるのを御承知おきください。

毎年10月第3日曜は例大祭です。午前10:00から祭事が始まり、神輿渡御もあります。前日の土曜は宵宮でさまざまなイベントを開催。両日は御朱印を頂けません。12月の冬至祭では神紋の焼印を押したユズ「福柚」を授与しています（なくなり次第終了）。

耳病平癒・頭痛平癒の神様

神様のお使いの天狗が疫病や邪気を祓い
御神木をさすると病が癒えるといわれています。

さいたま市
岩槻区

武蔵第六天神社

【むさしだいろくてんじんじゃ】

古来より、ご神木にわらじを奉納して健脚を祈り、足腰健康の信仰が生まれました。また、最近では交通安全の祈願も多くなっています。神様のお使いが大天狗と烏天狗。社殿内にある御神木には天狗が宿り、御神木を両手でさすり、体の悪いところをなでると平癒するそうです。特に耳病や頭痛の治癒にはパワーを発揮すると信じられてきました。

主祭神

面足尊《オモタルノミコト》　吾屋憧根尊《アヤカシネノミコト》

ほかにも厄除け、方位除け、火防などの御利益が……

「厄除け・災難除けの割玉」(200円)は境内に置かれた厄石にぶつけて厄を祓います

御朱印帳袋(1000円)。表は大天狗、裏は烏天狗で大迫力。御朱印の挟み紙は毎月、絵柄が変わります

「神錐《かみきり》」(1体1000円)は耳の病気があるとき、「第六天神」の社名をとなえ、耳をついて治癒を念じます。平癒したら、2本にしてお供えする習わしです

みんなのクチコミ!!

境内には樹齢数百年のフジが枝を広げ、開花する5月はすばらしいです。ボタンも見事ですよ(よっこ)

健康や幸せを招く向かい天狗の絵馬

青い烏天狗と赤い大天狗が向かい合った絵馬です。天狗は祭神の使者で祈願を伝える役割をしています。こちらの「天狗絵馬」(1500円)は玄関の入口にお祀りすると邪気を祓ってくれます。

ムクロジの実が入った「無患子無病息災」のお守り(800円)

お守り

墨書/奉拝、武蔵第六天神社　印/大天狗の印、社紋のなかに武蔵第六天神社、武蔵第六天神社社務所之印
●添え印は季節の風物をデザインした印で、毎月変わります。また、天狗の絵が描かれた挟み紙も毎月変わります

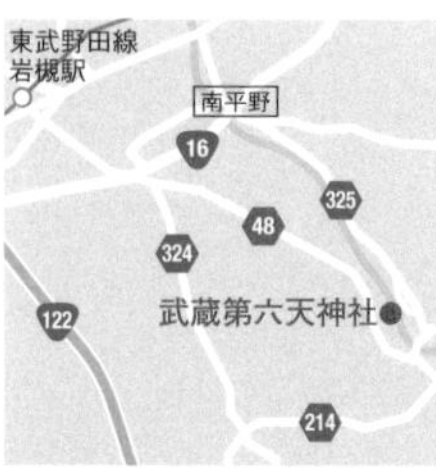

DATA
武蔵第六天神社
創建/1782年
本殿様式/入母屋造
住所/埼玉県さいたま市岩槻区大戸1752
交通/東武野田線「岩槻駅」から朝日バス「巻の上」下車、徒歩10分
参拝時間/自由
御朱印授与時間/8:00~17:00
URL http://dairokuten.or.jp/

神社の方からのメッセージ

当社は元荒川に面して鎮座しています。永代橋の水門で堰き止められた元荒川は湖のようで美しい光景を見せてくれます。ご参拝の方とのふれあいを大切にしています。御朱印をきっかけに神社の由緒や行事の説明、世間話などをしています。

毎年、夏期には「元荒川和船まつり」が元荒川すずみ湖で開かれます。これは屋形船で元荒川を遊覧する行事。つきのき広場で乗船して武蔵第六天神社が下船場になります。お祭りに合わせて神社の境内では短冊に祈願を書いて笹に結ぶ行事も開催しています。

ほろかけ祭で子供の成長を祈願

平安時代、京都の石清水八幡宮の分霊をお祀り。江戸時代後期に再建された社殿が現存しています。

川越市

古尾谷八幡神社

【ふるおやはちまんじんじゃ】

田畑と住宅が点在するのどかな風景のなかにあります。社殿の裏には雑木林が広がり、地元の人が気軽に訪れる静かな境内。この境内がにぎわうのが毎年9月に行われる「ほろかけ祭」です。子供の成長と五穀豊穣を願う、平安時代から続く祭事です。ほろとはピンク色の和紙で飾られた笠のこと。これを子供が背負い、御神輿とともに地域を練り歩きます。

社殿は何度か再建されましたが、火災に遭い焼失。現在の社殿は、1722年に再建されました。入母屋造、銅瓦葺きの本殿と拝殿を幣殿でつなぐ複合社殿で、簡素化された権現造です

主祭神

品陀和気命《ホンダワケノミコト》　息長帯姫命《オキナガタラシヒメノミコト》

比売命《ヒメノミコト》

ほかにも出世開運などの御利益が……

みんなのクチコミ!!

拝殿裏の林には遊歩道が設けられ散策が楽しめます。近くに荒川も流れています（ひめかわ）

ほろは36本の竹ひごにピンクの和紙を付けて飾っています。これを重りの石や鈴とともに竹籠に入れ、子供が背負います。籠はかなりの重量。掛け声を合図にときどき、ほろを振り回しながら、練り歩きます

絵馬

ほろかけ祭のほろを描いた、華やかな絵馬（500円）が好評。安産や子育て祈願が多くみられます

墨書／奉拝、古尾谷八幡神社　印／古尾谷八幡神社
●神職が常駐していないので書き置きになることがあります。社名と朱印のシンプルな御朱印です

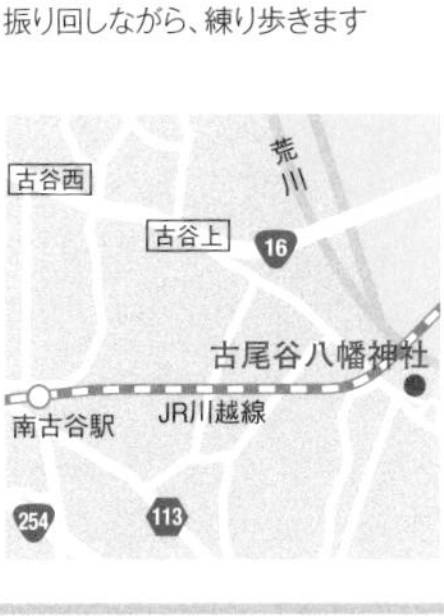

DATA

古尾谷八幡神社

創建／863年
本殿様式／権現八幡造
住所／埼玉県川越市古谷本郷1408
交通／JR川越線「南古谷駅」より徒歩36分
参拝時間／自由
御朱印授与時間／宮司宅へ事前連絡
☎049-235-1682

＼神社の方からのメッセージ／

安土桃山時代に再建された本殿が、旧本殿として境内に現存しています。境内の段差にはスロープを設置して、バリアフリー対策をしています。車椅子のまま参拝できるので高齢者の方にも、安心してお参りしていただけます。

ほろかけ祭でほろを背負うのは小学校低学年の男の子。腹掛け、手甲、脚絆、黒足袋に陣羽織、頭にはハチマキという姿でほろを背負います。家では親類を招き、祝宴が開かれます。地元では子供から大人への成人式の一種と考えられています。

桜の押し花の御朱印がすてき

川口市

東沼神社

【とうしょうじんじゃ】

御祭神は燃えさかる炎に囲まれ、3人の御子神を無事に出産した女神様で、富士山の神様でもあります。昔から「見沼の東に富士山あり」といわれ、天保11年に描かれた絵馬(文化財)には、境内に富士山が。冬の晴れた日には富士塚の頂上から富士山、秩父連山を望むことができます。

御祭神

木花咲耶姫命《コノハナサクヤヒメノミコト》 ほか4柱

ほかにも厄除け、家内安全、商売繁盛などの御利益が……

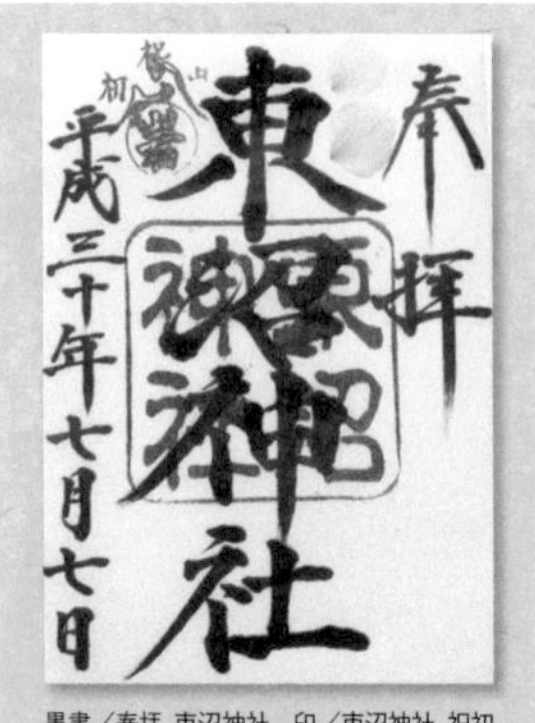

墨書／奉拝、東沼神社　印／東沼神社、祝初山岩　●神紋はコノハナサクヤヒメを象徴する桜。御朱印にも桜の花びらの押し花が添えられます。左上の岩の印は江戸時代に広まった富士講のひとつ、丸岩一信講の印です

お守り

安産、子育て、縁結びの祈りが込められたお守り(500円)が女性に人気

参道左手の「見沼富士」と呼ばれる富士山は、冬の雪景色も風情ある姿を見せてくれます

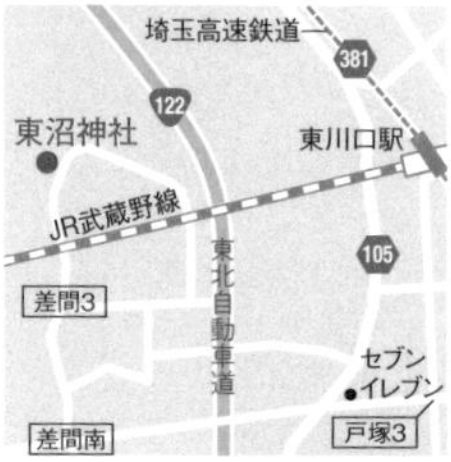

DATA

東沼神社

創建／不詳

本殿様式／流造

住所／埼玉県川口市差間2-15-45

交通／JR・埼玉高速鉄道「東川口駅」より徒歩30分、またはバス10分「差間2丁目」下車

参拝時間／6:00～日没

御朱印授与時間／9:00～17:00

みんなのクチコミ!!

川口自然公園の近くにあります。見沼用水路側に裏参道があり、赤い鳥居が立っています(ロック)

赤いお守りで子授かり!

飯能市

我野神社

【あがのじんじゃ】

子授けの御利益で有名です。創建は1世紀頃と伝わる長い歴史を誇る古社です。かつては「みやしろ大名神」、「妙見宮」と呼ばれ、源頼朝や徳川家康ら、時の権力者に信仰されてきました。明治になり、現在の社号に改称。毎年7月最終土曜の川瀬祭で奉納される勇壮な獅子舞は飯能市の無形民俗文化財です。

主祭神

天之御中主神《アメノミナカヌシノカミ》　建御名方神《タケミナカタノカミ》

日本武尊《ヤマトタケルノミコト》

ほかにも開運招福などの御利益が……

印／武蔵國吾野三社、我野神社　●最初にアメノミナカヌシノカミを祀り、その後にタケミナカタノカミとヤマトタケルノミコトの２柱の神を合祀しました。そこで朱印には「吾野三社」と押印されます

お守り

「御守」(1000円)は特に赤ちゃんを授かるようにとの願いを込めて祈念された赤い袋のお守りです

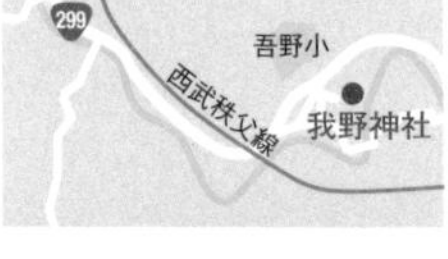

DATA

我野神社

創建／第十二代景行天皇40年

本殿様式／一間社流造

住所／埼玉県飯能市吾野226-1

交通／西武線「西吾野駅」から徒歩10分

参拝時間／自由

御朱印授与時間／予約制(連絡先:042-978-0392)

みんなのクチコミ!!

本殿には緻密な彫刻が施され、それは見事です。昔の絵馬も多数奉納されています(剛)

その名の通り、お産が安泰

古くから安産・子育ての守護神として鎮座。底のない「ひしゃく」の奉納で知られています。

本庄市

産泰神社【さんたいじんじゃ】

地元では「産泰様」と呼ばれ、親しまれています。こちらの神社で何といっても有名なのがひしゃくの奉納です。安産祈願なら、底のないひしゃく、子授けを願うなら底のあるひしゃくを社務所で授与してもらい奉納します。底のないひしゃくですが、これで水を汲むと水がスーッと抜けてしまいます。それほどラクなお産ができるようにという願いが込められているのです。まず、本殿に参拝してから祈願を済ませ、ひしゃくを奉納しましょう。

主祭神

天照大神《アマテラスオオミカミ》　木花佐久夜毘売命《コノハナサクヤヒメ》

素戔嗚尊《スサノオノミコト》

ほかにも子授け、子育て、厄除けなどの御利益が……

境内は桜の名所としても知られます

毎年4月4日は例大祭。いつも静かな境内が桜の時期と重なり、この日は大勢の人でにぎわいます。祭事で奉納される金鑽神楽は本庄市の文化財に指定されています。10月19日には秋祭が開催されます。

みんなのクチコミ!!

地元密着の神社です。大祭の日はにぎわいますが、通常は戊の日でも静かにお参りできます（ワン）

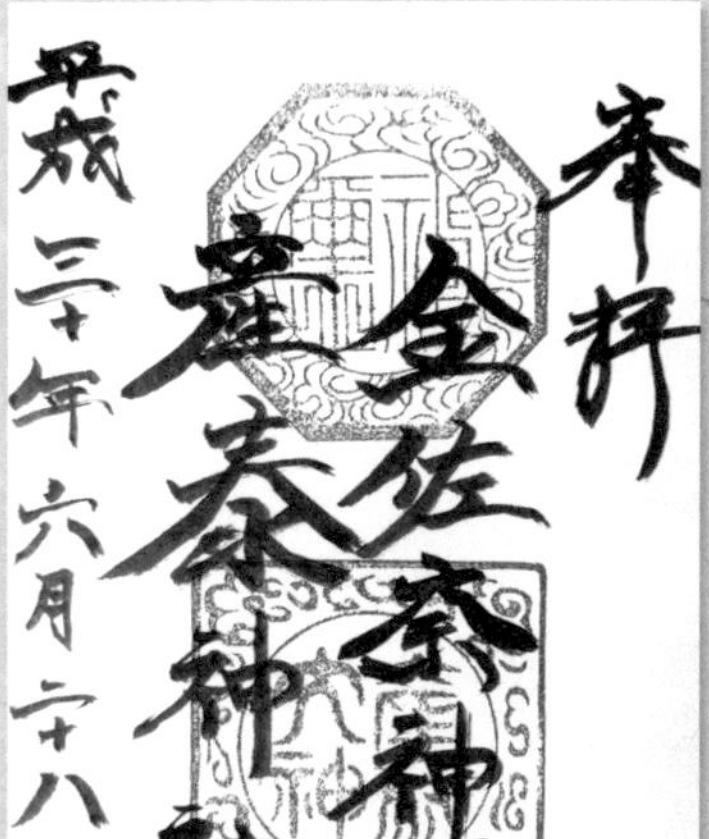

墨書／奉拝、金佐奈神社、産泰神社　印／神璽、産泰大神　●この地を支配した四方田氏が守護神として創建。古くは金佐奈神社と称していました。その後、子授けや安産の産泰様と敬われるようになり、現在にいたります

安産祈願の授与品は底のないひしゃくとお札、お守りの3点セット。底のないひしゃくは奉納します（3000円）

安産や赤ちゃんの無事な成長を願うお守りはお守り袋がかわいいデザイン（各500円）

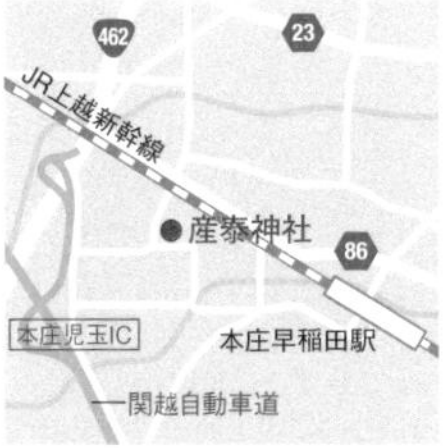

DATA

産泰神社

創建／鎌倉時代以前
本殿様式／権現造
住所／埼玉県本庄市四方田288-1
交通／JR高崎線「本庄駅」から朝日バス10分「四方田」下車徒歩10分
参拝時間／自由
御朱印授与時間／要事前連絡（0495-21-6672）

＼神社の方からのメッセージ／

当社は地元の人に親しまれている神社です。祖母、母、娘と代々にわたって参拝される方が多くいらっしゃいます。近年はインターネット等で当社のことを知り、遠方から参拝に見える方も増えてきました。静かで心安らぐ環境の境内です。

本庄市で安産祈願といえば「産泰様」といわれています。神社の境内が最もにぎわうのは4月4日の例大祭です。この日は境内に露店や植木を売る店など二十数店が出店。午前9:00頃から15:00頃まで大勢の参拝客が訪れます。

子授け、安産は当然、ご縁関係もOK

3つの神社を合祀、それだけに御利益もいっぱい。境内では、かわいいマスコットにも出会えるかも。

鴻巣市

鴻神社

【こうじんじゃ】

この地に茂る大木にコウノトリが巣をかけ、大蛇の襲撃から卵を守ったという伝説があり、大木の下に土地の守護神を祀ったのが最初とされます。その後、氷川社、熊野社、雷電社の3社を合祀。そこで子授け・安産に加えて、3社分の御利益が頂けるというわけです。さらに境内社の三狐《さんこ》稲荷神社では良縁を結び、悪縁を断つ御利益、幸の宮《こうのみや》弁天社では開運招福、金運、女子力アップのパワーも頂けます。

子授け・安産の御神体が鎮座する拝殿

拝殿の右奥に鎮座するのは樹齢数百年を経た桧の根元にできたコブです。高さ60cm、周囲2.5m、重さは約200kgもあります。大木が生んだかたまりとして、子授け・安産のパワーが頂けます。子授け祈願はコウノトリの御神像の前で行われます。

主祭神

素戔嗚尊《スサノオノミコト》

ほかにも良縁、縁切り、成長発展、雷除け、災難除けなどの御利益が……

墨書／奉拝、こうのとりのお宮、鴻神社　印／2羽のコウノトリ、鴻神社璽、鴻神社宮司埜印　●赤ちゃんを授けてくれる鳥とされるコウノトリの印が押されています。"璽(ジ)"とは印章のことを指します

御朱印帳

拝殿に祀られている御神像のコウノトリがデザインされています。裏表紙は御朱印の印と同じ2羽のコウノトリ(1500円御朱印料込み)

みんなのクチコミ!!

おみくじの種類が豊富ですよ。コウノトリの形や桜の花びらの形などかわいいおみくじもあります!(nanja)

神社マスコットのこうのすけ君とこうみちゃん

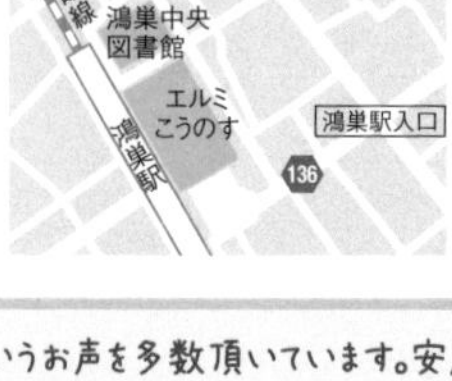

DATA

鴻神社

創建／534年
本殿様式／権現造
住所／埼玉県鴻巣市本宮町1-9
交通／JR高崎線「鴻巣駅」から徒歩8分
参拝時間／自由
御朱印授与時間／9:00～17:00
URL http://www.koujinja.or.jp/

神社の方からのメッセージ

安産祈願、子授け祈願では御祈願が成就したというお声を多数頂いています。安産祈願ではご持参の腹帯に安産の判を押し、御祈祷いたします。戌の日、土・日曜は予約の必要はありません。平日の御祈祷はご予約ください。

境内に茂る大木は、なんじゃもんじゃの木。モクセイ科の一種で、毎年ゴールデンウイーク頃には可憐な白い花を咲かせます。日本では絶滅危惧種に指定されている珍しい木です。木の下には大花稲荷があり、願いごとを木片に書いて奉納するお守りがあります。

御利益はズバリ！　容姿端麗！

古くは宮士地区の氏神として親しまれ、イケメンの祭神が美人度アップをサポート。

朝霞市

宮戸神社

【みやどじんじゃ】

祭神のオモダルノミコトは容貌やスタイルが整っている容姿端麗の神様とされ、美貌を願う男女に顔も、心も、すべてを磨くパワーを頂けるとされます。かつては熊野神社と呼ばれ、地区の氏神でしたが、稲荷神社、天津神社などを合祀し、昭和になり宮戸神社と改称しました。兼務社の美女神社は、通称「うつくし様」と呼ばれています。子供の疱瘡やはしかの痕を治し、きれいにしてくれる御利益があるといわれてきました。

主祭神

面足尊《オモダルノミコト》　伊弉諾尊《イザナギノミコト》
伊弉冉尊《イザナミノミコト》

ほかにも家内安全などの御利益が……

境内に入るとすぐ左手に人々が持ち上げて、力を競い合った力石が奉納されています。江戸時代のもので、大きなものには「五拾貫目（約195kg）」と彫られています

境内には護国神社をはじめ白山社、日王子社、神明社、水神社、天満宮などの末社がずらりと並びます。護国神社では毎年3月に慰霊祭が行われています

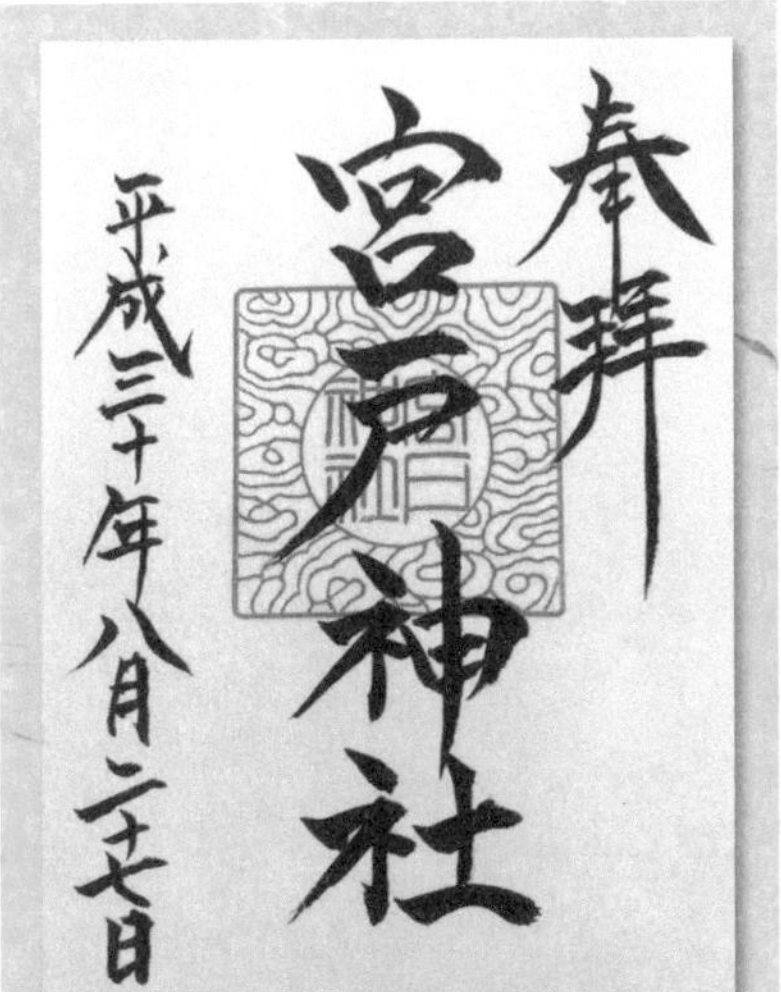

墨書／奉拝、宮戸神社　印／宮戸神社　●朱印は社名を神聖な雲である八雲が囲んでいます。神職が不在の際は書き置きになります。兼務社の美女神社の御朱印も頂くことができます（右上）。どちらも天明稲荷神社にて授与

墨書／奉拝、美女神社　印／神明神社　●美しい女神イチキシマヒメをお祀りしています

みんなのクチコミ!!

美女神社は武蔵野線北朝霞駅の東約2kmの新河岸川の土手近くにあります。常駐している人はいません（嶋）

「美女守」は美女神社、「美男守」は宮戸神社の授与品になります。どちらも美形になれるお守りですが、美人、美男に出会えるという御利益も期待できるとか（各700円）

DATA
宮戸神社
創建／不詳（鎌倉時代とされる）
本殿様式／流造
住所／埼玉県朝霞市宮戸4-3-1
交通／JR武蔵野線「北朝霞駅」・東武東上線「朝霞台駅」より徒歩17分
参拝時間／自由
御朱印授与時間／9:00～17:00
URL http://miyado.jp/

＼神社の方からのメッセージ／

お宮参りや七五三でお参りしたら、子供が心身健やかに成長し、容姿も整ったとのご報告が珍しくありません。当社の近くに兼務社・天明稲荷神社（宮戸 3-2-17）があり、授与品や御朱印はこちらで頒布しています。

毎年4月初旬には例大祭が行われます。境内には桜が咲き、子供たちによる浦安の舞いが奉納され、参拝者でにぎわいます。美女神社の例大祭は5月。氏子さんたちが手料理やお菓子を持ち寄り、お供えし、お祭りのあとはおさがりを頂くという昔ながらの素朴なお祭りです。

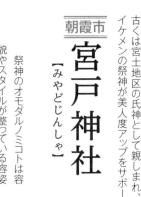

まだまだあります!

金運&美容・健康運

編集部オススメ!授与品

病気平癒や安産のお守りは心を癒やし、和ませてくれる色使いのお守りが多いようです。心身の健康美を祈願する美守もあります。金運アップのお守りはお金とのご縁を結び、蓄財のパワーを授けてくれます。宝くじやロトの高額当選もかなうそうです。

行田八幡神社 P.112　元気になれる「封じの宮」のお守りいろいろ

各種絵馬　600円

みむね守　700円

封じ御守　600円

なで桃守　700円

ガンや難病を予防し、癒やしてくれるパワーで知られる行田八幡神社。絵馬やお守りにある桃は古来、悪病退散の力があるとされます。「みむね守」は乳ガン予防、「封」は病を封じる祈願を込めたお守りです。「め」絵馬はドライアイなど眼病予防、瘡守稲荷社の絵馬は吹き出物や湿疹予防など美肌を願う祈願に御利益があります。

香取神社 P.99　女神のパワーを授かる

安産守
子授守　各600円

炎のなかでお産をしたという女神、コノハナサクヤヒメをお祀りすることから、安産祈願や子授け祈願に参拝する女性の姿が多く見られます。「安産守」は心安らぐ配色、「子授守」には御神木のイチョウの葉が配されています。

中氷川神社 P.77　安心して出産できる

安産御守　1000円

御祭神イナダヒメノミコトにあやかる安産のお守りです。パステルカラーのお守り袋に金糸で文字が刺繍されています。お守りは腹帯に入れておくか、常に携帯していれば安心して出産を迎えられると好評です。

白子熊野神社 P.66　金運アップに御利益あり

御福銭　100円（年始に頒布）

封入されているのは五円玉。「お金にご縁のあるように」との祈願を込め、お祓いで清められた福銭です。金運上昇、商売繁盛の御利益だけでなく、「宝くじやロトと一緒に保管すれば高額当選がかなう」とのクチコミもあります。

北向神社 P.110　邪気を祓い、福を招く

御祈祷札　1000円

祭神の力を借りて、農民を苦しめる大蛇を退治したという伝承が残る神社。パワフルな祭神は五穀豊穣や厄除け、病気平癒、安全祈願、良縁成就の御利益があると古くから有名でした。邪気から守り、福と繁栄を招いてくれる御祈祷札です。

糀谷八幡神社 P.76　自転車レースのジャージ風

交通安全御守　500円

お守り袋に織り込まれているのは、自転車のホイールと自転車をこぐ人。ロードバイク・サイクリング専用の交通安全御守です。これを身に着けて自転車に乗れば、健康な身体になれそう。白、濃紺、金茶の全3色展開です。

鎮守氷川神社 P.104　心身の健康美に

美守（うるわしまもり）　500円

美肌、美髪、美脚、美貌など容姿の美しさだけでなく、心身の健康美もかなえてくれるお守りです。お守り袋にあしらわれているのは大和撫子にあやかったナデシコの花と祭神であるクシイナダヒメノミコト。色もきれいなピンクです。

第三章 御利益別！ 今行きたい神社

Part5

仕事・学業

勉強に、試験に、仕事にがんばりたいなら、こちらの神様のお力を頂き、夢の実現を目指しましょう！ 学業成就やキャリアアップをあと押ししてくださる神社をご紹介します。

- ★仕事・学業★絶対行きたいオススメ神社 2選
  仙波東照宮（川越市）／一山神社（さいたま市中央区）
- 中山神社（さいたま市見沼区）／
- 勝呂神社（坂戸市）／
  菖蒲神社（久喜市）
  白岡八幡神社（白岡市）／
- 秩父今宮神社（秩父市）
- 坂本八幡大神社（東秩父村）
- 大寄諏訪神社（本庄市）
- 菅原神社（上里町）
- 神社好きに聞いた！ とっておきの神社&御朱印

仕事◆学業　絶対行きたいオススメ神社 2選

キャリアアップ、商売繁盛をパワフルサポート

壁を乗り越えたい、仕事や勉強に全力を投入したいときにがんばるパワーを注入してもらえる神社です。
このページでは、特に仕事にオススメの神社をご紹介。
ここ一番の局面でなんとしても成功をつかみ取りたければマスト参拝です。

絶対行きたい
オススメ神社 1

出世開運パワーなら埼玉随一！

今川義元の人質だった子供時代から天下の覇者まで昇った家康マインドをゲット！

川越市

仙波東照宮【せんばとうしょうぐう】

主祭神
徳川家康《トクガワイエヤス》

ほかにも家内安全、交通安全などの御利益が……

栃木県日光、静岡県久能山とともに日本三大東照宮のひとつです。徳川家康の遺骨を久能山から日光に運ぶ途中、川越の喜多院に立ち寄り、法要を行い、大堂に家康像を祀ったのが最初とされます。その後、高さ5間（約9m）の丘を築き、社殿を造り、家康像を移したのです。通常は門が閉まり、拝殿前までは入れませんが、門の外からも、朱色の華やかな社殿を拝観することができます。門はお正月、祭事のときなどに開かれます。

拝殿の前に鎮座する狛犬や手洗鉢はもともと、江戸城にあったものを運んできました。狛犬は埼玉最古とされます

墨書／奉拝、仙波東照宮　印／東照宮、葵の紋、川越仙波東照宮印　●こちらの御朱印は仙波東照宮を管理している川越八幡宮（P.94）で頂けます。東照宮前の茶店では書き置きの御朱印を頒布しています

川越大師ともいわれる寺院・喜多院から仙波東照宮へ行く途中に東照宮葵庭園があり、弁財天が祀られています。池はホタルの自生地にもなっています

みんなのクチコミ!!

仙波東照宮の祭事は1月17日、4月17日、8月17日です。池がある葵庭園はアジサイがきれいです（芋アイス）

DATA
仙波東照宮
創建／1617年　本殿様式／三間社流造
住所／埼玉県川越市小仙波町1-21-1
交通／西武新宿線「本川越駅」から徒歩7分、東武東上線・JR「川越駅」から徒歩6分
参拝時間／自由
御朱印授与時間／10:00～15:00（境内売店にて書き置きを領布）
URL https://www.kawagoe-hachimangu.net/（川越八幡宮HP内）

神社の方からのメッセージ

3代将軍・徳川家光が1640年に再興したものが現在の社殿です。本殿のなかには宮殿（円形厨子）があり、天海僧正が彫ったと伝わる家康公の木造が祀られています。本殿付宮殿は国の重要文化財に指定されています。

仙波東照宮に隣接する喜多院は830年創建の天台宗の名刹です。江戸時代初期、徳川家康が帰依していた天海僧正が住職になると幕府から篤い庇護を受けました。境内には江戸城から移築された建造物や540体もの五百羅漢の石像が並び、多くの観光客が訪れます。

絶対行きたいオススメ神社 2

さいたま市中央区

一山神社【いっさんじんじゃ】

商売繁盛&勝運の強力パワーで出世開運！

八幡神社の境内地に木曽御嶽山の大神を勧請。冬至の日に行われる一陽来復の冬至祭が有名。

主祭神

一山大神《イッサンオオカミ》　少彦名命《スクナヒコナノミコト》

誉田別命《ホンダワケノミコト》

ほかにも病気平癒、交通安全、家内安全などの御利益が……

与野は江戸時代、御嶽講が盛んなところでした。御嶽講は木曽（長野県）御嶽山山頂にある御嶽神社を信仰し、参拝のため御嶽山に登るための集まりです。登山により、穢れを祓い、開運招福のパワーを頂けると信じられました。講の人々が御嶽大神をこの地に勧請したのが一山神社です。境内には八幡社と七福神のエビス様もお祀りされています。エビス様は商売繁盛、八幡様は勝運の神様。そこで、参拝すれば御嶽大神の開運招福だけでなく、八幡様とエビス様の御利益も合体して無敵のパワーが補充できるというわけです。

冬至祭はさいたま市無形文化財。お供えしたユズを火に投げ入れ、家内安全を願う火渡りが行われます。火渡りは素足で火の上を歩く行ですが、誰でも体験でき、数量限定ですが、参拝者にはユズが授与されます

墨書／奉拝、武州與野、一山神社　印／御嶽講を表す印、武揚與野一山神社、社司之印　●一山という社名は御嶽講を盛んにした一山行者の名からつけられています。印はこの講を示す印です

溶岩の上に鎮座する狛犬。表情が柔らかく、まるでほほ笑んでいるかのように感じる参拝者も多いとか

みんなのクチコミ!!

冬至で配られるユズは境内のユズの木から取ったもの。火渡りは裸足で行います。足の裏が暖かいと感じるぐらいです（yamato）

お守り

「結寿守（ゆずまもり）」「清め柚子」は一陽来復のお守り（700円）。結寿守は1年の汚れを祓い翌年の幸せを結ぶお守りで太陽を表す黄色の麻布に包まれています。冬至から節分までの限定頒布。清め柚子は年間で頒布。入浴の際、お風呂に入れ、心身の汚れを祓うお清めとして使用します

タイを持ち、福々しい表情の「恵比寿土鈴」（1500円）は恵方に飾ります。商売繁盛、家内安全など、福を呼び込んでいただける縁起のよい土鈴です

DATA

一山神社

創建／1854年
本殿様式／八幡造
住所／埼玉県さいたま市中央区本町東4-10-14
交通／JR埼京線「与野本町駅」から徒歩15分
参拝時間／自由
御朱印授与時間／8：30～16：30（祭典等で不在の場合もあります）
URL https://www.instagram.com/issanjinja/

神社の方からのメッセージ

鳥居脇に茂る大イチョウとオオクスはともに御神木です。参拝者の皆さんは手をかざしてパワーを頂いているようです。家内安全、厄除け、八方除けなどの御祈祷は基本的に1組ずつで所要15分から20分ほど。社務所にお問い合わせください。

一陽来復とは冬至のことで、冬至祭は別名「柚子まつり」とも呼ばれています。参列者に授与されるユズをお風呂に入れると風邪をひかないといわれます。お正月は七福神詣でにぎわい、1月3日には七福神の仮装パレードが開催されます。エビス様の御朱印も頒布しています。

開運の神様を祀る中川の鎮守

さいたま市見沼区

中山神社【なかやまじんじゃ】

二の鳥居の扁額には「氷川神社」と書かれています。中山神社は武蔵一宮 氷川神社と氷川女體神社を結ぶ直線上のほぼ中間に位置することから、中氷川神社とも呼ばれ、信仰されてきました。緑濃い境内には白砂が敷かれ、社殿の朱色が鮮やかに映えます。

墨書／奉拝、中山神社　印／八雲の印、中山神社　●明治までの旧社号は「氷川神社」で、氷川の大己貴命は簸王子の神と呼ばれるため、「氷川簸王子神社」という別名があります

旧社殿は簡素な板葺き。桃山時代の建造と思われます。さいたま市では最古のものとされ、市の文化財に指定されています

赤地の御朱印帳の表紙には、金で描いた大国様の神々しいお姿が！

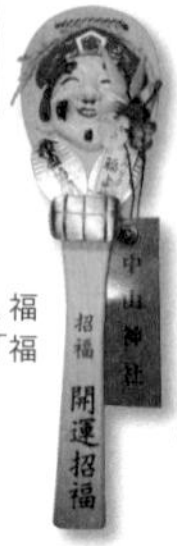

祭神の顔をあしらい、福を呼び込む縁起物の「福杓文字」（1500円）

主祭神

大己貴命《オオナムチノミコト》　素戔嗚命《スサノオノミコト》

稲田姫命《イナダヒメノミコト》

ほかにも縁結び、病気平癒、厄除けなどの御利益が……

DATA

中山神社

創建／紀元前96年

本殿様式／一間社流造

住所／埼玉県さいたま市見沼区中川143

交通／JR「大宮駅」からバス17分、「中山神社前」下車

参拝時間／自由

御朱印授与時間／10:00～16:00

みんなのクチコミ!!

毎年12月8日には炭火の上を素足で渡る神事「鎮火祭」があります（みわ）

菖蒲が勝負に通じ、勝運祈願で評判！

久喜市

菖蒲神社【しょうぶじんじゃ】

学業、ビジネス、恋愛でライバルにどうしても勝ちたいとき、神様たちが勝利への道を開いてくれるはず。目の大きな狛犬も背中を押して応援してくれているようです。鳥居から真っすぐ延びる参道、その正面に拝殿があります。参道右手に広がるのは、初夏に1m以上の花房をつける立派な藤棚。樹齢は400年を超すそう。

墨書／奉拝、菖蒲神社　印／フジの花房、神紋の三つ巴、菖蒲神社之印　●菖蒲町の鎮守とされ、袋田明神と呼ばれていましたが、明治時代になり菖蒲神社と改称しました

毎月15日に限り、フジの花房の印がゴールドになります

「みちひらき御守」（800円）は身につけると明るい明日が開けるよう願いが込められています

お守り

オリジナル「勝負守」（1000円）。受験やスポーツ等、勝負の必勝祈願におすすめ

主祭神

稲田姫命《イナダヒメノミコト》　大己貴命《オオナムチノミコト》

武夷鳥命《タケヒナトリノミコト》

DATA

菖蒲神社

住所／埼玉県久喜市菖蒲町菖蒲552

交通／JR「久喜駅」「桶川駅」からバス20分「菖蒲神社前」下車、または圏央道白岡菖蒲ICより10分

参拝時間／自由

御朱印授与時間／9:00～17:00

URL http://www.shobu-jinja.com/

みんなのクチコミ!!

県道12号線沿いにあります。藤棚の近くにはベンチがあり、地域の人がひと休みしている姿を見かけます（ジュ）

龍神様の聖水で生命力がよみがえる！

かつては神仏習合の修験道場でした。八大龍王神を祀ったのが最初とされます。

秩父市

秩父今宮神社

【ちちぶいまみやじんじゃ】

鳥居を入ると武甲山からの伏流水が湧く龍神池が広がります。池の水は昔から龍神様の霊水とされてきました。龍王は生命力を授けてくれる神様。心配事やイヤなことで心が弱っているときに参拝すると元気がチャージできるはず。境内には龍神池から湧水を引いた「清龍の滝」が流れ、この滝で宝くじを洗ったら高額当選したとの報告もしばしばとか。お水取りができるので容器を持参しましょう。

旧社殿は昭和30年代に同市黒谷の聖神社に移転し、境内には仮の社殿が鎮座していました。社殿再築の声が高まり、立派な朱塗りの社殿を造営中。2019年1月頃完成予定です

主祭神

伊邪那岐神《イザナギノミコト》　伊邪那美神《イザナミノミコト》

須佐之男命《スサノオノミコト》　八大龍王神《ハチダイリュウオウシン》

ほかにも縁結び、開運招福、厄除け、商売繁盛などの御利益が……

みんなのクチコミ!!

御神木の根元にハート型の洞があります。これを見つけると縁結びの御利益があるんですよ（ゆうこ）

墨書／奉拝、今宮神社　印／秩父霊場発祥の地、今宮神社、今宮神社　●秩父霊場とは秩父三十四観音霊場のこと。かつては札所14番が境内にあり、江戸時代に霊場めぐりを広めるために努めました。そこで霊場発祥の地とされます

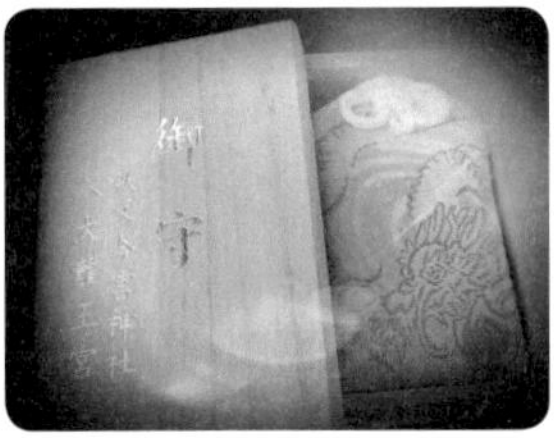

桐箱に入った、「白龍守り」（2000円）。御神霊が入っており、絶大なる守護開運パワーを頂けます

お守り

黒地に白で龍王の姿、ゴールドで社名を配していてカッコイイ「八大龍王守」（800円）

心身の健康美を守ってくれる「美守」（500円）

DATA

秩父今宮神社

創建／大宝年間（701～704年）
本殿様式／変形大社造（2018年11月現在建築中）
住所／埼玉県秩父市中町16-10
交通／秩父鉄道「御花畑駅」から徒歩7分、西武鉄道「西武秩父駅」から徒歩13分
参拝時間／自由
御朱印授与時間／9:00～16:30
URL http://www.imamiyajinja.jp/

神社の方からのメッセージ

毎年5月初旬にフクロウ（アオバズク）が南国より飛来し、御神木である龍神木（ケヤキ）の樹洞に巣を作り、ヒナを育てています。9月末頃には巣立っていきますが、天気のよい日には龍神木の梢にとまるヒナのかわいい姿を観察できます。

毎年4月4日は龍神祭。午前中に神前で巫女による舞いや奉納演奏が行われます。同日の午後には龍神池の神水を秩父神社（P.48）に授与する水分神事があります。6月7日に近い土曜か日曜には役尊神祭、9月28日には無病息災を祈る例祭が開催されます。

キャリアアップへの道を〝拓く〟！

平安時代の武将・藤原秀郷《ふじわらのひでさと》が社殿を整え、後に上杉家、徳川家も信仰しました。

本庄市

大寄諏訪神社

【おおよりすわじんじゃ】

朱色が鮮やかな鳥居をくぐると樹木が茂る境内が広がり、秋になれば御神木の大イチョウが見事な黄葉を見せてくれます。10世紀、北関東を拠点に反乱を起こした平将門の討伐に際し、勝利を願って信州の諏訪大社から勧請されました。祭神は困難を乗り越え、未来を拓く力を与えてくれる頼もしい神様。そこで御朱印にも「拓く」の墨書があるのです。心が折れそうなとき、この御朱印を見れば立ち直るパワーが湧いてくるはずです。

主祭神

建御名方主《タケミナカタノミコト》

ほかにも招福、厄除けなどの御利益が……

みんなのクチコミ!!

お正月の三が日は本殿に上がって参拝ができます。車で訪れると境内に駐車できます（小林）

境内社の二宮神社は二宮尊徳をお祀り。努力と工夫を続けた祭神の力を授かろうと建立

学問の神様をお祀りする天満宮は境内に鎮座しています。受験合格、学業や就職が成就するパワーが頂けるといわれているので、学生やビジネスマンにおすすめ

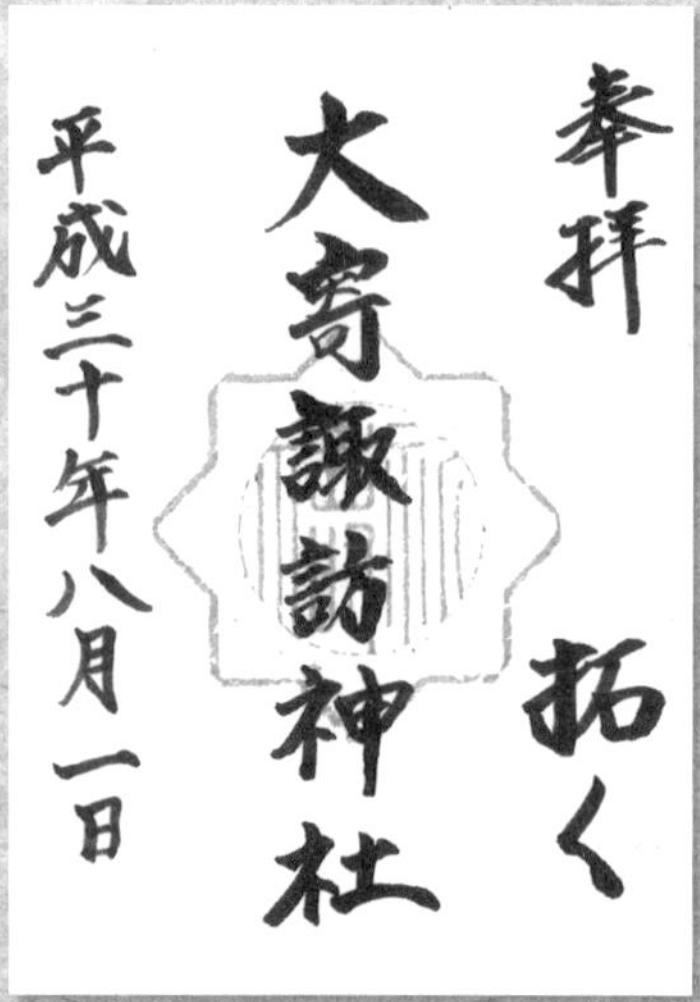

墨書／奉拝、拓く、大寄諏訪神社　印／雁木角紋　●「拓く」は祭神の御利益を表します。宮司が不在のことが多く、御朱印が頂けないこともあります

交通安全のステッカー。御朱印と同じ印が中心に押されています。事故から守っていただけるようにと祈願が込められたステッカーです

赤い鳥居をくぐり、参道を直進すると拝殿です。江戸時代には徳川家康が社殿を修復。その後、昭和になり本殿を改築。1995年、拝殿・本殿覆殿を修理しました

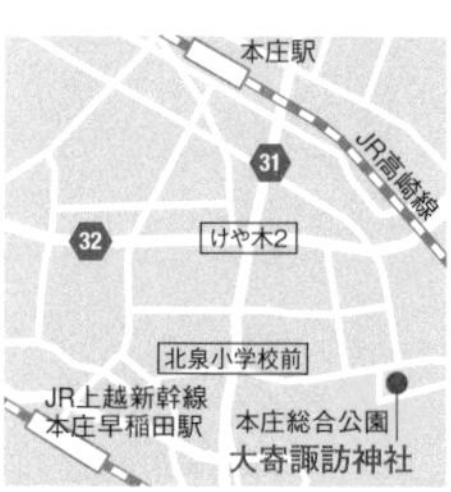

DATA

大寄諏訪神社

創建／939年

住所／埼玉県本庄市西五十子632-2

交通／JR高崎線「本庄駅」から徒歩27分

参拝時間／自由

御朱印授与時間／境内の掲示板を見て要電話

神社の方からのメッセージ

二宮神社、天満宮のほかにも境内社をお祀りしています。信州の諏訪大社が上社と下社に分かれているのにならって上諏訪神社、人生や地域を拓く力をもつ金刀比羅神社、火の神様をお祀りし、火災を防ぐ秋葉神社などです。

2004年に社務所を新築した際、6世紀のハニワの破片が出土しました。本庄市はハニワの出土が多く、市のキャラクターはハニワの「はにぽん」。モデルになったのは笑う表情の人物埴輪で、本庄早稲田の杜ミュージアム（本庄市西富田1011）に展示されています。

仕事も受験もライバルに勝つ!

坂戸市

勝呂神社【すぐろじんじゃ】

拝殿までは石段を上ります。拝殿は高さ約4mの円墳の頂上にあります。埋葬されているのは東北地方を平定した伝説の将軍。勝運の神様とされ、源義家にも戦勝を授けています。主祭神の女神はイザナギノミコトとイザナミノミコトの夫婦ゲンカを仲裁した神。縁結びの御利益も期待できます。

墨書／登拝、勝呂神社　印／勝呂神社、勝　●御朱印に押されているトンボは「勝虫」とも呼ばれ、勝運を表す縁起もの。前にしか進まないことから、武士に好まれました

本殿わきに突き出している石は古墳の石室の一部とされます。この石をなでると勝運に恵まれるという「勝運霊石」です

絵馬

勝運招来の絵馬には勝運を表すトンボがデザインされています（500円）

主祭神

キクリヒメノミコト
菊理姫命

ほかにも家内安全などの御利益が……

DATA

勝呂神社

創建／986年
本殿様式／流造
住所／埼玉県坂戸市石井226
交通／東武東上線「北坂戸駅」から徒歩34分
参拝時間／自由
御朱印授与時間／神職在社時のみ（事前に電話〈☎049-281-0653〉確認すると安心）
URL http://www.sugurojinja.com/

みんなのクチコミ!!

拝殿の前に立つと晴れた日には遠くに富士山が望めます（ほまれ）

湯島天満宮の分霊を祀る

白岡市

白岡八幡神社【しらおかはちまんじんじゃ】

円仁《えんにん》大師が草創、源義家が戦勝祈願をし、頼朝が所領を寄進したという歴史ある古社です。2008年、子供たちのために学問の神様をお祀りしたいという地元の人々からの要望を受け、東京の湯島天満宮から分霊を迎えることになりました。同年12月、境内に新宮を創建、白岡天満神社として菅原道真公をお祀りしています。子供の成長を願う地元の人々のあたたかな思いがこもる天神様です。

墨書／奉拝、八幡大神　印／武蔵國白岡、八幡宮、社紋の三つ巴　●八幡大神は3柱の祭神の総称。古くから三社八幡とあがめられてきました。八幡大神は源氏を守護する氏神とされ、源氏一族は代々、篤い信仰を寄せてきました

御朱印帳

表紙には拝殿を、裏表紙には八幡様のお使いである2羽の白鳩がデザインされています（1200円）

主祭神

オウジンテンノウ
応神天皇

チュウアイテンノウ
仲哀天皇

ジングウコウゴウ
神功皇后

DATA

白岡八幡神社

創建／849年
本殿様式／八幡造
住所／埼玉県白岡市白岡889
交通／JR「白岡駅」から徒歩10分
参拝時間／自由
御朱印授与時間／9:00～15:00
URL http://www.shiraoka-hachimanjinja.or.jp/

みんなのクチコミ!!

神職や氏子の方がもち米を栽培しています。秋祭りと例大祭に境内で餅つきがあり、お餅が振る舞われます（お餅好き）

東秩父村

坂本八幡大神社

【さかもとはちまんだいじんじゃ】

文武両道を願うなら参拝すべし！

仕事、学業、試験、そして人間関係や試合もゼッタイ負けられない瀬戸際に迷わず参拝。

埼玉県唯一の村、東秩父村に鎮座しています。鎌倉時代の武将・畠山重忠《はたけやましげただ》が鶴岡八幡宮の分霊を祀ったのが最初とされます。命がけの合戦で勝ちを与えてくれる力強い神として武士に敬われてきました。主祭神のほかにスサノオノミコトをはじめ13柱の神様もお祀りしています。仕事、縁結びなどさまざまなシーンでライバルに勝つパワーを授けてくれるに違いありません。

主祭神

誉田別命《ホンダワケノミコト》

ほかにも厄除け、開運、子孫繁栄、良縁などの御利益が……

秋の例大祭では里神楽が奉納されます

毎年11月3日の例大祭では、神代里神楽が奉納されます。江戸時代後期に伝わったお神楽で、一時中断していましたが、明治時代に再興されました。この日、境内には笛や太鼓の音が流れ、ひょっとこの餅まきもあります。

みんなのクチコミ!!

神社の前、槻川に架かる赤い神橋からの景色がとても好きです。春は桜もきれい（るる）

墨書／奉拝、東秩父村坂本、八幡大神社　印／社紋の笹リンドウ、八幡大神社印　●笹リンドウは源氏とゆかりの深い紋です。御朱印には手漉き和紙「細川紙」に浄書したもの（500円）と普通紙（300円）の2種類があります

●「細川紙」に浄書した御朱印。細川紙はユネスコ世界文化遺産に指定されている東秩父村の特産品です

人口3000人足らずの山村にたたずむ神社。境内は豊かな緑に囲まれ、山里の静けさに満ちています

DATA

坂本八幡大神社

創建／1191年
本殿様式／流造
住所／埼玉県秩父郡東秩父村坂本1541
交通／東武東上線「小川町駅」からバス20分、「保険センター前」下車、徒歩3分
参拝時間／自由
御朱印授与時間／宮司の自宅にて在宅時のみ頂けます
URL http://manamizuki33.wixsite.com/hatimansama

神社の方からのメッセージ

週末になると定期的に都市部から自転車でお参りに見え、声をかけてくださる方がいて、とても楽しみにしています。参拝にいらしたらぜひ、話しかけてください。元旦祭、祈年祭、天王祭、例大祭など年間を通じて7回の祭典があります。

東秩父村は埼玉県西部に位置する山村です。総面積は約37平方キロメートル、その8割が山林です。1300年も受け継がれてきた、伝統的な手漉き和紙「細川紙」の産地で、村内には手漉き和紙の体験や販売を行う「道の駅　和紙の里ひがしちちぶ」があります。

合格と幸せを招く天神様

天神様と愛宕様&お稲荷様のパワーで
学業成就・合格に加えて開運招福もゲット!

上里町

菅原神社
【すがわらじんじゃ】

平安時代、祭神の天神様こと菅原道真公の没後、陰陽道という学問の教官であった紀友成《きのともなり》は祭神の教えを広めようと絵姿を背負い全国を旅しました。この地を訪れたとき、村人は絵姿を頂き、小さな祠を建てて鎮守として祀ったのです。以来、開運招福を願う名主や村民の信仰を集めてきました。

境内には愛宕神社と稲荷社が鎮座し、社殿の裏には幸福を招く御柱が立っています。2002年、「菅原道真公1100年大祭」に合わせ境内を整備し、幣殿・拝殿の新築工事が行われました。境内には大木はなく、それだけに広々として明るく開放的な境内が広がります。

主祭神
菅原道真《スガワラノミチザネ》

ほかにも開運招福などの御利益が……

みんなのクチコミ!!

拝殿前の左右には梅が植えられています。受験の季節になると多くの人でにぎわいます。それ以外は静かで落ち着く境内です(pochi)

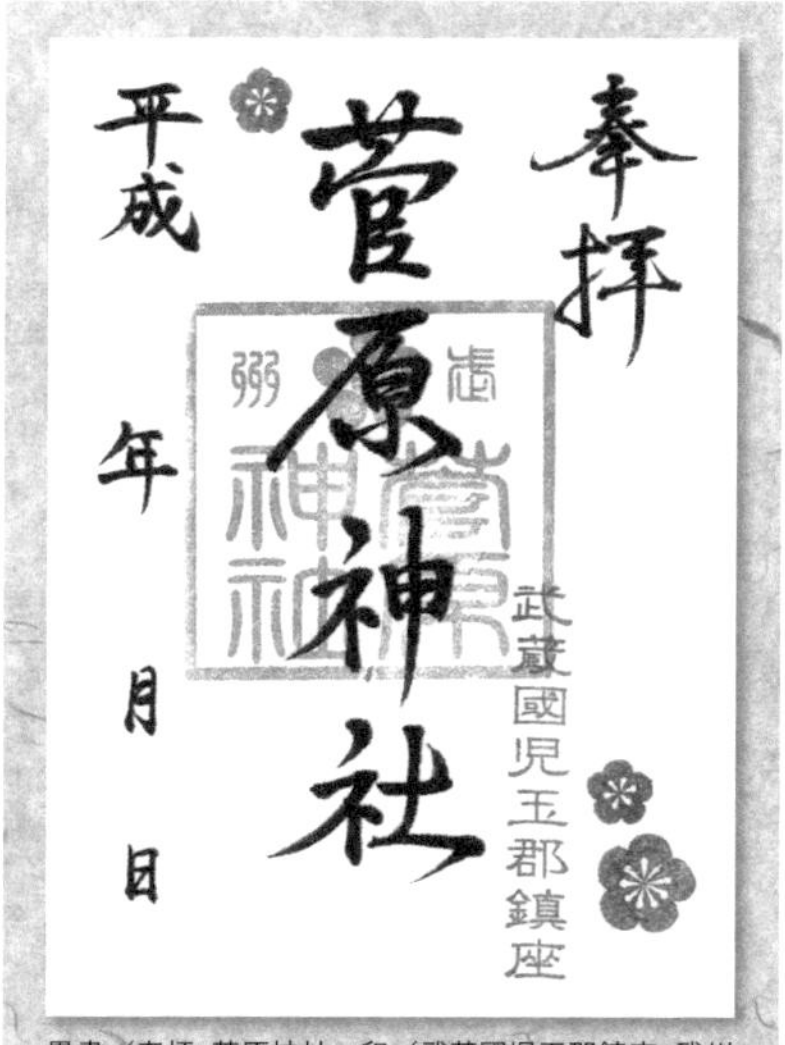

墨書/奉拝、菅原神社　印/武蔵國児玉郡鎮座、武州菅原神社、神紋である梅の印　●古くは天満宮と呼ばれていました。明治になり、社号を菅根神社、次に菅原神社と改め、現在にいたっています

お守り

梅の刺繍がきれいな「合格御守」(800円)はあらゆる試験にパワーを授けてくれます

絵馬

祭神の姿と紅梅・白梅が描かれた絵馬(500円)に祈願を書いて奉納

DATA

菅原神社

創建/903年
住所/埼玉県児玉郡上里町帯刀235
交通/JR高崎線「神保原駅」から車8分
参拝時間/自由
御朱印授与時間/神職在社時のみ
URL http://tenjin.main.jp/

神社の方からのメッセージ

当社は帯刀の鎮守として祀られてきました。949年に社殿を建立、しかし、度重なる戦火で社殿は焼失、村人に再興されてきました。江戸時代になり、地頭・伊藤刑部左衛門により、社殿が修復されました。現在の社殿は近年、新築されました。

上里町帯刀は神流川の右岸に位置する地域です。地域には直径20m前後の円墳が点在しています。古墳は6世紀半ばから7世紀半ばにかけて築造されたものと思われます。神社の裏手にも直径14mほどの円墳があり、埴輪が出土しています。

神社好きに聞いた！

とっておきの神社&御朱印

今まで訪ねた埼玉の神社のなかで印象に残った神社や御朱印、そしておすすめの神社を神社好きに聞きました。

File.1

忍諏訪神社・忍東照宮（行田市）

戦国時代好きなら見逃せません

戦国時代が大好きです。そこで戦国武将ゆかりの神社をめぐり、御朱印を集めています。埼玉県では、豊臣秀吉の水攻めに遭った忍城ゆかりの諏訪神社・東照宮がお気に入り。参拝後は忍城周辺を散策して、戦国時代に思いをはせています。

♥史跡らしい印に注目
「石田三成・水攻め」の印はここだけです

Point
徳川家康を祀る「東照宮」の下に、関ヶ原で敵対した「石田三成」の名が押されているのが、なんともシニカルだと思います。

30歳　会社員
大谷さん

File.2

上之雷電神社（熊谷市）

雷様と恵比須様に家内安全祈願

父親が工場などの電気設備施工の現場監督で、高圧電気を扱う仕事をしています。摂社の大雷神社は電気工事安全・雷除けの神様なので、わが家は毎年、初詣はこの神社。恵比須様も祀られ熊谷七福神の1社です。木造の鳥居が珍しいです。

♥雷様の印が迫力あり
「風神雷神図」を思わせる雷様の印です

Point
勇ましい雷様の印が押され、御朱印帳を開くたびに強いパワーを感じられます。上之村神社の御朱印とともに見開きで頂けます。

27歳　プログラマー
松下さん

File.3

聖神社（秩父市）

金運アップのパワーがすごい

宝くじを買ったら、必ず参拝に来て、御朱印を頂いています。高額当選は果たしていませんが、1万円前後はゲットしています。高額当選のお礼が書かれた紙が貼られていて、読んでいると億万長者への夢がふくらみます。

♥お金に縁のある印
印にある「和同開珎」とは日本で初めての流通貨幣のことです

Point
拝殿前にお守りや書き置きの御朱印が並んでいます。料金箱にお金を入れて、入手するセルフサービス式がユニークです。

35歳　飲食店経営
福本さん

File.4

武蔵一宮 氷川神社（さいたま市）

いつ参拝してもすがすがしい境内

楼門を抜けると白砂が明るく輝く、開放感にあふれた境内が広がっています。清掃が行き届き、いつもすがすがしい気持ちになれます。参拝後は隣接する大宮公園を散策。桜が見事ですが、モミジが多く、秋の紅葉も鮮やかです。

♥流麗な墨書
印と墨書のバランスがよく、端正な御朱印です

Point
御朱印は神紋の八雲の印がくっきり、「武蔵一宮」の格式を感じさせます。境内の「蛇の池」は最強のパワスポだそうです。

28歳　団体職員
宮川さん

第三章

御利益別！　今行きたい神社

Part6

レア御利益

クイズ大会で勝ちたい、野球が上手になりたい、日本一になりたい……などさまざまな願いを聞いてくださる神社をご紹介。自分の悩みや願いに合った神様を見つけて、まずは参拝しましょう！

★レア御利益★絶対行きたいオススメ神社 2選

所澤神明社（所沢市）／久伊豆神社（さいたま市岩槻区）

上之雷電神社（熊谷市）

箭弓稲荷神社（東松山市）

小鹿神社（小鹿野町）

水宮神社（富士見市）

日本神社（本庄市）

まだまだあります！

編集部オススメ！　授与品〈仕事・学業運&レア御利益〉

✿レア御利益✿ 絶対行きたいオススメ神社 2選

ピンポイントのお願いごとにパワーを発揮！

海外旅行の安全を願いたいなら、日本の初飛行を守護した所澤神明社。
クイズ大会に勝って賞金を獲得したいなら、クイズとも読める久伊豆神社。
ピンポイントのお悩み解決やお願いごとなら、ちょっとレアな御利益の神社が頼りになります。

春は桜、四季の花が美しい境内

繁華街の近くに建ちながら、境内は自然が豊か。ヤマトタケルノミコトがこの地で祭神に祈りをささげたという伝承が残ります。数度の火災で神宝や記録が焼失してしまったため、創建年代は不詳です。明治になり、現在の社殿が建立され、1934（昭和9）年に拝殿が完成しました。

「御砂」は御本殿内に納め祭神のパワーを頂いた直日の砂。直日とは不浄を清浄に戻す力をいいます（500円）

絶対行きたい
オススメ神社 1

旅の前には渡航安全祈願

日本の航空発祥の地の守り神として鎮座。旅行安全や渡航安全を守護していただけます。

所沢市

所澤神明社【ところざわしんめいしゃ】

所沢は明治時代に日本初の飛行場が開設されたことから、日本の航空発祥の地と呼ばれています。1911（明治4）年、初飛行の前日に関係者が飛行の安全を願い、所澤神明社に参拝。見事に成功したことから、飛行機の神社とされ、海外旅行をはじめ旅の安全を願う多くの参拝者が訪れています。境内社の鳥船神社は航空安全の神様。祈願紙に願いごとを書き、鶴を折って奉納します。

主祭神
天照大御神《アマテラスオオミカミ》

ほかにも家内安全、商売繁盛、諸願成就などの御利益が……

みんなのクチコミ!!

7月、8月には奉納風鈴が境内に掛けられ、涼し気な音が楽しめます（すず）

表紙には複葉機が刺繍されています（1200円）

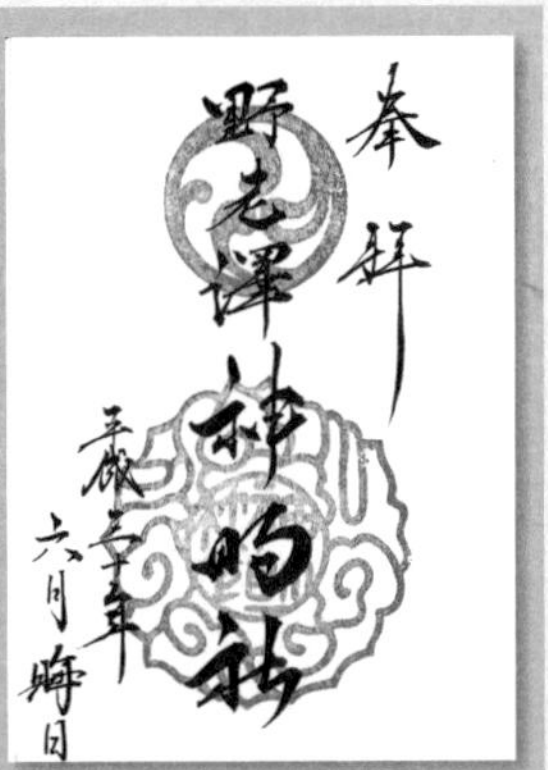

墨書／奉拝、野老澤、神明社　印／社紋、神明社　●「野老沢」は所沢のこと。古くはこのように表記していました。印で「神明社」の周囲を囲むのは天上を表す雲です

墨書／奉拝、鳥船神社　印／神明社所管社、鳥船神社、航空発祥之地所澤航空神社　●境内社の鳥船神社の印

DATA
所澤神明社
創建／不詳
本殿様式／神明造
住所／埼玉県所沢市宮本町1-2-4
交通／西武新宿線「航空公園駅」から徒歩6分
参拝時間／自由
御朱印授与時間／9:00〜17:00
URL http://www.shinmeisha.or.jp/

＼神社の方からのメッセージ／

当社は所沢の街の中心地にありながら、境内は御神木のカシが茂り、四季の花が咲き、野鳥の声も聞こえます。街の喧騒から離れ、心休まる空間となっています。創建については少なくとも奈良時代には神社として鎮座していたと推定されます。

6月第1日曜には人形供養祭が行われます。所沢人形協会が主催する行事で、関東一円から納められた人形はお祓いして鎮魂のあと、お焚き上げして供養されます。境内には人形奉斎殿があり、役目を終えた人形を納められるようになっています。

絶対行きたい
オススメ神社 2

さいたま市
岩槻区

久伊豆神社【ひさいずじんじゃ】

クイズに勝つ！ 勝運を授かる

クイズとも読めることでクイズ神社と親しまれ
クイズ大会優勝や合格祈願の参拝が増えています。

主祭神
大国主命《オオクニヌシノミコト》

ほかにも安産、縁結び、商売繁盛などの御利益が……

クイズ番組のロケに境内が使用されたのをきっかけに勝負運の知名度が急上昇。歴史を振り返れば、江戸時代には岩槻城や江戸を魔物や災厄の侵入から守っていたという力強い神様です。その力がクイズだけでなく、高倍率チケットの当選や試合の必勝をサポートしてくれるというわけ。さらには迷走気味の恋愛もゴールインに向かってパワーを発揮していただけます。

参拝者に人気のパワスポ「叶い戌」

境内右手奥、神札所のわきに「叶い戌」の石像があります。親子の犬をなでると安産の御利益があります。周囲には干支が刻まれた丸い石が置かれていますが、生まれた子供の干支石をなでると健康で丈夫な子供に育つといわれます。

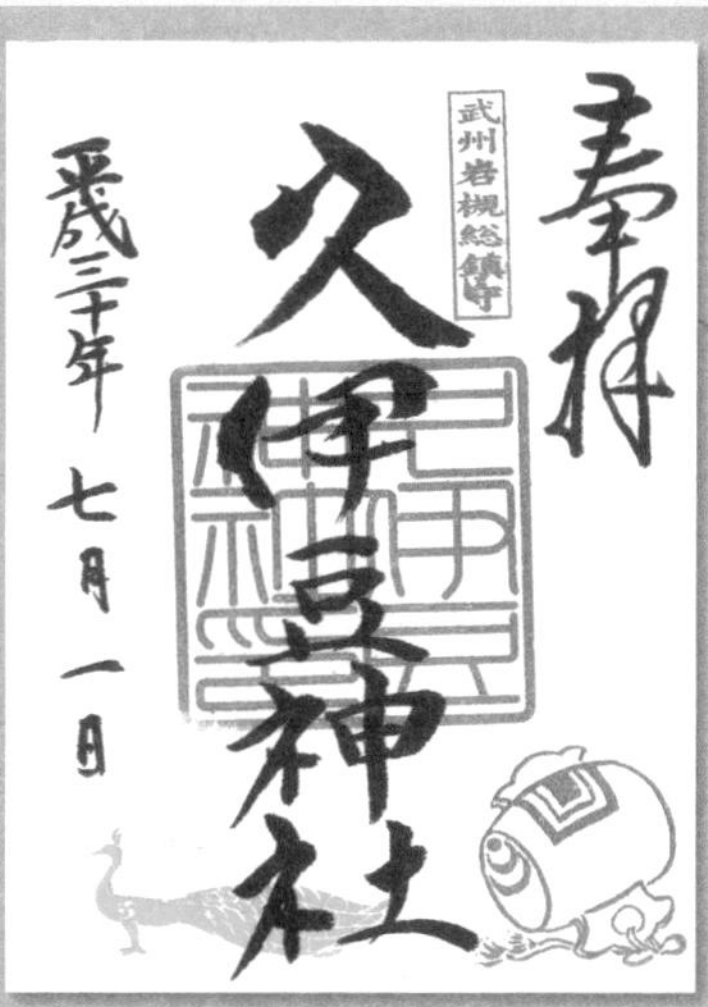

墨書／奉拝、久伊豆神社　印／武州岩槻総鎮守、久伊豆神社印、打出の小槌、クジャク　●打出の小槌は祭神・大国様の持ち物で良縁や金運を授けてくれます。クジャクは朝香宮がかつてクジャクを贈ったことに由来します

御朱印帳

表・裏表紙を合わせるとクジャクが羽を広げたようになります（1200円）

クジャクは邪悪なものや苦しみから人を救ってくれる鳥とされています。「救邪苦御守」はお守り袋にクジャクの羽を封入（1000円）

みんなのクチコミ!!

境内に茂る夫婦モッコクは御神木で縁結びのパワスポです。「ご縁結びお守り」もありますよ（ビーン）

お守り

毎月9日にはこの日限定の白い「救邪苦御守」を頒布（1500円）

DATA
久伊豆神社
創建／約1400年前
本殿様式／流造
住所／埼玉県さいたま市岩槻区宮町2-6-55
交通／東武野田線「岩槻駅」から徒歩15分
参拝時間／5:00～19:00
御朱印授与時間／9:00～16:00
URL http://www.hisaizu.jp/

神社の方からのメッセージ

境内に飼育されているクジャクは1938年、朝香宮鳩彦王殿下が岩槻にいらしたときに贈られた3羽のクジャクの子孫です。クジャクは害虫を食し、人に益をもたらす天の鳥とされています。クジャクをモチーフにした授与品を頒布しています。

岩槻は人形の町として有名です。人形作りの歴史は江戸時代初期から約380年。現在、「江戸木目込人形」「岩槻人形」が伝統工芸品に指定されています。夏の「人形のまち岩槻まつり」では人形衣装を着た市民の華やかなパレードが大通りで繰り広げられます。

IT・医療関連の人々が訪れる古社

パワフルな大雷神様をお祀りしていることで有名。「電気」や「神経」に関する御利益があります。

熊谷市

上之雷電神社

【かみのらいでんじんじゃ】

市内最古の鳥居である市指定文化財の木製両部鳥居

鎌倉時代創建の上之村神社と、摂社である大雷神社の2社を合わせて「上之雷電神社」の名称で親しまれています。主祭神は除災招福の神であるエビス様、大黒様と地鎮祭の神・大山祇の神様。また大雷神社には珍しい大雷神様が祀られ、古くから「県内一の雷電様」として雷除けの御利益があることでも知られてきました。現在では「電気」や「神経」の神様として崇敬を集め、家電・電気・電波・IT関連の職業の人や、医療関係の人々が多く訪れます。

主祭神

大己貴命《オオナムチノミコト》　事代主命《コトシロヌシノミコト》

大雷神《オオイカヅチノカミ》　大山祇命《オオヤマツミノミコト》

ほかにも厄除け、商売繁盛、縁結びなどの御利益が……

周辺は「のぼうの城」で知られる忍城主・成田家の本拠地。市内随一の広大な境内を誇ります

お守り

護符

力強い大雷神と電源コードが描かれた「雷（いかづち）護符」と「板守」（各700円）。

御朱印帳

四柱の祭神が揃うオリジナル御朱印帳（3000円）。

みんなのクチコミ!!

季節にちなんだ毎月異なるデザインの御朱印を頂けます（トキ）

墨書／奉拝、上之村神社、睦月の力、霊力、いのちのはじまりいのちの源の力、　印／武州熊谷、上之村神社、左三つ巴の紋、大雷神社、月に三つ引き両の紋、4柱の印　●「睦月の力」という墨書は1月限定。一年を通して和風月名が書かれます。

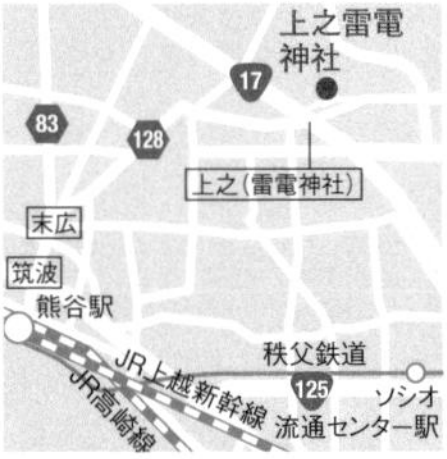

DATA

上之雷電神社
（上之村神社・大雷神社）

創建／1200年代
本殿様式／一間社流造
住所／埼玉県熊谷市上之16
交通／JR・秩父鉄道「熊谷駅」からバス10分（「上之」または「下川上」下車）
御朱印授与時間／10:00～15:00
※要事前連絡（048-527-0885）
URL https://www.kaminomura.me/

祭礼で使われる華やかな振万灯は市指定文化財

＼神社の方からのメッセージ／

年に数回、上之雷電神社の境内にて「市（縁日）」を開催しています。詳細は公式ホームページやfacebookでお知らせいたしますので、ぜひチェックしてみてくださいね。

毎年7月27日～28日にかけて例祭が執り行われます。講員になると「大雷講の日」である7月28日に限り、通常は神職しか立ち入りが許されない御垣内に参入し、本殿前で正式参拝を行うことができます。（※講員希望の人は神社へ連絡を。）

オートバイの安全祈願

4月の例大祭は小鹿野町に春を告げるお祭り。安全走行のお守りがライダーの間で人気です。

小鹿野町

小鹿神社【おしかじんじゃ】

ライダーの間ではバイク神社として知られています。授与品にバイクの安全走行を願うお守りが各種あるからです。交通安全の祈願は乗っているバイクのナンバーと自分の名前を紙に書き、500円を添えて奉納するもの。後日、お祓いとお炊き上げをしていただけます。毎年4月に行われる小鹿神社例大祭は町を代表する祭礼。華やかな屋台や笠鉾が町内を曳き回されます。

主祭神

春日大神《カスガオオカミ》

ほかにも家内安全、厄除け、商売繁盛などの御利益が……

みんなのクチコミ!!

神社の西側には「おがの鹿公園」があります。鹿が放し飼いになっている公園です。餌を50円で売ってました(ライダー)

ツーリングの参拝者が多いです

境内には本殿、拝殿、神楽殿が並びます。本殿は1775(安永4)年の建立。ツーリングの参拝者も多いそうです。春の例大祭では屋台を舞台にして歌舞伎が演じられます。演じるのは町の人。約200年の歴史があります。

墨書/参拝、小鹿神社　印/社紋、宝珠印、OGANOの文字でデザインされたバイク印　●祭神の春日大神は藤原鎌足を祖とする藤原氏の守護神。社紋は藤原氏の紋でもある下り藤が使われています。

ステッカー(500円)をバイクに貼って安全走行を

お守り

転倒防止の「防止守」(500円)はお守り袋にテントウムシがあしらわれています

DATA

小鹿神社

創建/700年頃
住所/埼玉県秩父郡小鹿野町小鹿野1432
交通/西武線「西武秩父駅」から
バス40分「小鹿野」下車徒歩10分
参拝時間/自由
御朱印授与時間/8:00～17:00(在社時のみ)

神社の方からのメッセージ

祭神のお使いが鹿。そこで「おしかじんじゃ」と呼ばれるようになったのではないかと推測されます。当社は鎮座地を何度か変え、現在地になったのは1910(明治43)年のことです。バイクでのお参りが多いです。安全走行でいらしてください。

小鹿野町は「ウェルカムライダーズ」を標榜する町です。オートバイのロゴマークを掲げた飲食店ではライダーのためにお得なメニューを用意しています。また、ライダー歓迎の宿泊施設やオリジナルグッズ販売店などもあります。

日本一祈願のパワースポット

山道を数分登った小高い山の頂上に鎮座。「日本」が社名につくのは、日本で唯一です。

本庄市

日本神社

【にほんじんじゃ】

主祭神

神武天皇《ジンムテンノウ》

ほかにも金運、招福などの御利益が……

日本という神社名からスポーツや技能で日本一を目指す必勝祈願で有名な知る人ぞ知るパワスポです。サッカー日本代表、オリンピック日本代表、高校野球の選手や関係者らが必勝祈願に訪れ、見事に勝利を手にしています。明るく開けた境内には力強いパワーがみなぎっているようです。奉納されている青いダルマはサッカーのサムライ・ブルーのブルーに由来します。御朱印や授与品は神社入口にある新井商店か、商店から1kmほど手前にある宮司の自宅で頂きます。

参道の入口には赤いのぼりが立っています

深い緑に囲まれた石段

新井商店の脇からは境内へ上る山道が続きます。山奥に入っていくような雰囲気の参道です。山道と石段を上りきること約10分、境内が明るく開け、鳥居が立ち、その向こうに拝殿があります

みんなのクチコミ!!

新井商店には2014年W杯ブラジル大会必勝祈願ダルマ、東京オリンピック招致祈願ダルマなどが展示されています（OSAKO）

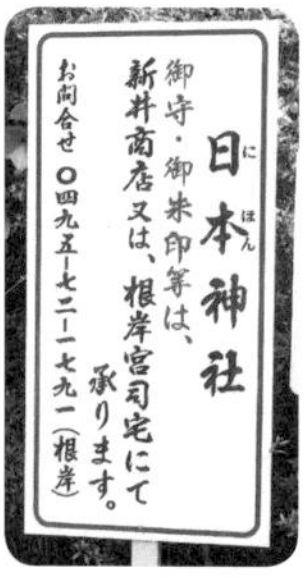

境内に御朱印やお守りの授与所の案内板があります

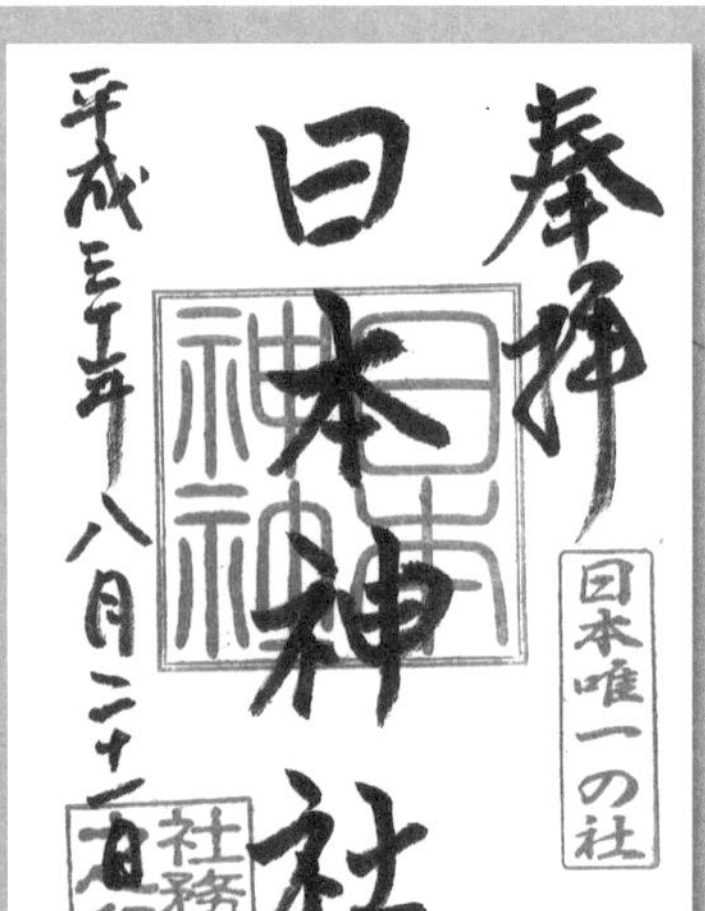

墨書／奉拝、日本神社　印／日本唯一の社、日本神社、社務所之印　●日本という名が社名についた神社はここだけ。そこで日本唯一の社印が押されています

絵馬

ダルマの絵馬（500円）はサムライ・ブルー。スポーツだけでなく受験必勝もOK

お守り

「御守」（各500円）のお守り袋はブルーと、Japanと日の丸のデザインが鮮やかな赤の2種類

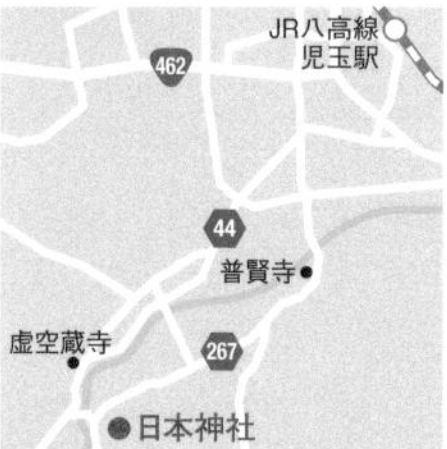

DATA

日本神社

創建／791年

住所／埼玉県本庄市児玉小平1578

交通／JR八高線「児玉駅」から車10分

参拝時間／自由

御朱印授与時間／神職在社時のみ

神社の方からのメッセージ

当社は坂上田村麻呂が蝦夷地平定の際に当地に立ち寄り、必勝祈願をし、無事平定の後、社殿を建立したのが始まりと伝わります。4月の例祭には拝殿前で獅子舞、神楽殿で万作踊りが奉納されます。女獅子の頭は左甚五郎作と伝わります。

2011年ドイツワールドカップ出場の「なでしこジャパン」に必勝祈願の御祈祷をした青いダルマを贈呈。ダルマは合宿所に納められ、見事、優勝。帰国後は佐々木則夫監督が目を入れ、日本神社に奉納しました。このダルマは本庄市観光農業センターに展示されています。

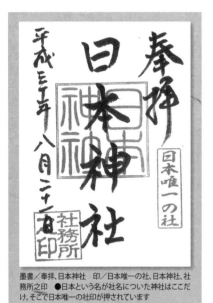

技芸上達なら、マスト！

バット形の「球技守」が打ち勝つ力を授与。負けられないシーンに直面したら絶対参拝！

東松山市

箭弓稲荷神社

【やきゅういなりじんじゃ】

主祭神

保食神《ウケモチノカミ》

ほかにも商売繁盛、芸能上達などの御利益が……

箭弓《やきゅう》が野球に通じることから球児たちの間で試合前にはマスト参拝の神社として有名になりました。今では球技だけではなくさまざまなアスリートが必勝を願って、参拝に訪れています。絵馬掛けにはバットとベース型の絵馬がいっぱい。ベース型の絵馬には必勝の思いを込めてチームの名前が書かれています。境内南側には松とセンダンの木が寄り添うように茂る〝縁結びの木〟があり、恋愛だけでなく人間関係好転の御利益もあるとされます。

レア御利益

「球技守」（800円）は、球技の上達と何事にも打ち勝つ思いを託すお守り

「十八番守」（500円）は「おはこまもり」と読み、芸能上達を願うお守り

みんなのクチコミ!!

2016年、「最も大きな木製スタンプ」とギネス認定された縦横約1mの印が参集殿に展示されています（バース）

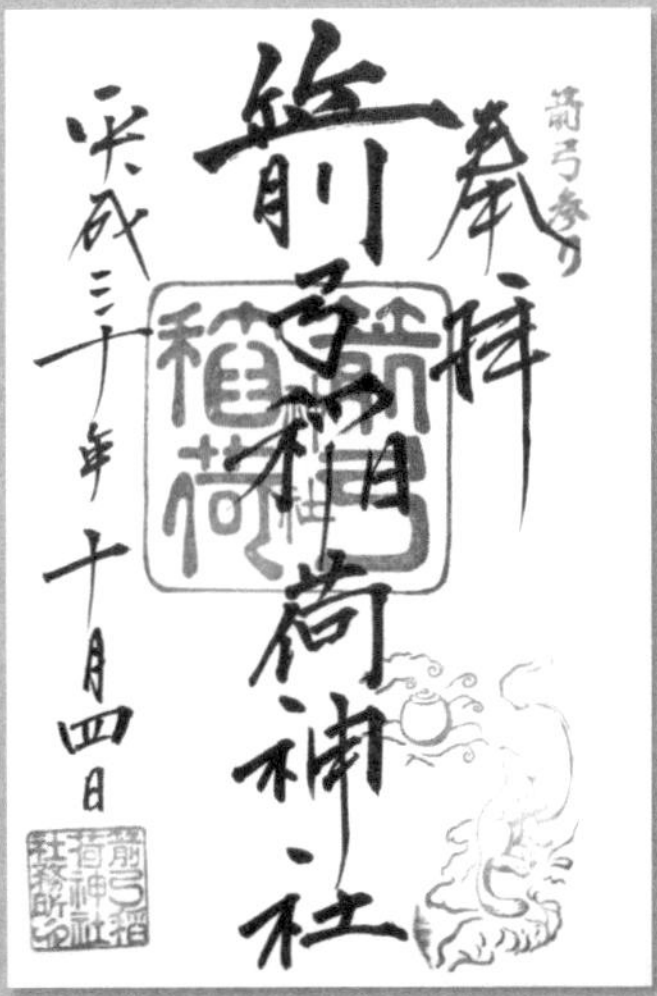

墨書／奉拝、箭弓稲荷神社　印／箭弓参り、箭弓稲荷神社、箭弓稲荷神社社務所印、宝珠と祭神のお使いであるキツネの印　●添え印が月ごとに変わります。上は10月、右上は1月の御朱印

墨書／奉拝、箭弓稲荷神社　印／箭弓参り、箭弓稲荷、箭弓稲荷神社社務所印、宝船

境内の「ぼたん園」は広さ約3500平方メートル、1300余株のボタンが植えられ、毎年4月中旬～5月上旬まで楽しめます。入園無料

DATA

箭弓稲荷神社

創建／712年
本殿様式／権現造
住所／埼玉県東松山市箭弓町2-5-14
交通／東武東上線「東松山駅」西口から徒歩3分
参拝時間／自由
御朱印授与時間／8:00～16:30
URL http://www.yakyu-inari.jp/

神社の方からのメッセージ

当社は1300年の歴史を有する古社です。松山城主、川越城主をはじめ多くの信仰を集めてきました。末社の團十郎稲荷は江戸時代の歌舞伎役者・市川團十郎が信仰した稲荷社です。今でも芸能・技術上達を願う方々の参拝が多いです。

箭弓稲荷神社は境内の「ぼたん園」が有名です。1974年には関東一の規模とされ、東松山市の花に指定されました。園内にはボタンのほか、〝延命のフジ〟と呼ばれる推定樹齢250年とされるフジが枝を伸ばし、ボタンと同時期に紫の花を咲かせます。

水の女神を祀り、御利益は〝かえる〟

水の神様を祀り、お使いがカエル、御利益は無事帰る、失くし物が返ってくる、若返る……。

富士見市

水宮神社【みずみやじんじゃ】

古来、この地は清らかな水が湧く所。そこで雨や水を司る神様をお祀りしています。拝殿前に控えるのは狛犬ではなく2匹のカエル。手水舎にもカエルの置き物があります。そこで御利益はさまざまなものが〝かえってくる〟こと。無事帰ることから旅行安全の御祈祷が受けられます。また、カエルは前にしか跳ばないので前向きになれるパワーも頂けます。

主祭神

天照大御神《アマテラスオオミカミ》　素盞嗚尊《スサノオノミコト》
木花開耶姫命《コノハナサクヤヒメノミコト》　誉田別命《ホンダワケノミコト》
大国主命《オオクニヌシノミコト》　罔象女神《ミズハノメノカミ》

ほかにも厄除け、安産、開運、縁結びなどの御利益が……

みんなのクチコミ!!

境内の雰囲気がとても明るいです。神社の方は気さくで話しやすかったです（ケロ）

社殿内の木彫り額が見事

社殿は2006年12月に建て替えられました。金具や彫刻には水のデザインが用いられています。社殿内に飾られた木彫りの額は祭神にちなむ神話が彫られ、それは見事。無料で拝観することができます。

墨書／奉拝、水宮神社　印／神紋の五瓜に四つ目、水宮神社、参拝記念とカエル　●とてもカラフルな印が押されています。参拝記念のカエルは社殿前の「狛蛙」です。御朱印は拝殿横の授与所で頂けます

お守り

「かえる守」（700円）は「若返る、よみがえる、無事帰る」などを祈願するお守り

「狛蛙」は社殿前に安置された狛蛙を忠実に再現したミニチュア。「帰る」にちなみ交通安全、家内安全のお守りです。神棚や机、玄関に飾ります（2000円）

DATA

水宮神社

創建／室町時代
本殿様式／権現造
住所／埼玉県富士見市水子1762-3
交通／東武東上線「みずほ台駅」から徒歩18分
参拝時間／自由
御朱印授与時間／9:00～17:00
URL http://mizumiya-jinja.info/

\ 神社の方からのメッセージ /

当社は京都聖護院の本山派に属する神仏習合の修験寺でした。明治元年、神仏分離令により、神社となりました。平成30年、志木市から150年ぶりに、役行者・不動明王像が里帰りしました。毎年4月29日が例大祭です。

富士見市は縄文時代から人が生活していたという歴史があります。神社近くの水子貝塚公園は約5500年前の縄文時代前期の遺跡。ここには貝塚を中心に集落が形成されていました。園内には竪穴式住居が復元され、展示館があります。国指定史跡です。

仕事・学業運&レア御利益

まだまだあります!

編集部オススメ!授与品

成績アップやキャリアップには努力も必要ですが、ときには壁にぶつかることも。
そんなときに乗り越える力を与えてくれるお守りや、新たな挑戦を後押ししてくれるお守りの数々、
さらに魔を祓うパワーで危険から身を護る授与品やかわいい自転車のお守りなどレアな授与品も紹介します。

秩父御嶽神社 P.72 ライバルに勝ち成績アップ

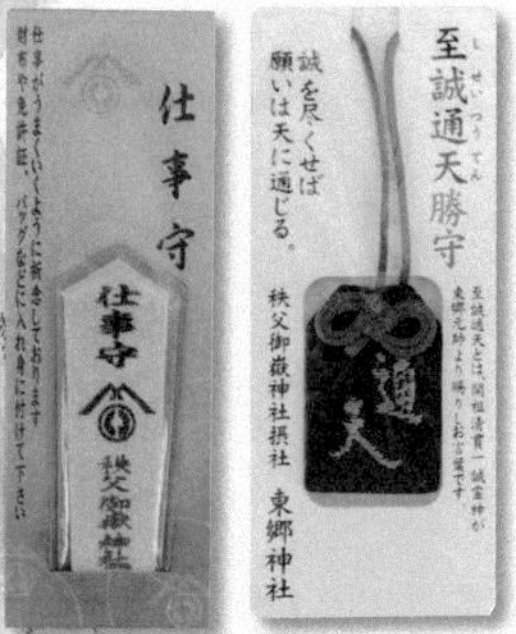

至誠通天勝守　600円
仕事守　500円

「至誠通天《しせいつうてん》」とはこちらの神社の開創・鴨下清八が東郷元帥から頂いた言葉。誠を尽くせば願いは天に通じるという意味です。「仕事守」は仕事がうまくいくようにとの祈願が込められています。ライバルに勝ち、業績や成績アップ、さまざまな試験合格の力も与えくれるお守りです。

八幡神社 P.107 車に貼れるステッカー

交通安全守護　500円

樹木に囲まれて鎮座する八幡神社は源頼義・義家親子が奥州征伐の際、戦勝を祈願したと伝わります。開運・厄除け、交通安全の御利益で知られ、境内では車のお祓いも受けられます。交通安全のステッカーには社紋の三つ巴が配されています。

久伊豆神社 P.133 表にロードバイク、裏にはクジャク

自転車御守
各700円

さいたま市では自転車のロードレース「さいたまクリテリウム」を毎年、開催しています。この開催を記念して頒布された自転車のお守りです。3色展開で表にはロードバイク、裏には交通安全の文字とクジャクが織り込まれています。このほか、蛍光色のリストバンド型「自転車御守」もあります。

上之雷電神社 P.134 悪鬼を滅し道を切り拓く

開運厄除守　800円

「護身刀」と彫られた、雷神の霊刀が入っています。お財布や鞄の中に忍ばせておくと悪鬼を滅し、祟り神を鎮め、厄災をもたらす禍神から身を守ってくれます。さらに、霊刀の導きによって進むべき道を切り拓くパワーも。とても心強いお守りです。

鎮守氷川神社 P.104 迫力の祭神シルエット

交通安全ステッカー　300円
勝守　700円

魔除けパワー最強の祭神・スサノオノミコトの姿がデザインされています。「交通安全ステッカー」は自転車・バイク用です。「勝守」は裏に祭神のシルエットが配されています。

行田八幡神社 P.112 ダルマの目力で合格

必勝ダルマ絵馬　600円

八幡様は武士の戦勝祈願をかなえた頼りがいのある神様。入試・資格試験などあらゆる試験の合格を祈願しましょう。ダルマの目には「叶」の字が書かれ、すでに合格を約束してくれているかのようです。

読者の皆さんからのクチコミを一挙公開！

御朱印＆神社 Information

『地球の歩き方 御朱印シリーズ』の編集部には愛読者の皆さんから、神社の御朱印や御利益について、さまざまなクチコミが寄せられています。今回、本書掲載の神社や掲載できなかった神社のリアルな情報をご紹介します。

本書掲載神社のクチコミ！

川越熊野神社【かわごえくまのじんじゃ】

境内には銭洗弁天があり、毎月第３日曜が縁日です。この日は先着 50 名に宝池で清めた福銭が授与されます。宝池にはお金を洗うためのザルと柄杓が常時、用意されています。

20 代・女性

神社の詳細は▶P.97

鴻神社【こうじんじゃ】

子授けと安産の御利益で有名な神社です。ふたり目の子供が欲しいと思い参拝したところ、翌日の検診で妊娠が判明してビックリしました。そのうえ、お産も軽くて済みました。

20 代・女性

神社の詳細は▶P.118

川越氷川神社【かわごえひかわじんじゃ】

彼と別れ、新しい恋をしたくて参拝しました。そこで黒地に花模様の「であいこい」というお守りを購入して、ずっと身に着けていました。おかげで良い出会いに恵まれました。

20 代・女性

神社の詳細は▶P.50

鷲宮神社【わしのみやじんじゃ】

アニメ『らき☆すた』の聖地です。主人公姉妹の父親が宮司という設定で、そのモデルになった神社。アニメを描いて奉納した絵馬がいっぱい。月次祭の限定御朱印があります。

50 代・女性

神社の詳細は▶P.110

鎮守氷川神社【ちんじゅひかわじんじゃ】

７月１日の夏越大祓の限定御朱印ですが、頒布期間はウェブサイトにアップされ、なくなり次第終了です。最終日に参拝したら、すでに頒布は終了。早めに行くことをおススメします。

50 代・女性

神社の詳細は▶P.104

三峯神社【みつみねじんじゃ】

長い間、交際していた彼と参拝。縁結びの木の下に備え付けてある紙にお互いの名前を書いて納めました。その後すぐ、彼との結婚が決まり、現在も夫婦仲よく暮らしています。

30 代・女性

神社の詳細は▶P.46

高麗神社【こまじんじゃ】

駐車場奥にある車祓所の手前に天下大将軍・地下女将軍と彫られたトーテムポールのような石柱があります。これは将軍標という魔除けだそうです。高麗駅前にも立っています。

40 代・女性

神社の詳細は▶P.85

武蔵第六天神社【むさしだいろくてんじんじゃ】

祖父の代から、何度もお参りしています。１月の紅梅から始まり、桜、ツツジ、藤、ボタン、アジサイ、キンモクセイといつ訪ねても、花が絶えない境内に癒やされます。

40 代・女性

神社の詳細は▶P.114

行田八幡神社【ぎょうだはちまんじんじゃ】

病気平癒の御利益が有名なので、友人がガンで入院したときに参拝しました。友人のために「癌封じ御守」を頂き、「癌封じ絵馬」を奉納したところ、快方に向かい、退院できました。50代・女性

神社の詳細は▶P.112

金鑽神社【かなさなじんじゃ】

社名に"金"という字が入っているので金運アップの御利益があると聞き、参拝しました。山のなかにあるせいか、凄いパワーを感じました。本殿がない珍しい神社です。

40代・女性

神社の詳細は▶P.89

秩父今宮神社【ちちぶいまみやじんじゃ】

願い石を集めて開運の御利益をもらう「秩父願い石巡礼」（全11カ所）のひとつです。こちらのパワーストーンは良縁をかなえてくれるローズクォーツ。授与所で頒布しています。

20代・女性

神社の詳細は▶P.125

本書未掲載神社のクチコミ！

剣神社【つるぎじんじゃ】

神社のキャッチフレーズが「蕨市の小さなお宮」。狭い参道を行くと民家の一部が拝殿になっています。御朱印には福を招く、フクロウの印が押印されます。「福ふくろう守」もあり。
50代・男性
埼玉県蕨市南町2
http://tsurugijinja.jimdo.com/

久伊豆神社【ひさいずじんじゃ】

境内には前足が麻縄で縛られた「足止めの狛犬」が鎮座しています。心が離れてしまいそうな相手をしっかりつなぎ止めておきたいとの願いを込めて、参拝者が縛るそうです。
30代・女性
埼玉県越谷市越ケ谷1700
https://www.hisaizujinja.jp/

新曽氷川神社【しんそひかわじんじゃ】

境内には高さ10m以上の夫婦柿が茂っています。これは1本の木に丸型と細長い形の2種類の柿が実る珍しい柿です。12月初めになると木の葉が落ちて柿の実がよく見えます。
40代・女性
埼玉県戸田市氷川町2-12-9

芳川神社【よしかわじんじゃ】

吉川の総鎮守です。拝殿は幕末に建てられたもので、境内には御神木のオオクスが茂っています。御朱印ですが、墨の文字が力強くて荒々しい感じ。とても気に入りました。
10代・女性
埼玉県吉川市大字平沼315-1
https://www.5.hp-ez.com/hp/yoshikawazinnja/

薬師神社【やくしじんじゃ】

川越の名所「時の鐘」の真下にあります。時の鐘をくぐると正面に拝殿、右側には稲荷社が鎮座しています。御利益は眼病平癒、お稲荷さんは出世開運合格だそうです。
30代・女性
埼玉県川越市幸町15-8

愛宕神社【あたごじんじゃ】

旧岩槻城の城郭の一部である土塁の上に鎮座しています。小さいながらも、拝殿には精緻な彫刻が施されています。7月4日に境内で朝顔市が開かれます。火防の神様です。
50代・男性
埼玉県さいたま市岩槻区本町3-21-25

春日部八幡神社【かすかべはちまんじんじゃ】

境内に高さ8mほどの富士塚があります。頂上には富士山の神様・浅間様の祠があり、子供の健康や成長を守ってくれるそう。赤ちゃんを抱いて登るお母さんの姿をよく見かけます。
40代・女性
埼玉県春日部市粕壁5597
http://www.kasukabe-hachiman.jp/

＼週末はお寺や神社で御朱印集め♪／

御朱印めぐりをはじめるなら 地球の歩き方 御朱印シリーズ

地球の歩き方 御朱印シリーズ

『地球の歩き方　御朱印シリーズ』は、2006年に日本初の御朱印本として『御朱印でめぐる鎌倉の古寺』を発行。以来、お寺と神社の御朱印を軸にさまざまな地域や切り口での続刊を重ねてきた御朱印本の草分けです。御朱印めぐりの入門者はもちろん、上級者からも支持されている大人気シリーズです。

※定価は10%の税込です。

神社シリーズ

御朱印でめぐる
東京の神社
週末開運さんぽ　改訂版
定価1540円(税込)

御朱印でめぐる
関西の神社
週末開運さんぽ
定価1430円(税込)

御朱印でめぐる
関東の神社
週末開運さんぽ
定価1430円(税込)

御朱印でめぐる
全国の神社
開運さんぽ
定価1430円(税込)

寺社シリーズ

寺社めぐりと御朱印集めが
より深く楽しめる
情報が充実。
期間限定御朱印なども
たくさん掲載

御朱印でめぐる
東海の神社
週末開運さんぽ
定価1430円(税込)

御朱印でめぐる
千葉の神社
週末開運さんぽ　改訂版
定価1540円(税込)

御朱印でめぐる
九州の神社
週末開運さんぽ　改訂版
定価1540円(税込)

御朱印でめぐる
北海道の神社
週末開運さんぽ
定価1430円(税込)

御朱印でめぐる
埼玉の神社
週末開運さんぽ　改訂版
定価1540円(税込)

御朱印でめぐる
神奈川の神社
週末開運さんぽ　改訂版
定価1540円(税込)

御朱印でめぐる
山陰 山陽の神社
週末開運さんぽ
定価1430円(税込)

御朱印でめぐる
広島 岡山の神社
週末開運さんぽ
定価1430円(税込)

御朱印でめぐる
福岡の神社
週末開運さんぽ　改訂版
定価1540円(税込)

御朱印でめぐる
栃木 日光の神社
週末開運さんぽ
定価1430円(税込)

御朱印でめぐる
愛知の神社
週末開運さんぽ　改訂版
定価1540円(税込)

御朱印でめぐる
大阪 兵庫の神社
週末開運さんぽ
定価1430円(税込)

御朱印でめぐる
京都の神社
週末開運さんぽ　改訂版
定価1540円(税込)

御朱印でめぐる
信州 甲州の神社
週末開運さんぽ
定価1430円(税込)

御朱印でめぐる
茨城の神社
週末開運さんぽ
定価1430円(税込)

御朱印でめぐる
四国の神社
週末開運さんぽ
定価1430円(税込)

御朱印でめぐる
静岡 富士 伊豆の神社
週末開運さんぽ　改訂版
定価1540円(税込)

御朱印でめぐる
新潟 佐渡の神社
週末開運さんぽ
定価1430円(税込)

御朱印でめぐる
全国の稲荷神社
週末開運さんぽ
定価1430円(税込)

御朱印でめぐる
東北の神社
週末開運さんぽ　改訂版
定価1540円(税込)

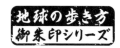

お寺シリーズ

御朱印でめぐる
関東の百寺
〈坂東三十三観音と古寺〉
定価1650円(税込)

御朱印でめぐる
秩父の寺社
〈三十四観音完全掲載〉改訂版
定価1650円(税込)

御朱印でめぐる
高野山
改訂版
定価1650円(税込)

御朱印でめぐる
東京のお寺
定価1650円(税込)

御朱印でめぐる
奈良の古寺
改訂版
定価1650円(税込)

御朱印でめぐる
京都のお寺
改訂版
定価1650円(税込)

御朱印でめぐる
鎌倉のお寺
〈三十三観音完全掲載〉三訂版
定価1650円(税込)

御朱印でめぐる
全国のお寺
週末開運さんぽ
定価1540円(税込)

御朱印でめぐる
茨城のお寺
定価1650円(税込)

御朱印でめぐる
東海のお寺
定価1650円(税込)

御朱印でめぐる
千葉のお寺
定価1650円(税込)

御朱印でめぐる
埼玉のお寺
定価1650円(税込)

御朱印でめぐる
神奈川のお寺
定価1650円(税込)

御朱印でめぐる
関西の百寺
〈西国三十三所と古寺〉
定価1650円(税込)

御朱印でめぐる
東北のお寺
週末開運さんぽ
定価1650円(税込)

テーマシリーズ

寺社の凄い御朱印を
集めた本から鉄道や船の印を
まとめた1冊まで
幅広いラインアップ

日本全国ねこの御朱印&
お守りめぐり
週末開運にゃんさんぽ
定価1760円(税込)

御朱印でめぐる
東京の七福神
定価1540円(税込)

日本全国
この御朱印が凄い！
第弐集 都道府県網羅版
定価1650円(税込)

日本全国
この御朱印が凄い！
第壱集 増補改訂版
定価1650円(税込)

一生に一度は参りたい！
御朱印でめぐる
全国の絶景寺社図鑑
定価2497円(税込)

日本全国
日本酒でめぐる酒蔵
&ちょこっと御朱印〈西日本編〉
定価1760円(税込)

日本全国
日本酒でめぐる酒蔵
&ちょこっと御朱印〈東日本編〉
定価1760円(税込)

鉄印帳でめぐる
全国の魅力的な鉄道40
定価1650円(税込)

御船印でめぐる
全国の魅力的な船旅
定価1650円(税込)

関東版ねこの御朱印&
お守りめぐり
週末開運にゃんさんぽ
定価1760円(税込)

沿線シリーズ

人気の沿線の
魅力的な寺社を紹介。
エリアやテーマ別の
おすすめプランなど
内容充実

御朱印でめぐる
東急線沿線の寺社
週末開運さんぽ
定価1540円(税込)

御朱印でめぐる
中央線沿線の寺社
週末開運さんぽ
定価1540円(税込)

聖地シリーズ

山・森・水・町・島の
聖地として
お寺と神社を紹介

御朱印でめぐる
全国の聖地
週末開運さんぽ
定価1430円(税込)

御朱印でめぐる
関東の聖地
週末開運さんぽ
定価1430円(税込)

www.arukikata.co.jp/goshuin/ 検索

編集後記　私の凄い御利益神社はココ！

株式投資をしています。株価高騰を願って聖神社（→P.47）を参拝。「招財進寶」のカード型お守りを購入。お守りに手を合わせてから、ある株を買ったら、なんとッ！翌日から株価上昇。凄い御利益で大喜びです。（編集O）

取材をいくつも断られたり、落とし物・忘れ物をしたりとイヤなことがいろいろ起きて、厄祓いに鎮守氷川神社（→P.104）へ。スサノオ様の御朱印を頂いたら心がスッキリ。パワーをもらったんだと思います。（ライターY）

友人が妊娠。戌の日に鴻神社（→P.118）へ。かわいい安産御守を頂いて渡しました。ちょっとつわりがひどくて心配してましたが、初産しかも高齢出産なのに陣痛もそれほどでなく、本当に安産だったそうです。（編集S）

大好きなアーティストのライブは常にプラチナチケットで抽選必至。そこで応募するときにはツキを招くため調神社（→P.44）へ参拝。あるときにはアリーナ席が当たって、すごく近くで見られて大感激♪♪（編集M）

地球の歩き方　御朱印シリーズ 16

御朱印でめぐる埼玉の神社　週末開運さんぽ　改訂版
2023年12月19日　初版第1刷発行

著作編集 ● 地球の歩き方編集室

発行人 ● 新井邦弘
編集人 ● 宮田 崇
発行所 ● 株式会社地球の歩き方
〒141-8425　東京都品川区西五反田 2-11-8

発売元 ● 株式会社Gakken
〒141-8416　東京都品川区西五反田 2-11-8

印刷製本 ● 開成堂印刷株式会社

企画・執筆 ● 株式会社ワンダーランド〔馬渕徹至・吉田明代・杉山由依〕小川美千子
編集 ● 杉山由依・吉田明代・馬渕徹至・山下将司
デザイン ● MEGA STUDIO〔大井洋司・伊藤和美・又吉るみ子〕
イラスト ● ANNA、湯浅祐子〔株式会社ワンダーランド〕
マップ制作 ● 齋藤直己〔アルテコ〕
撮影 ● 島崎雄史
校正 ● ひらたちやこ
編集・制作担当 ● 松崎恵子

\ 感想を教えてください！ /

読者プレゼント

ウェブアンケートにお答えいただいた方のなかから抽選で毎月3名の方にすてきな商品をプレゼントします！
詳しくは下記の二次元コード、またはウェブサイトをチェック。

https://www.arukikata.co.jp/guidebook/enq/goshuin01

●この本に関する各種お問い合わせ先
・本の内容については、下記サイトのお問い合わせフォームよりお願いします。
URL ▶ https://www.arukikata.co.jp/guidebook/contact.html
・在庫については　Tel ▶ 03-6431-1250（販売部）
・不良品（落丁、乱丁）については　Tel ▶ 0570-000577
学研業務センター　〒354-0045　埼玉県入間郡三芳町上富 279-1
・上記以外のお問い合わせは　Tel ▶ 0570-056-710（学研グループ総合案内）

学研グループの書籍・雑誌についての新刊情報・詳細情報は、下記をご覧ください。
学研出版サイト　https://hon.gakken.jp/
地球の歩き方　御朱印シリーズ　https://www.arukikata.co.jp/goshuin/